U0549389

# 法治视野下
# 学生违纪问责研究

黄道主　等◎著

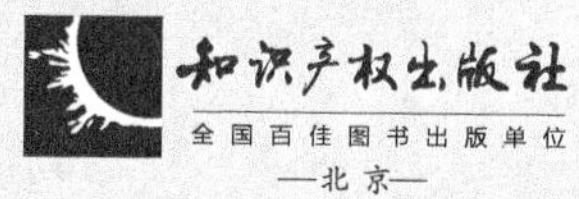

**图书在版编目（CIP）数据**

法治视野下学生违纪问责研究/黄道主等著. —北京：知识产权出版社，2022.9
ISBN 978-7-5130-8230-3

Ⅰ.①法… Ⅱ.①黄… Ⅲ.①学生—违法—研究—中国 Ⅳ.①D922.164

中国版本图书馆 CIP 数据核字（2022）第 117893 号

**责任编辑**：韩婷婷　　**责任校对**：潘凤越
**封面设计**：乾达文化　　**责任印制**：孙婷婷

**法治视野下学生违纪问责研究**
黄道主　等 著

| | |
|---|---|
| **出版发行**：知识产权出版社有限责任公司 | **网　　址**：http://www.ipph.cn |
| **社　　址**：北京市海淀区气象路 50 号院 | **邮　　编**：100081 |
| **责编电话**：010-82000860 转 8359 | **责编邮箱**：176245578@qq.com |
| **发行电话**：010-82000860 转 8101/8102 | **发行传真**：010-82000893/82005070/82000270 |
| **印　　刷**：北京九州迅驰传媒文化有限公司 | **经　　销**：新华书店、各大网上书店及相关专业书店 |
| **开　　本**：720mm×1000mm　1/16 | **印　　张**：14.25 |
| **版　　次**：2022 年 9 月第 1 版 | **印　　次**：2022 年 9 月第 1 次印刷 |
| **字　　数**：260 千字 | **定　　价**：79.00 元 |

ISBN 978-7-5130-8230-3

本书系国家社会科学基金教育学青年课题“学生违纪惩戒的法治化研究”（CAA150126）研究成果；本书受武汉理工大学研究生院“2022年教材及专著资助”项目资助。

# 目 录 CONTENTS

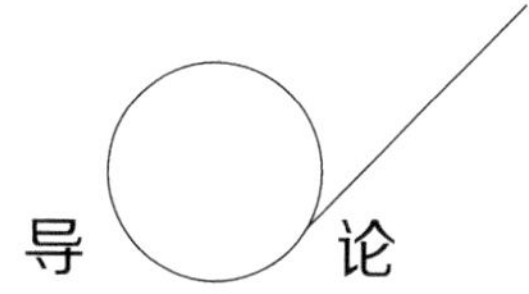


# 构建学生违纪问责之回应型法*

“全面推进依法治国是中国特色社会主义的本质要求和重要保障。”❶ 学生违纪问责❷的法治化工作不仅是深入贯彻落实依法治国方略，提升教育治理现代化水平的重要支撑；也是培养符合新时代中国特色社会主义法治要求的建设者和接班人的重要举措。在“百年未有之大变局”的历史关口，构建回应型法是推进具有中国特色的学生违纪问责法治化进程的时代要求。在学生管教实务中，此起彼伏的违纪问责纠纷表明：强化对学生违纪问责的事实考量和目的评判，有利于从正本清源的角度重述违纪问责的合理性，有利于促进“共建共治共享”之回应型法的建设。

## 一、为何要构建学生违纪问责之回应型法

回应型法与压制型法❸、自治型法相对应，是 20 世纪六七十年代伯克利

---

* 此部分内容已发表于黄道主，贾勇宏. 构建学生违纪问责的回应型法 [J]. 当代教育科学，2021 (11)：89-95.

❶ 习近平：决胜全面建成小康社会 夺取新时代中国特色社会主义伟大胜利——在中国共产党第十九次全国代表大会上的报告。[DB/OL]. (2017-10-27) [2021-03-27]. http://www.xinhuanet.com/politics/2017-10/27/c_1121867529.htm.

❷ 在学生违纪的处置问题上，问责是指追究学生违纪所应承担的相应责任，而惩戒是指以惩罚学生的方式戒除学生的违纪行为。主要原因有二：一、问责是针对当下，要求学生为自己的违纪行为承担责任；惩戒则强调未来，期望学生在未来能够“戒除”违纪行为。然而，未来是否能够“戒除”依赖的因素很多，其中学生自身对违纪的理解占主导地位。二、惩罚是问责的主要模式之一。通常而言，惩罚被视为对违纪者施加不利的消极影响，问责则涵盖从消极到积极的所有影响，论域更宽。总体而言，“问责”更趋于理性客观，“惩戒”则有越俎代庖之嫌。故我们用“问责”替代了“惩戒”。

❸ “压制最显著的形式就是为了确认支配权、镇压离经叛道或平息抗议而无限制地使用强制。”参见 P. 诺内特，P. 塞尔兹尼克. 转变中的法律与社会：迈向回应型法 [M]. 季卫东，张志铭，译. 北京：中国政法大学出版社，2004：33.

学派在讨论法律和政治的合一性问题时为了区别“法律与秩序”的压制性习语而提出的法理学概念，用以阐述“回应型政治体”运用法律工具统摄相关利益主体利益诉求的国家治理策略。具体来说，回应型法是诺内特、塞尔兹尼克等学者为“界定公众利益并致力于达到实体正义”而“对所有冲击法律并决定其成效的因素都要充分的了解”[1]的产物，以立法目的为标尺来衡量法律现象的合理性，建设以法律规范为主导、以其他社会规范做支撑的“多元共治、灵活包容”的治理秩序。我国学生违纪问责的法治化建设虽然起步相对较晚，但由于没有太过沉重的历史负担，可因势利导地参照他者成败经验而具备后发优势，进而推进法治的完善工作。目前，我国学生违纪问责的司法实践正从“重实体轻程序”偏向“重程序轻实体”，有了过度追逐形式理性的趋势。矫枉过正的实务操作正在侵蚀教育目的的支配性地位和自治型法的可服从性，强调回应型法的法治建设理念正当其时。

### （一）我国学生违纪问责的法治化建设具有后发优势

改革开放后，国家针对学生违纪问责的法制建设在工作实际上有两条线：一条是大致始于 20 世纪 80 年代的对高校学生违纪行为的立法安排，以中华人民共和国颁行的首部教育法律《中华人民共和国学位条例》（1980）（以下简称《学位条例》）中对舞弊作假等行为的问责设计为标志。此条线以 2005 年《普通高等学校学生管理规定》的颁行为里程碑，正式有了专门针对高校学生违纪的问责法规；后续又有《学位论文作假行为处理办法》（2012）、《高等学校预防和处理学术不端行为办法》（2016）等教育部令出台，针对高校学生违纪行为的法治建设初步结束了无法可依的状态。另一条是以禁止体罚为发端和焦点的保护未成年学生身心健康与人格尊严的保护性立法，以 2021 年《中小学教育惩戒规则（试行）》的颁行为里程碑。在这条线上，陆续有《义务教育法》《幼儿园工作规程》《幼儿园管理条例》《未成年人保护法》《教师法》《小学管理规程》《特殊学校暂行规程》《学生人身伤害事故处理办法》等法规出台，在禁止体罚与变相体罚等问责形式的同时引入了国家干部违纪问责的形式。这些法规大多在后来被反复修订以适应和重塑市场经济体制下的教育大环境。这两条线经历约 40 年的发展，逐渐形成了以《中华人民共和国宪法》（以下简称《宪法》）、《中华人民共和国教育法》（以下简

[1] P. 诺内特，P. 塞尔兹尼克. 转变中的法律与社会：迈向回应型法［M］. 季卫东，张志铭，译. 北京：中国政法大学出版社，2004：82.

称《教育法》）为指导，以法律、法规和规章等具有法律效力的规范性文件为主体的法规体系，构成了学生违纪问责在法规层面的基本面。

在学生违纪问责的法治建设上，现有立法工作主要完成了两个任务：一是成功将高校学生违纪问责的制度设计从基于特权身份的压制型轨道转向了基于平权身份的对抗型轨道[1]。所谓基于特权身份的压制型轨道[2]，是指高校学生具有“国家干部”的政治精英身份，按照大一统的干部管理制度进行管理，并以干部身份的升降得失作为违纪问责的制度支点。[3] 严厉程度由轻到重的渐进式“纪律处分”成为具有中国特色的问责形式。如此，以“警告、严重警告、记过、留校察看、开除学籍”为代表的国家干部问责形式得以在《普通高等学校学生管理规定》中被确认。二是将不具备国家干部身份的学生群体的违纪问责纳入法治轨道。在具有法律效力的规范性文件出台前，幼儿园中小学[4]的学生违纪问责及围绕问责不当的纠纷解决主要依赖公序良俗和家校生之间的相互信任。也就是说，幼儿园中小学学生管教的法制盲区被扫除了。在世纪之交，我国突飞猛进的教育立法工作让学生违纪问责勉强从整体上系统性地进入了形式法治时代。

我国学生违纪问责的法治工作可以实现从形式法治到实质法治的全方位推进。相较于西方发达国家，我国不仅是典型的追赶型发展中国家，而且是发展目标明确的后发型国家。尽管学生违纪问责的既有法治化工作实现了“不破不立”之“破”，开启了从计划体制向市场体制转向的进程；但是在理论和实务上的准备均只能说是差强人意。在实质法治层面，校生之间、家校

---

[1] 身份制度是维持社会运转的重要组织管理技术。身份作为社会关系的重要维度，可分为特权身份和平权身份，区别尺度在于资源分配链条中的相对位置与所占份额。通常而言，特权身份对应的是基于“支配服从”的“等级管理之治”，而平权身份则对应着基于“平等合意”的“契约自由之治”。

[2] 所谓基于特权身份的压制型轨道，是指社会组织倾向于优先维护内部成员的权威地位，并以成员身份为依据进行内部人员管理，是否具有成员资格以及在组织内部的等级地位是区别资源占有与分配能力的主要指标。其压制性主要体现在两点：一是对非组织成员来说，组织成员的利益得到优先保障，进而形成压制；二是在组织成员内部，高等级身份的成员对低等级身份的成员享有更多权威，进而形成压制。

[3] 申素平，黄硕，郝盼盼．论高校开除学籍处分的法律性质［J］．中国高教研究，2018（03）：31-37.

[4] 中职教育在20世纪八九十年代因在计划经济体制下形成的课程教学、人才培养、就业等方面的封闭性，特别是“包分配”和干部身份的政策优势，曾受到广大人民群众普遍欢迎；尽管中职教育短平快地补充了大量专业技术人才，但未能及时响应市场经济体制建设对人才培养的要求，在90年代末高等教育扩张浪潮中被迅速冷落。在法治建设进程中，中职阶段的学生违纪问责形式延续了以往对国家干部的问责形式，即“纪律处分”。

之间、政校之间的法律关系均悬而未决，学生违纪问责的法理论证缺少教育学、法学的交叉融合视角，也缺乏较为系统且权威的共识。同时，在形式法治层面，国家将大量行政诉讼的司法标准引入学生违纪问责，但是校生之间的法律关系终究是教育法律关系，并非行政法律关系，仍需开展大量形式上的调整完善工作。在“不破不立”之“立”的工作上可谓才刚刚起步。因此，我国学生违纪问责法治化的后发优势较为明显，可以在批判性继承的基础上更为合理高效地推进。

### （二）现有学生违纪问责的法治化过分追逐形式理性

法的合理性问题是“理性主义”的产物，由马克斯·韦伯在分析经济与社会中的法律秩序时提出。其将实质理性和形式理性作为分析法的合理性的概念工具。“‘理性的’制定法律和发现法律可能是形式理性，也可能是实质理性。”❶ 所谓法的形式理性，是指为了强化法规体系的确定性以增加准确预测行为之法律后果的概率，主张法律规则一旦经政治程序产生后就具有封闭性和独立性，以司法独立、程序公正和形式逻辑为防御手段抵御政治、经济、道德、宗教等因素对实在法法则适用的冲击。而法的实质理性则强调法律秩序作为社会秩序的子类之一，与政治、经济、道德、宗教等社会因素密不可分，法则的产生和适用具有开放性、能动性、灵活性，是相关利益主体以实现自身利益为目的而设计的治理工具之一。在韦伯看来，法的形式理性通过计算的精确性、预期的确定性使社会治理摆脱人治迈向法治；并且在分析法的历史类型时认为法律经历了从非理性到理性，从实质理性向形式理性的发展路径。❷ 但是，形式理性与实质理性实为形式与内容的关系，是表与里的关系，不是优与劣的关系；法律的规范性、现实性与法律的精确性、确定性并无实质冲突，而是共同维护法律权威。❸

司法裁判拒绝价值原则对教育纠纷的规范是学生违纪问责过分追逐形式理性的集中表现。相对于法律规则的精确性、确定性，法律原则具有相当的

---

❶ 马克斯·韦伯. 经济与社会（第二卷）［M］. 上海：上海人民出版社，2010：799.

❷ 马克斯·韦伯. 经济与社会（第二卷）［M］. 上海：上海人民出版社，2010：1019.

❸ 哈特与富勒曾为法律与道德之间的关系爆发过论战。哈特持分离说，即主张法律与道德不相关或弱相关；富勒持结合说，即法律的价值性或规范性来源离不开道德。笔者认为，论战是通过讨论法律作为制度是否具有德性来探讨形式理性与实质理性的融合问题，归根结底是想通过观念塑造使共同体成员对法律发自内心的认可、信任而获得服从，从而降低过多使用强制对成员造成的压制，进而减少反抗。

灵活性、开放性，更加注重实质理性的运用。教育法规常因条款是方向性、倡导性的规定而被人们视为软法❶，即因为原则性的条款不仅需要依赖论证解释才能进一步明晰其要求，而且缺少刚性问责条款导致判定法律责任时具有不确定性。然而，相关利益者对论证解释这些承载价值规范取向的法律条款的话语权争夺极为激烈。与此同时，法官在条款的司法适用中不当使用自由裁量权，不但会导致大量法规沦为“僵尸条款”（比如教育法律“总则”的相关规定），极端情况下甚至会产生背离立法意图的消极后果。

以辽宁石油化工大学诉朱某案［（2019）辽04行终237号］为例。在该案中，学生朱某因在“大学物理2”一科的考试中用手机作弊被依法给予了记过处分，并因此被学校拒绝授予学士学位。一审法院和二审法院均过分追逐形式理性，集中于对规则的形式逻辑分析和行政程序的合法性审查，避免对案件事实进行实质理性范畴的道德审查并判学校败诉。判决理由是《辽宁石油化工大学学士学位授予工作实施细则》第八条第一款第三项“因考试违纪受记过及以上处分者，不得授予学士学位”的规定“混淆了学士学位授予与学生管理的边界，有悖学位授予的根本目的”，“不符合《中华人民共和国学位条例暂行实施办法》的立法目的”。除此之外，法官还认为学校直接以受过记过处分为由不对朱某的学业水平进行审查，作出不授予学位的决定，违反了《中华人民共和国学位条例暂行实施办法》（以下简称《学位条例暂行实施办法》）中关于授予学位的程序性规定。实际上，高校对在校学生考试违纪作弊的处置权限不仅有行使违纪惩戒的管理职权，也有行使学位授予的管理职权。考试作弊有违诚信，背离社会主义核心价值观，不符合《教育法》❷《学位条例暂行实施办法》❸等法规在实质理性层面对培养目标提出的道德要求和政治要求。法官对该案的判决过分追逐形式理性，停留于法律规则字面意思的解读，未能充分回应国家对学校教育的任务要求。

---

❶ 常见的法律规则具有条件假设、行为模式和法律后果三个部分，即假定、处理和制裁；但是教育法的大量条款并不同时具备这三个部分，需要在实际运用中通过法律释义和自由裁量来填补常规条文结构的缺失。可是，从诸多司法裁判文书来看，法官的能动性较差；更倾向于采取规避风险的保守策略，即适用形式理性的标准，避免因理解和解释立法原意引发更多争议。

❷ 《中华人民共和国教育法》第六条规定：“教育应当坚持立德树人，对受教育者加强社会主义核心价值观教育，增强受教育者的社会责任感、创新精神和实践能力。国家在受教育者中进行爱国主义、集体主义、中国特色社会主义的教育，进行理想、道德、纪律、法治、国防和民族团结的教育。”

❸ 《中华人民共和国学位条例暂行实施办法》第四条、第五条。

## 二、学生违纪问责之回应型法的基本内容

与教育学理论中对教育的内在价值与外在价值作区分的教育有目的论和无目的论类似，法学理论在法律适用领域对法规体系的内在价值与外在价值作了自治型法和回应型法的区分。相较于自治型法，回应型法的要点在于“法律发展的动力加大了目的在法律推理中的权威”[1]。在学生违纪问责领域，回应型法的基本内容应当以教育目的统摄法治建设所有环节，从提升法律机构的专业能力角度探寻实现目的所遇障碍的应对办法。

### （一）确立教育目的在问责中的支配地位

教育目的对学生违纪问责具有定向、调控和评价的作用，是问责法治化的依据、起点和归宿。国家教育方针在学校的教育目标体系中占据绝对的主导地位。长期以来，不管教育治理手段是“人治”（实为“德治”）、“策治”还是“法治”，国家教育方针始终保持着鲜明的社会主义方向——培养德智体美劳全面发展的社会主义事业建设者和接班人。学生违纪问责的法治化也必须将国家教育方针作为具有支配地位的首要因素予以考虑，并在这个大前提下寻求相关利益主体对学校纪律的最大共识。

目前，国家教育方针已经在教育相关法规中被普遍明确。《宪法》第四十六条规定：“国家培养青年、少年、儿童在品德、智力、体质等方面全面发展。”《教育法》第五条、《中华人民共和国义务教育法》（以下简称《义务教育法》）第三条、《高等教育法》第四条、《职业教育法》第四条、《学前教育法》（征求意见稿）第四条等教育法律对教育方针也进行了反复确认。尽管如此，在法律适用层面却现存两个困难：一是在各级各类学校教育中细化“教育方针”指标体系以便于教育评价的操作；二是国家教育方针如何与不同相关利益群体的教育期待有效整合。这两个困难直接关系到学生纪律的发现与确认。不过，由于我国社会变化太快，相关利益主体诉求的多元化令立法工作始终处于追赶状态。因此，教育法规对教育目的的原则性规定有待借助法律释义系统性地诠释、挖掘学生纪律所蕴含的价值取向。释义并非是从概念、规则等文本体系展开，而是通过回应教育实务中学生违纪问责中的热点难点问题来规范教育评价和司法裁判。为了维护教育目的的支配地位，学生

[1] P.诺内特，P.塞尔兹尼克．转变中的法律与社会：迈向回应型法［M］．季卫东，张志铭，译．北京：中国政法大学出版社，2004：87.

违纪问责必须推动原则性条款的文本解读向创新适用转变，进而塑造“政府主导，多元参与”的教育治理格局。

### （二）设计灵活开放的问责主体参与机制

学生纪律通常被视为享有教育权力的权威主体为实现自身立场的教育目的，以强制力为后盾给学校教育秩序设定的学生行为标准。长期以来，政府一直在学校治理格局中处于绝对主导地位，其他利益相关者则只能居于依附地位；即使是学校自身，在很大程度上也只是附属于政府的“公营造物”。但是，随着市场经济的发展，学生、家长、用人单位等相关利益主体对学校的教育期待与政府在教育目的贯彻落实的具体操作层面出现了意见分歧。“全面发展的社会主义建设者和接班人”的内在教育蕴含如何在学生违纪问责活动中被理解、被阐释和被实践，相关利益主体如何在法治环境下有序参与问责活动，这些事宜逐渐成为问题。相关利益主体的利益诉求从以往自由自在的状态向自觉自为的状态转变。

在学生违纪问责活动中，如何在拥护国家教育方针的大前提下建设相关利益主体有效协作的参与机制成为较为迫切的问题。学生纪律以往依赖道德自律和协商调解的公序良俗，现在则依赖国家强制力的保障，特别是以司法诉讼为最终救济手段的保障。学校逐渐成为相关利益主体争夺教育话语权的战场，特别有必要将学生管教纳入教育法治体系。在学生管教领域中，“规则之治”与“程序之治”已在形式上使政府权力的运行机制变得确定、透明，问责形式、问责内容和救济渠道通过完善法制得以基本确立。但是，教育秩序需要的不是对抗而是合作，恢复性秩序才是处置违纪行为的首选。从构建命运共同体的角度来说，学生违纪问责的法治化是依赖法制的标准化措施，有助于减少人口在国内乃至全球流动的障碍，进而实现比公序良俗适用群体更大的迁移。目前，其他相关利益主体如何有序高效且低成本地参与学生违纪活动尚处于摸索阶段。学校只是影响人发展的一个环境因素，只有与其他因素形成合力，各相关利益主体同心协力地相向而行才能取得更好的教育效果。对抗型的问责参与框架导致各方解决问责纠纷的成本极大，比如诉累。而恢复性秩序的问责安排则有助于构建相互信任、彼此忠诚、通力合作的良好机制。

### （三）统筹协调学生违纪问责的救济制度

学生违纪问责法治化的核心工作是理顺享有教育权力的主体之间的关系，

将教育权力的行使规范纳入法治轨道。尽管权力本身是中性的，同时具备压制性和生产性；但是因为权力具有运用自身的强制力实现控制与支配他人的特性，防范权力滥用始终是规范权力运转的重要内容。在法治视野下，学生身份是国家为自然人在学校接受教育而赋予的制度身份，受到法规标准化的制度安排。尽管国家努力尝试运用法律将私人惩戒整合进公共惩戒，或者压缩私人惩戒的领域；但是学生及其监护人、教师、警察等在“学校场域”中承担育人职责的人员的个体特征对学生发展同样具有重大的实质性影响。这些主体受制于自身经验的有限性，在行使问责权力时难免会发生冲突。家校之间、校生之间、校师之间、校警之间、师生之间等错综复杂的社会关系会因各方问责不当出现紊乱。特别是违纪问责中出现教育权力滥用的情形时，不同主体之间如何互通信息并达成和解，问责不当时如何因势利导地开发其积极的教育意义等问题始终是人言人殊的难题。

当下，学生违纪问责的救济制度建设主要集中在行政救济、司法救济，缺少教育救济的法治化安排。行政救济、司法救济的前提假设均是按“控辩对抗”的思路设计的，实际上是将违纪方与问责方置于敌对地位。在安排学生违纪问责的法治构架时，国家首先是在立法环节以权利（力）为锚点制定规则体系；然后在以行政和司法为主的救济环节化身审判者，以法规的具体规则体系为依据、为违纪定性、为纠纷裁判。在守法环节，国家均希望学生违纪问责的控辩双方在规则体系之内开展“违纪与否，所担何责”的对抗性控辩活动。然而，不同相关利益主体对学生违纪的认知、态度和价值判断存在较大差异。田野调查发现：违纪个案并不是孤立的事件或行为，而是违纪学生所处的“社会生态”出现了系统性问题，特别是涉及违法犯罪的严重违纪。在这种情形下，仅聚焦于法律后果判定是难以有效回应问责目的的。因此，在学生违纪问责活动中，各主体必须从违纪个案的处置拓展到对问责制度的省思，依法协作开发符合教育目的的教育救济制度乃是题中应有之义。

## 三、学生违纪问责之回应型法的建构策略

学生违纪问责不仅是相关教育主体实现社会控制的教育手段，也是学生自身实现社会化的活动载体。其法治化是相关利益主体在不断协调利益诉求的前提下，在主体间的互动中将非法律的社会规范整合进法律规范，进而实现动态平衡的问责秩序的过程。回应型法是在自治型法的基础上，以教育目的为支撑增加法律的权能，授予教育共同体依据实际情况灵活适用法规的裁

量权，在不危及法律的整体性、权威性的基础上重构违纪问责的观念体系。建构学生违纪问责的回应型法就是要在法律适用环节明确教育目的是纪律的正当性来源，授予违纪问责主体自由裁量权，让问责活动本身变成制度育人的载体，使之符合教育规律并获得法律保障。

### （一）依托教育目的构建教育共同体

学生纪律对于学校而言，不仅具有作为管理手段的秩序维护功能，还具有制度生活化和生活制度化的育人功能，将自然人团结在特定的社会共同体里。涂尔干认为，社会共同体是指构成成员自身明确的生活体系，具有同样的集体（共同）意识的群体；社会共同体的建立有两种途径：一是机械团结，即基于相似性的团结；二是有机团结，即基于分工合作的团结。[1] 习近平主席在 2019 年 3 月 18 日学校思想政治理论课教师座谈会上提出了“培养什么人、怎样培养人、为谁培养人”这个根本问题。学校是有目的地、有计划地培养人的专门场所，然而学生纪律要实现的目的却因人而异。在学校场域，纪律要树立权威得到服从，一方面必须应在最低限度的程度上维护好各相关利益主体的实体性利益，协调好彼此之间差异化的利益诉求；另一方面必须让师生对纪律本身所具有的功能和意义有合理化的理解与解释，并基于解释开展合作，让纪律运转起来。在市场经济背景下，主体利益诉求的多元化和学校之于学生个体的教育功能弱化，令学校纪律逐渐退守越来越基础的领域，比如人身财产安全。这使学校陷入一个恶性循环：对纪律为何的共识越少，纪律的底线就越低；纪律的底线越低，关于纪律为何的共识就越难达成。

学生纪律对实现培养目标具有防御、授益的基本功能。党和国家在很多法规政策中都规定了学校的培养目标和实现办法，然而在具体落实的过程中却因相关利益主体的各自理解和缺乏权威的操作化标准而虚置了。现实情况是：中央政权离学校教育一线太远，所制定的政策法规不得不笼而统之。学校则因缺乏来自其他利益主体的强有力支持而不断放松对纪律的要求。当学生言行偏离法规规定的教育目标时，纪律却很难起到纠偏和遏制的作用。对于教育目标的设计，要从三个方面着手：一是系统性地统筹各级各类学校的教育任务，明确学生纪律的存在目的，避免学校各自为政，学制内部缺少有效衔接；二是梳理相关利益主体在学生违纪问责活动中的权责，加强政策法

[1] 埃米尔·涂尔干．社会分工论：第一卷［M］．渠东，译．北京：世界知识出版社，2000：33-92.

规的制定工作，使教育目的的实现有据可依；三是强化学校场域中相关利益主体的信息对称性，唤醒相关利益主体的自觉意识，使利益主体之间的沟通交流更具针对性。

### （二）完善学生问责规定的肯定性条款

学生违纪问责的法规条款可以大致分为肯定性条款和否定性条款。顾名思义，肯定性条款是指法律认可并加以保护乃至奖励的条款，否定性条款则是指法律否认合法性并予以抵制和打击的条款。在问责内容方面，大量否定性条款散见于各级各类法规中，对哪些行为是“不良行为”“违纪行为”作了相对较为充分的界定，对问责的法治化进程起到了积极的促进作用。但是在问责形式和问责主体的匹配上，一方面否定性规则是否充分有效地发挥了前述作用还需要分情况讨论，另一方面亟须补足大量肯定性条款以确保问责秩序。

立法工作亟须明确和完善学生间、师生间、家长与学生间问责形式的肯定性安排。目前，校生间的问责形式安排仅在高等教育阶段，《学位条例》《普通高等学校学生管理规定》等相关法规规定了肯定性的问责形式，明确了问责在主体、客体、条件、程序等方面的肯定性要求。但是，基础教育、中等职业教育和其他教育类型的学校问责形式多是否定性规则，比如“不得对未成年人实施体罚、变相体罚或者其他侮辱人格尊严的行为”的经典否定性条款[1]。类似条款在《中华人民共和国教师法》（以下简称《教师法》）、《中小学幼儿园安全管理办法》等法规也被反复确认。不同教育主体所享有的教育权力性质是有差异的，国家教育权是公权力，家庭教育权是私权力，其他社会组织和自然人的教育权力则不甚明确，以何种形式（如授权、委托）进入法治体系也未细致规定。

同时，立法亟须回应学生违纪时法律责任竞合的情形。学生身份是在教育法法律部门内部存在，而学生本身同时还具有因国籍、民族、性别、年龄、地域、健康状况等社会特征而具备的其他身份，因而是一个复杂的身份集合体。学生违纪行为造成的法律后果不仅不能限制在某单一的法律部门内部，而且因问责的教育性而不必遵守“一事不两罚”的法律原则。学生违纪问责涵盖但不限于民事责任、政治责任、刑事责任、行政责任，还包括教育责任。这些法律责任是并行不悖的，而教育责任则贯穿始终。学生具有“遵守法律、

[1] 《中华人民共和国未成年人保护法》第二十七条。

法规”的义务，是否会因学生身份而享有法律适用的“特权”也亟待确认。

### (三) 授权教育主体自证问责的合法性

在构建学生纪律问责的回应型法的过程中，自由裁量权的使用问题是教育法治倒退与否的关键。回应型法虽然在外观上恢复了压制型法所具有的“法律从属于政治”的一体化特征；但已是经过了“否定之否定”的螺旋形辩证发展过程。回应型法是自治型法集中强化的规则之治的后续阶段，弥补了压制型法因资源匮乏而导致当权者滥用支配权获取资源的缺点。自治型法缩限权力恣意的主要途径是建立公正透明的程序制度和非法证据排除制度两种。“回应型法所预想的社会是一种使政治行动者面对其问题、确立其重点和作出必要承诺的社会。……它的成就取决于政治共同体的意愿和资源。”❶ 所以，在学生违纪问责的程序制度和证据制度基本完善的前提下，可以在有助于教育目的实现的原则下适当放松法则适用条件，鼓励教育共同体成员不断反思和创新，从实质合理性的角度履职尽责。

学生违纪问责的回应型法要求问责主体从实质理性层面论证问责行为的合法性。我国是社会主义国家，是由具有共同志向而团结在一起的自然人的政治共同体。由政治共同体推动和保障的国家共同体、民族共同体乃至人类命运共同体都要求人的社会活动必须有益于集体。学生违纪问责也不例外。“在目的型组织中，权威必须是开放的和参与性的，鼓励协商；说明决策的理由；欢迎批评；把同意当作是对合理性的一种检验。”❷ 尽管现在经济水平有了很大提升，有了大量剩余产品可以用来建设程序制度和证据制度，但是资源有限且优质资源稀缺的格局并未发生实质性改变。回归实质理性，让问责主体自证问责的合法性可以节约教育资源，提升教育效率。与此同时，因为我国区域间经济文化差异大，所以法治力量与中央政权的实力直接相关。学生违纪问责的反思角度不仅是从单个的问责事件中去维护个案公平，更是从问责体系的自我矫正与完善角度去发现整个问责体系存在的问题。

---

❶ P. 诺内特，P. 塞尔兹尼克. 转变中的法律与社会：迈向回应型法 [M]. 季卫东，张志铭，译. 北京：中国政法大学出版社，2004：127.

❷ P. 诺内特，P. 塞尔兹尼克. 转变中的法律与社会：迈向回应型法 [M]. 季卫东，张志铭，译. 北京：中国政法大学出版社，2004：79.

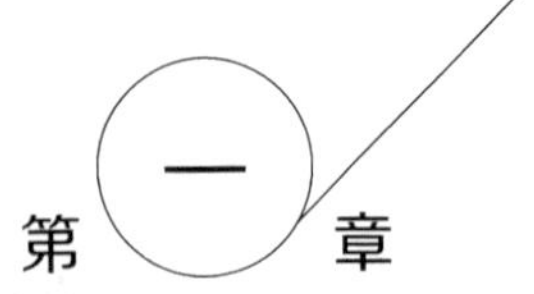

第一章

# 学生违纪的判定要件

判定学生违纪是发起问责的基本前提之一。学生违纪的判定要件，是指学生违纪定性的参照标准。探寻标准相对清晰的学生违纪的构成要件，有助于化繁就简地提炼出操作性较强的实质标准，有助于校方在违纪行为定性时形成清晰的分析模式，进而有助于校方开展纪律整肃活动，规避因定性模糊陷入惩戒不当的困境。在实质标准的维度上，学生违纪的定性在国家法规政策和学校规章制度的相关规定中均有基于要件构成的共同特点，其可以成为具体违纪行为的判定指标。参照刑法理论中关于犯罪构成要件的相关标准[1]，我们认为学生违纪的构成有主体、客体、动机、行为和后果五个要件。这些要件共同构成了学生违纪判定的实质标准。

## 一、主体

违纪主体必然是学生。在现代法治国家的理念下，“学生”是自然人作为公民进入学校接受教育时依据学籍被赋予的制度性身份。这种身份是以“支配—服从”为主基调构建出来的，是现代社会治理体系对社会成员社会化进行专门规训的结构性安排。尽管“人与人之间人格平等”的假设被普遍认可

[1] 刑法学理论中对犯罪构成有不同的学说，主要有二要件说、三要件说、五要件说。其中“二要件说”是指犯罪构成应当具备主观要件和客观要件；“三要件说”是指犯罪构成包括犯罪客观行为、犯罪主体和犯罪主观方面；“五要件说”是指犯罪构成必须包括犯罪行为、犯罪客体、犯罪客观方面、犯罪主体和犯罪主观方面。本书采用“五要件说”，因为学生违纪以“惩前毖后，治病救人”为原则，需要对违纪的主客观因素予以更加全面的考虑，特别是要结合影响人发展的因素对违纪行为的构成要件进行清晰的界定。采用“五要件说”的标准应当是适宜的，即以主体、客体、动机、行为和后果为学生违纪的五个要件共同作为学生违纪的判定要件。

甚至达到了无条件相信的信仰高度，但是人格平等的假设是有前提条件的，即自然人本身具有基于理性的独立自主人格。然而，在教育学视域下，学校教育中“学生”是被假设为持续生成且具有能动性的未完成之人。学校教育是当代自然人社会化的主渠道之一，为社会成员学习知识技能和习得社会行为规范提供了专门渠道。因此，在学校场域中的学生仅能在法规确认的范围内主张形式上的“人格平等”，而事实上会因学生身份的特殊性受到实质性的差别限制。要将学生违纪纳入法治体系，必须从教育学和法学双重学科视野予以考察。

### （一）“学生”的教育学解读

“学生”是自然人在学校接受教育时的特定身份状态。“教育是一种有目的的培养人的社会活动。”[1] 既然有培养目的，就存在效率和效益的问题。如果偏离或干扰到培养目标的有效实现，那么采取包括惩戒在内的干预措施将起到防御和补救的作用。教育促进新一代成长的主要途径是有组织有计划地传递被筛选过的社会经验，对效率的追求要求学生处于被规训和被塑造的特定身份状态。具体来说，这种特定身份状态突出表现为以下几个特征。

#### 1. 学生是未完成的人

对于自然人而言，人的未完成性持续一生。“儿童发展的未成熟性、未完成性，蕴含着人的发展的不确定性、可选择性、开放性和可塑性，潜藏着巨大的生命活力和发展可能性。”[2] 人的未完成性主要表现在生物生命和文化生命两个维度。在生物维度，这种未完成性突出表现为人的生理遗传。这种遗传为人的全面发展提供了物质基础，人之生理机能要通过相对更长的发育期限才能成熟，具备适应特定外部条件的特定倾向。在文化维度，这种未完成性突出表现为人对前人经验的批判性继承能力。文化是人适应和改造生存环境的经验总和。人出生在特定的文化环境中，而这种文化环境是前人通过适应和改造其生存环境塑造出来的，具有历史性和特殊性。自然人的文化生命在其生物生命的延续过程中，随着人之活动的不断丰富，接触经验的种类不断增多、范围不断扩大、质量不断提高而逐渐特定化或者形成各种倾向性特征。

---

[1] 王道俊，郭文安．教育学［M］．北京：人民教育出版社，2009：14.

[2] 王道俊，郭文安．教育学［M］．北京：人民教育出版社，2009：35.

2. 学生是具有学习能力的人

学习能力实为人认识和理解环境的立法能力。这种能力的获得主要依赖两个条件：一是自然人自身具备的立法能力；二是依托实践对立法能力的不断训练。在康德看来，人的立法能力是先验的，包括感性、知性和理性。对于个体而言，具体的立法过程就是知识生产与再生产的过程，而知识则是人为认识、理解和改造环境而自我立法的产物。

人的立法能力以感观为生理基础，符号系统为理性中介，以实践效果为评判标准。感性是指主体依托感官遗传而形成感觉的直观能力。“一切知识都是从经验开始的。”[1] “知性不能直观，感官不能思维。只有从它们的互相结合中才能产生出知识来。”[2] 知性是指主体主动对感性所获直观对象进行思维产生规则的综合能力。规则是对自然的立法。“无感性则不会有对象给予我们，无知性则没有对象被思维。”[3] 知性加工直观表象后得到的最初级的产品——经验。尽管经验仅是知性加工直观表象得到的最初级的产品，而且是不具备严格意义上的普遍性的个案；但是经验为知性验证知识的真伪及其有效性提供了终极手段——实践验证。如果规则在运用中被证明与经验相一致，那么就被视为“立法有效”。对于个体而言，直观表象往往混乱而杂多，而规则是对这种混乱且杂多的简化，是形式上的统一。

3. 学生是具有主观能动性的人

人类区别于动物的主要特点就是人类具有主观能动性。主观能动性是人类认识自然和改造自然的根本。为了满足生存与发展的需要，人要发挥主观能动性来实现对世界的认识和改造，而不仅是被动地适应环境。

生理基础为人的感性发展提供了持续完善的可能性。正常的官能为知性提供源源不断的直观表象，为自我立法能力的发展创造前提性的感觉条件。感官有缺陷或者障碍的自然人（残疾人）在生存竞争中常处于劣势。残疾人在接受环境的刺激时产生的直观表象不如正常人丰富和生动，直接限制了他们想象力的发挥，进而导致知性产出经验和规则的效能不足，以致难以如正常人那样应对环境中的生存挑战。官能缺陷尽管会通过强化其他官能有所补偿，但是直接限制了主体自我立法能力的发展潜力，因此对主观能动性的发挥提出了更高要求。

---

[1] 康德. 三大批判合集（上）［M］. 邓晓芒，译. 北京：人民出版社，2009：1.
[2] 康德. 三大批判合集（上）［M］. 邓晓芒，译. 北京：人民出版社，2009：48.
[3] 康德. 三大批判合集（上）［M］. 邓晓芒，译. 北京：人民出版社，2009：48.

除生理条件之外，生存环境也限制着知识生成的经验基础。生存环境决定了人能够接触到的刺激极限，突出表现为全部直观表象无法超越环境。人的生存环境主要分为自然环境和社会环境两类。其中，自然环境是物理空间，社会环境是文化空间。科技的发展不仅解放了生产力，也导致了生产关系的变革。探测、加工手段的进步让人类在物理空间的认识上不断突破前人的认知极限，从宏观的宇宙到微观的粒子均是如此。网络信息传播技术的进步让人类在文化空间中窥探更多超出日常经验范围的社会现象，从而使个体接触到以往所不能接触到的各类信息。尽管生产力的发展降低了主体抓取信息的成本，尤其是学校教育的出现令效率大幅提高；但是生存与发展终究还是需要成本，比如延续生物生命需要的物资消耗、丰富文化生命耗费的时间精力等。自然人生存与发展的迫切需求与自身能力和环境条件的限制之间的矛盾要求个体必须不断发挥主观能动性，积极主动地学习。学生作为具有学习能力的未完成的人，对世界有着强烈的好奇与探索欲望，这会更加激发他们的主观能动性，不断地完善自我。

### （二）“学生”的法学解读

“学生”是教育法学的核心概念之一。一方面，学生是自然人的多种法律身份之一，与学生身份对应的权利义务还需与其他法律身份的权利义务相协调。另一方面，法治精神要求党和国家完善法制来调整“学生”承载的利益关系，并根据利益关系平衡好学生的权利和义务。

#### 1. 学生是国家保护的自然人

自然人原是生物学上的概念，是指在生物意义上不具有任何社会属性的人或者自然状态中的人；但在法律意义上，自然人则是因获法律承认而成为享有权利的平等法律主体，并由此承担相应义务。[1] 人不仅是独立存在的个体，也是与他人不可分离的社会存在。人通过交换或被期待的交换获得在“社会”这个共同体的成员资格，依托行为能力参与处理共同体的公共事务和私人事宜。个人作为共同体中的一员，具备了公民和民事主体的资格，成为民事主体和政治主体。

自然人成为国家演绎“法律面前人人平等”的必备概念，意味着人人都享有作为“人”应承担的最起码的权利和义务。联合国于 1948 年 12 月 10 日

---

[1] 郑云瑞．民法总论［M］．7 版．北京：北京大学出版社，2017：155.

通过了《世界人权宣言》，基于“天赋人权”的市场经济理念出台了一系列人权保护规定，成为明确自然人之平等地位的里程碑。其对人权及其对应的权利和义务的全景式勾勒为自然人的生存与发展确立了全球性的立法参照标准，为中国确立人权保护的愿景提供了重要参考。

《世界人权宣言》依托人权对自然人享有的权利和承担的义务作了规定。权利的规定主要有原生权利和次生权利两个层次（见表1）。原生权利主要是指每个人的生命、尊严、自由和安全得到法律承认、尊重和保障的权利，并在此基础上进一步明确了大量次生权利，包括但不限于政治权、经济权、民事权、社会权、教育权、文化权、救济权等类型。在义务方面，主要有维护社会持续存在，尊重和承认他人的权利和自由，适应社会道德、公共秩序和普遍福利，接受初等教育的义务，等等。此外，还有“权利和自由的行使在任何情形下均不得违背联合国的宗旨和原则”的兜底条款。

**表1　自然人的原生权利与次生权利❶**

| 原生权利 | 生命安全 | 每个人的生命、尊严、自由和安全得到法律承认、尊重和保障的权利 |
|---|---|---|
| 次生权利 | 政治权 | 不受奴役权、不受酷刑权、信仰自由、言论自由、结社自由、选举权与被选举权、参政议政权 |
| | 经济权 | 财产所有权、工作权、择业权、休息与闲暇权、同工同酬权、组织和参加工会权 |
| | 民事权 | 自由迁徙和居住权，私生活、家庭、住宅和通信、荣誉和名誉不受攻击和干涉权，婚姻自由权，成立家庭权 |
| | 社会权 | 失业保障权、接受社会服务权、寻求社会保障权、妇女儿童特别照顾权 |
| | 教育权 | 受教育权、初级教育免费权、高等教育受教育机会平等权、父母对子女的教育选择权 |
| | 文化权 | 社会文化的参与权、享受权，文化利益受保护权 |
| | 救济权 | 不受歧视权，不被任意逮捕、拘禁和放逐权，不被任意剥夺财产，疑罪从无权，不受政治迫害 |

我国政府在《宪法》框架下领导了中国特色的人权建设。在社会治理的

❶ 弁言. 世界人权宣言（联合国大会 1948 年 12 月 10 日通过）［J］. 法哲学与法社会学论丛，2000（00）：274-279.

技术层面，有且仅有国家才可能是人权保障制度化的强力组织。当下，社会主义国家是公共组织的最高形态，在资源占有与分配方面以公共利益为最高目的。脱离国家的治国理念和发展实情谈人权是虚幻的。公民身份是学生享有《宪法》框架下确认的人权的政治保障，享受国家信用的庇护。[1] 否则，学生作为“人”只能被局限在社会空间极为有限的熟人社会中，比如依赖地缘的乡村、社区，依赖血缘的家族、家庭等，难以更广泛和深入地参与社会生活。因此，遵守《宪法》及其相关规定是公民参与享受权利或保障权益的基本前提。

2. 学生是行为能力有差异的人

问责须以被问责主体具备相应行为能力为前提。所谓行为能力，是指自然人能够以自己的行为行使权利和承担义务的能力或资格。现行法律划分行为能力的方法主要是年龄划线，兼顾精神层面的意思能力。此种方法在形式上具有较高的效率，但这种效率是建立在社会成员普遍的心智水平和财产状况之上的。由于心智发展主要依靠后天教化，特别是家庭和学校的教育，所以人的行为能力会因家庭和学校的影响有巨大的差异。

（1）行为能力的基本构成

行为能力由多种能力构成，一般包括权利能力、意思能力和责任能力。具有行为能力的人首先必须具有权利能力，但具有权利能力的人不一定都有意思能力和责任能力。

①权利能力。

“权利能力是指权利主体享有权利和承担义务的能力，它反映了权利主体取得享有权利和承担义务的资格。”[2] 权利能力是法律主体享有其他权利和承担义务的基本前提。自然人之间的权利能力具有平等性、普遍性，不得非法转让、抛弃和被剥夺，且在不同法律部门里内容有所不同。根据不同法律部门的具体情况，获得权利能力的情形是不一样的，比如选举权、入学权、劳动权、结婚权等，未达到一定年龄或患有某些疾病的人不能享有，只有满足法律规定的相应条件之后才能享有。自然人的民事权利能力与生俱来，是自然人法律人格的构成要素。

---

[1] 《中华人民共和国宪法》第三十三条规定：“凡具有中华人民共和国国籍的人都是中华人民共和国公民，中华人民共和国公民在法律面前一律平等。”

[2] 法理学编写组．法理学［M］．北京：人民出版社，2010：113.

②意思能力。

意思能力是指行为人对自己的行为会发生何种后果的预见能力。意思能力是行为能力的基础和构成要素，以人的心智水平和文化水平为基础。意思能力有两个构成因素：一是能够正确认识自己将要进行的行为；二是能够对将要发生的行为进行自我控制，即认知能力和自控能力（意志力）。缺少其中任何一种能力均可以视为缺乏意思能力。影响意思能力发展的因素有很多，包括人的年龄大小、心智水平、受教育水平和行为性质等。人是否具有意思能力需要根据未成年人意思表达的具体情境作出一般性判断。

③责任能力。

责任能力有广义和狭义之分。广义的责任能力是指行为人能够认识和理解行为的性质、意义、作用和后果，并能依据这种认识和理解自主做出行为的能力。狭义的责任能力则是指责任主体因实施了违法行为而独立承担法律责任的能力。责任能力包括但不限于责任主体对自己行为的辩识能力、控制能力和社会关系修复能力，即主体能否认识到自身行为是法律所禁止且具备自主决定是否违反法规并承担相应法律责任的能力。[1] 因责任能力程度不同，可分为完全责任能力、完全无责任能力和限制责任能力三大类。影响责任能力的因素有自然人的年龄、精神状态、生理功能等。

根据调整法律部门的不同，责任能力包括但不限于民事责任能力、刑事责任能力、行政责任能力。民事责任能力在广义上是指民事主体具有独立承担民事责任的法律地位或法律资格；在狭义上是指侵权行为能力，即因行为人的过错行为造成了致害后果行为的前提。是否构成侵权责任，不需要考虑行为人是否有责任能力，只需要考虑其行为是否符合侵权责任的构成要件，如过错、损害结果、因果关系。[2] 刑事责任能力的判定学说主要有“责任能力本位说”和“人格责任说”[3]。“责任能力本位说”认为主体对行为的不法性有认识能力或有实施其他替代行为的能力时才能问责；“人格责任说”则认为不仅要考虑行为的外在表现，还要考虑行为主体实施行为的主观状态。刑法通常是通过消极地规定无责任能力与限定责任能力来明确责任能力，而不是积极地直接规定责任能力，即当行为人不具有责任能力时不得追究其刑事责

---

[1] 在这个意义上讲，只要有权利能力，就有责任能力。

[2] 杨代雄. 重思民事责任能力与民事行为能力的关系：兼评我国《侵权责任法》第 32 条［J］. 法学论坛，2012，27（02）：56-63.

[3] 维克托·塔德洛斯. 刑事责任论［M］. 谭淦，译. 北京：中国人民大学出版社，2009：21.

任。[1] 行政责任能力是指行政主体对行政行为的法律后果承担责任的能力。一般来说，公民、法人或者其他组织违反行政管理秩序的行为，应依法予以惩处。行政责任能力的划分不仅以年龄和心智为界，还以行政关系中的相对位置为界，对不同的人有不同的规定。[2]

（2）学生行为能力差异

不同法律部门依据社会活动类型的不同，对行为能力的规定也有所不同，比如政治活动、民事活动、商事活动、教育活动等。对于学生而言，尽管其公民身份有国家《宪法》予以承认与保障，为其参加其他社会活动赋予了权利能力，但是不同法律部门对意思能力和责任能力的承认与保障是有区别的。

①民事行为能力。

“自然人的民事行为能力，是指自然人能够以自己的行为行使民事权利和设定民事义务，并且能够对自己的违法行为承担民事责任，简言之，是自然人可以独立进行民事活动的能力或资格。”[3]《中华人民共和国民法典》（以下简称《民法典》）第十七条至第二十条根据年龄和智力等状况的差异，将我国公民的民事行为能力分为三大类：完全民事行为能力、限制民事行为能力和无民事行为能力。

学生作为自然人，受教育的起始年龄为六周岁（条件不具备地区可推迟至七周岁）[4] 且无失去学生身份的上限年龄规定，是年龄跨度极大的特殊群体。学生因个体差异导致个体间的意思能力、责任能力不一样，导致同一民事行为产生的法律效果也不一样。未成年学生是社会群体中的弱者，其意思能力和责任能力是不完全的，需要受到道德和法规的特别保护；而对于成年学生来说，由于其在法律形式上已经具备了完全民事行为能力，不仅需要得到法规充分的尊重和信任，还必须承担相应的民事法律责任。

不过，学生群体在事实上是一个相对缺乏责任能力的特殊群体。绝大多数全日制学生在事实上并不具备与年龄和智识水平相适应的责任能力。对于大多数中小学学生来说，他们是无民事行为能力人或限制民事行为能力人，

---

[1] 张明楷．刑法学［M］．5版．北京：法律出版社，2016：302.

[2] 作为行政相对人时，行政责任的主要承担形式是行政处罚；而作为行政主体的内部成员，行政责任主要形式是行政处分。当前行政行为趋于复杂，问责形式已经出现不同法律部门相互融合的趋势。学生恰恰处在交叉融合的灰色地带，接受学校教育，特别是义务教育似已成为各种责任能力获得的必要条件之一。因此，教育责任能力更具有基础性，比如从六周岁开始接受国家义务教育。

[3] 王利明．民法总论［M］．2版．北京：中国人民大学出版社，2015：139.

[4] 《中华人民共和国义务教育法》第十一条规定。

因未成年人身份受到法律保护。而对于绝大多数年满十八周岁的普通高等学校学生来说，虽然在法律上是属于完全民事行为能力人，但是他们普遍缺乏稳定且独立的劳动收入或财产收入，一般依靠父母（监护人）或是其他社会组织与个人进行生活。与此同时，学生在未进入社会前，缺乏社会经验导致其判断力相对不足。因此，年龄、智识与财产的脱节更加凸显出学生身份的特殊属性。

另外，学生群体中有少数心智发展趋于所处年龄段正态分布两端的特殊群体，即超常儿童[1]和残障儿童，他们的民事行为能力需要特别对待。我国依法保护所有公民，就残障儿童而言，由于其身心状况的特殊性，一般会被国家特殊照顾。

②刑事行为能力。

刑事行为能力是指主体对自身犯罪行为进行辨认和控制的能力。在刑法理论中，犯罪主体具备刑事行为能力时被默认已经具备了相应刑事责任能力。"责任能力是犯罪能力与刑罚适应能力的统一"[2]。《中华人民共和国刑法》(2020 修正)（以下简称《刑法》）第十七条到第十九条采取了"年龄为主、智识水平和罪责恶性为辅"的刑事行为能力划分标准，将刑事责任能力分为了完全刑事责任能力、限定刑事责任能力和无刑事责任能力三个类型。

刑事责任能力与刑罚适应能力具有内在关联性。在我国，未满十二周岁的公民是属于无刑事行为能力的自然人，不承担刑事责任。随着社会环境的变化，我国未成年人犯罪呈现低龄化的新特点，且诸多新闻报道的未成年人犯罪案件的罪犯主观恶性极大，手段暴力残忍，让人不得不重新思考年龄界限是否合适，甚至以年龄为标准的形式划分是否足够妥当。美国规定的刑事责任年龄大多为十岁到十二岁，有些州没有规定最低刑事责任年龄。有学者提出恶意补足年龄的原则而使得刑事责任年龄的适用具有弹性。[3] 前述立法实践和个人建议为法官在审理刑事案件时根据具体犯罪情况自由裁量创设了空间。若未满十二周岁的学生为规避年满十二周岁的刑事责任问责的年龄而犯罪，则存在更大的主观恶意。因此，刑事责任年龄划分对于大部分人是适用的，对于小部分带有巨大的主观恶意和犯罪情节严重的未成年人是不适用的。公民需要对法律有敬仰之心，对于特别恶劣、影响范围广等严重违法犯罪行

---

[1] 国家目前尚无专门针对超常儿童的法律规范。

[2] 赵秉志．犯罪主体论［M］．北京：中国人民大学出版社，1989：26.

[3] 许锋华，徐洁，黄道主．论校园欺凌的法制化治理［J］．教育研究与实验，2016（06）：50-53.

为，法律必须应用恶意补足年龄的原则，使得刑事责任年龄具有一定弹性。

③行政行为能力。

目前，尚无何谓行政行为能力的现成观点。[1] 行政行为能力是指行政相对人参与行政管理活动的权利能力、责任能力和意思能力。在行政法话语体系下，权利能力主要针对受益性行政行为，责任能力主要针对负担性行政行为。在行政相对人意思能力不足的情况下，主要由行政相对人的监护人代为行使权利和履行责任；不能代为行使权利和履行责任的，由行政相对人自己行使权利和履行责任。在负担性行政行为方面，相关行政法规针对行政责任能力的差异也有区别规定。《行政处罚法》第三十条至第三十二条对公民和法人以及其他组织违反行政管理秩序的行为进行了规定，根据人的年龄、心智和法律后果的特点进行行政责任能力的划分。这一划分标准亦在《治安管理处罚法》第十二条到第十五条、第二十一条被参照。根据该法规定，公安部门对行政相对人的行政处罚在责任年龄和意思能力上有清晰划分。

学生主要是作为行政相对人参与行政活动，主要集中在以教育行政管理为主的公共管理领域。对于学生违反行政管理秩序的行为，也应该受到行政处罚。在实务中，当学生违纪行为中有扰乱公共秩序与公共安全，侵犯人身财产权利等一些具有社会危害性行为的，若不能构成刑事处罚，那么一般会根据具体行政相对人的年龄和心智状况依照相关法规进行问责。

### （三）学生身份的教育法规安排

学生是教育法规为自然人安排的制度性身份之一。“从一般意义上讲，身份是指人的出身、地位和特定资格，是指人在一定的社会关系中的地位，因而人人皆有身份。”[2] 身份是在关系视野下对人贴的标签，可以根据划分维度的不同体系，进而形成不同的集体（或身份体）。自然人获得学生身份有多种限制条件，教育法规对此作了系统性安排，从教育基本制度、学校、教师、家庭以及社会等多方面做了基本规定。

以义务教育学段的学生为例。《教育法》第十九条规定“国家实行九年制义务教育制度。”各级人民政府采取各种措施保障适龄儿童、少年就学。适龄

[1] 吴克勤曾以《行政行为能力初探》为名发表了一篇学术论文，但是讨论的是行政行为的法律效力，即确定力、拘束力和执行力。参见吴克勤．行政行为能力初探［J］．苏州科技学院学报（社会科学版），2003（04）：33-34.

[2] 狄世深．刑法中身份论［M］．北京：北京大学出版社，2005：36.

儿童、少年的父母或者其他监护人以及有关社会组织和个人有义务使适龄儿童、少年接受并完成规定年限的义务教育。同时,《义务教育法》第十一条明确规定:“凡年满六周岁的儿童,其父母或者其他法定监护人应当送其入学接受并完成义务教育;条件不具备的地区的儿童,可以推迟到七周岁。”而《中小学学籍管理办法》和《普通高等学校学生管理规定》等相关规定,学生在入学后获得学籍,才能成为一名具有学生身份的人。因此,儿童必须年满六周岁进入学校接受教育并获得学籍才具备了“学生”这一“制度身份”,才能开始义务教育阶段的学习。再以非义务教育阶段的学生为例。成为后义务教育学段的学生,一般先需要参加选拔性考试,如中考、高考、高等教育自学考试和研究生入学考试等,以期获得入学资格;然后结合志愿获得对应学校的通知后报到入学,经由学校注册学籍建立学籍档案后才能使其“学生”身份被正式确认。

当然,学生只是自然人所属的身份体之一。“学生”这个特殊的身份使其除了享有《民法典》《刑法》《行政处罚法》等法律法规保障的作为自然人的权益和责任外,还受到一些专门保护未成年学生群体的法规政策的保障与约束,比如我国的《妇女儿童权益保障法》《义务教育法》《未成年人保护法》《中华人民共和国预防未成年人犯罪法》(以下简称《预防未成年人犯罪法》)、《学生伤害事故处理办法》《加强中小学生欺凌综合治理方案》等法规政策。受教育权作为人的一项基本权利,在人出生时就享有;学生作为在学校接受教育的自然人,依教育法规享有权利和承担义务。受教育具有权利和义务一体化的特性,在《教育法》第四十三条和第四十四条有相应规定。

在特别权力关系视野下,学生一旦取得学籍就要无条件遵守学校单方面制定的规章制度,不管这种规章制度是否合理,学生对学校的抽象管理行为无申诉权和诉讼权,只能绝对服从。[1] 这种学生身份的制度性安排代表着“命令—服从”与“控制—被控制”[2]。学生身份使得其在不同的学段必须要遵循相应的规定,比如《小学管理规程》《小学生日常行为规范》《中小学生守则》《中学生日常行为规范》《特殊教育学校暂行规程》《中等职业学校管理规程》《普通高等学校学生管理规定》等,同时也要遵守就读学校的校纪校规。学生在校期间,在违反规章制度后,学校施以惩戒的目的在于教育而非报复。学生违纪必须问责,而惩戒则直接关系到基于学生身份之上的正当利

[1] 尹力. 教育法学[M]. 2版. 北京:人民教育出版社,2015:129.

[2] 童列春. 身份权研究[M]. 北京:法律出版社,2018:63.

益。特别是在高等教育阶段，我国针对学生有相应的资格限定，如《高等教育自学考试暂行条例》《学位条例》等，对毕业要求和学位授予都有规定。其中《高等教育自学考试暂行条例》中对应考者取得毕业证书的要求是根据学术水平和思想品德进行判定，而《学位条例》对学位授予只有对学术水平的明确规定，对思想道德水平没有明确规定。

在"双一流"建设背景下，国家要想建设现代化大学，势必要对学生资格进行严格把控，"严进严出"已然成为趋势。针对学生的学业证书问题，国家和高校必须坚持学术和品行的双重标准，严格把控学生的质量，促进教育法治化和现代化的发展。近些年，学生与高校在关于学位授予等方面的诉讼案件增多，高校是否有剥夺违纪学生获得学业证书申请资格的惩戒权尚无公论。高校出于维护学校声誉和维持学术品质的需要，在对学生学位授予条件中会对学生的学术水平和道德水平做出高要求，对于学术的违纪处分问题进行严格审查。在学生与高校的诉讼中，存在多种情形，有否认高校根据违纪处分剥夺学生学位的权利，有赞成高校根据违纪处分不授予学生学位，也有只承认以学术性违纪作为不授予学位条件的合法性的案例。由于《学位条例》的规定具有原则性，对于许多具体化的行为没有明确规定，那么高校就必须发挥其自主权，在不违反上位法的情况下制定学校规章制度。

人的本质是社会关系的总和，国家是自然人能够依仗的最大身份体。不管是本国公民，还是其他国家和地区的非本国公民，到国家所辖学校就读的前提条件是获得国家的认可与支持，特别是法律的明确规定。法律作为调整人与人之间社会关系和维护社会秩序的工具，能够促进国家这一超大型社会组织正常有序运转。我们企望通过强化国家的合法性将身份体打造成共同体。如果说身份体的存在可以依赖强力压制实现机械团结的话，那么共同体则是在分工合作的基础上实现的有机团结。在个人行为的主观认识上，身份体与共同体之间是强制与自愿的区别。

学生作为在社会成员中的特殊群体，与已经具有社会独立生活能力的成年人有一定差别，特别是行为能力的差别。学生是尚未完全进入社会谋生的"社会预备成员"，在意思能力和责任能力等方面存在不足。因此，学生身份迫切需要法律制度上的确认，以便为人与社会的平衡发展提供国家强制力的保障。在这个过程中，人以遗传因素和主观能动性为主的内在因素和以家庭、社区、学校等为主的外在因素可以在法治的轨道上实现竞争与合作的秩序稳定。

学校教育是国家综合治理的重要战线。学校作为培养人的场所，要充分发挥其有目的的培养人的功能。作为专门化的社会组织，学校的教育活动本身具有价值导向。对于国家来说，学校的主要任务是进行人才培养、科学研究、社会服务和文化传承。而人才培养是学校区别于其他社会组织的本质特征，具体表现为促进人的发展和识别筛选两大功能。对于家庭来说，让子女接受学校教育不仅是一种社会义务，也是一种让家庭这个小单元继续生存和发展的途径。对于个人来说，教育让个体学会生存、学会学习、学会自我发展与完善。学生在后天学习的过程是逐渐完成社会化的过程，学生纪律要为促进学生的社会化发展过程提供秩序保障，学校是把学生培养成符合社会规范的人的重要场所。因此，对于社会综合治理来说，学校针对青少年违纪行为的特点，运用人道主义和感化教育等多种方法，对学生进行世界观、人生观、价值观的教育，并在三观教育的引导下批判性地进行道德与法治教育，特别是对失足、违法和有轻微犯罪的学生要进行教育和挽救，改造他们的不良心理和行为习惯，以减少或防止违法犯罪现象的发生。❶ 学校教育着力提高学生的认知水平、科学文化水平和伦理道德水平，目的是促进学生的身心快速发展。只有这样，学校教育才能在法治轨道下让学生知晓自身权利能力，提高其责任能力、意思能力。

## 二、客体

“在哲学上，客体指主体以外的客观事物，是主体认识和实践的对象。”❷ 在法学上，特别是在刑法学上，关于客体的论述主要有三种观点：一是传统刑法学的通说，即源自苏联的社会关系说，认为犯罪客体是犯罪行为侵害的、法律所保障的社会关系；二是民刑一体背景下的“法益”说，即认为客体是指“根据宪法的基本原则，由法所保护的、客观上可能受到侵害或者威胁的人的生活利益”；❸ 三是“法益+对象”说，即认为客体不仅包含抽象的、精神化的法益，而且包含犯罪的对象，即承载主体的权利和义务的对象，包括物品、行为等。❹ 基于现象的繁复与本质的单纯，我们认为“法益说”更宜

❶ 杨春洗，康树华，杨殿升. 北京大学法学百科全书 · 刑法学 · 犯罪学 · 监狱法学［M］. 北京：北京大学出版社，2001：939.

❷ 任超奇. 新华汉语词典［M］. 武汉：崇文书局，2006：489.

❸ 张明楷. 法益初论［M］. 北京：中国政法大学出版社，2003：167.

❹ 阮智富，郭忠新. 现代汉语大词典 · 上册［M］. 上海：上海辞书出版社，2009：1678.

用来分析现象，也更合理。❶ 因此，违纪的客体是在正当利益中具有基础性、优先性、确定性、稳定性等特点的法益。具体来说，学生违纪的客体主要有法规政策和校规保障的人身权、财产权、知识产权、受教育权、公共利益和公序良俗等法益。

### （一）人身权

按照人身权的客体是人格利益还是身份关系的标准，人身权可以分为人格权和身份权。“人身权又称人身非财产权，是指具有人身属性、不具有直接财产内容的权利的统称，包含人格权和身份权。”❷ 人身权是人最基本的权利，具有非财产性、不可转让性、不可放弃性、法定性、绝对性和支配性等特征。其中人格权包含但不限于生命权、健康权、身体权、人身自由权、隐私权、姓名权等，是以人格利益为内容的民事权利。《民法典》第一百零九条和第一百一十条规定自然人的人身自由、人格尊严受法律保护；自然人享有生命权、身体权、健康权、姓名权等权利，法人、非法人组织享有名称权、名誉权和荣誉权。《民法典》第一百一十二条规定自然人因婚姻家庭关系等产生的人身权利受法律保护。身份权是自然人基于家庭伦理而享有的非财产权。身份权具有身份专属性、权利义务化和人格依附性的特点。❸

#### 1. 人格权

在法学语境中，人格独立是人区别于动物的根本标志。人格就是人在法律上的资格。人格权是以人格利益为客体，为维护其独立人格所必备的固有权利。人格利益体现的是精神利益，但并不排除包含这种精神利益中的物质利益因素。它不仅表现在人的某些身体健康受损时，为保护自然人的支出费用，也包含肖像权等在客观上可能转化成的物质利益，以及所有人格权造成损害而为恢复权利所支出的必要费用。❹ 人格权可以分为一般人格权和具体人格权。一般人格权是具体人格权的上属概念，一般包括人格独立、人格自由、人格尊严等的一般人格利益的权利，并由此产生具体人格权如以下：

---

❶ 更多关于犯罪客体的讨论可参见彭文华．法益与犯罪客体的体系性比较［J］．浙江社会科学，2020（04）：47-55，156-157.

❷ 房绍坤．民法［M］．5版．北京：中国人民大学出版社，2020：377.

❸ 房绍坤．民法［M］．5版．北京：中国人民大学出版社，2020：378.

❹ 王利明，杨立新，王轶，等．民法学［M］．6版．北京：中国人民大学出版社，2020：884.

（1）生命权

“生命权是以自然人的生命安全的利益为内容的、独立的具体人格权。”❶生命作为自然人的最高利益，是其他权利的基础。我国众多法律部门有明文规定保护自然人的生命权。生命权是一种消极意义上的绝对权。

（2）健康权

“健康权是指自然人以其机体生理机能正常运作和功能完善发挥，因而维持人体生命活动的利益为内容的具体人格权。”❷ 其中，健康权包括健康维护权和劳动能力。健康维护权是自然人保护自己、造福人类的重要权利；劳动能力是自然人创造物质财富和精神财富活动的脑力和体力的总和，是自然人健康权的一项基本人格利益。❸ 自然人的身心健康受法律的保护。

（3）身体权

“身体权是公民维护其身体完全并支配其肢体、器官和其他组织的具体人格权。”❹ 身体是人生命和健康的物质载体。相较而言，人的身体、生命和健康是人最根本的一体化利益。通常情况下，当人的身体构成的完整性受到伤害时，人的生命和健康也极有可能受到损害。

（4）人身自由权

“人身自由权是自然人在法律规定的范围内，按照自己的意志和利益进行行动和思维，不受约束、控制或妨碍的权利。包括身体自由权和精神自由权。”❺ 没有人身自由，自然人的其他权利就形同虚设。学生作为自然人依法享有自由权。一般情况下，学校、教师、家长等在问责时不应限制违纪学生的人身自由；但在法益衡量视野下，违纪学生具有严重威胁他人人身财产安全或严重干扰学校正常教育秩序时，可在确保安全的前提下适当限制人身自由。若是学校教工或家长难以控制危急局面，亦可报警寻求警方支持。当危急情况解除后，人身自由的限制也应随即解除。

（5）隐私权

目前，我国法律尚无对隐私权的明确规定，学者们的观点也各有不同。其中较典型的说法有两种：一是“私人秘密说”。“秘密权者，乃就是私生活

---

❶ 王利明，杨立新，王轶，等. 民法学［M］. 6版. 北京：中国人民大学出版社，2020：900.
❷ 王利明，杨立新，王轶，等. 民法学［M］. 6版. 北京：中国人民大学出版社，2020：903.
❸ 王利明，杨立新，王轶，等. 民法学［M］. 6版. 北京：中国人民大学出版社，2020：903.
❹ 王利明，杨立新，王轶，等. 民法学［M］. 6版. 北京：中国人民大学出版社，2020：904.
❺ 王利明，杨立新，王轶，等. 民法学［M］. 6版. 北京：中国人民大学出版社，2020：912.

上所不欲人知之事实，有不使他人得知之权力也。”[1] 二是“私生活安宁说”。“隐私权是对个人私生活的保护，使每个人能安宁居住，不受干扰，未经本人同意者，其与公众无关的私人事务，不得刊布或讨论，其个人姓名、照片、肖像等非事前获得本人同意，不得擅自使用或刊布，尤不得做商业上的用途。”[2] 张新宝认为：“隐私权是指自然人享有的私生活安宁与私人信息依法受到保护，不被他人非法侵扰、知悉、搜集、利用和公开等的一种人格权。”[3] 王利明教授认为，隐私权包括隐私隐瞒权、隐私利用权、隐私维护权和隐私支配权。[4] 隐私一般是自然人的私人生活安宁和不愿为他人知晓的私密空间、私密活动、私密信息。《民法典》第一千零三十二条规定：“自然人享有隐私权。任何组织或者个人不得以刺探、侵扰、泄露、公开等方式侵害他人的隐私权。”不过，隐私权应当有适用前提，即在确保不损害公共利益和他人合法权益前提下才能主张法律保护。

(6) 个人信息权

“个人信息权，是指自然人依法对其本人的个人资料信息所享有的支配并排除他人侵害的人格权。”个人信息的客体是个人的资料信息等人格要素，与隐私权有所不同。“隐私权所保护的个人信息是指人的隐私信息；个人隐私信息仍然由隐私权保护，但是对个人身份信息等，用独立的个人信息权保护。”个人信息权以自我决定权为基础，其个人信息由自我掌握、支配以及他人不得非法干涉和侵害。个人信息权包括对个人信息的占有权、决定权、保护权、知情权、更正权、锁定权和被遗忘权。[5]

(7) 姓名权

姓名权有概括式和列举式两种定义。概括式定义者马原认为：“公民的姓名权，就是公民决定、使用和依照规定改变自己姓名的权利。”[6] 列举式定义认为姓名权包括自我命名权、姓名使用权和改名权。学生作为公民依法享有姓名权。王利明等人在《民法学》中提出“姓名权是自然人决定、使用和依

[1] 何孝元．损害赔偿之研究［M］．台北：台湾商务印书馆，1982：116.

[2] 吕光．大众传播与法律［M］．台北：台湾商务印书馆，1987：66.

[3] 张新宝．隐私权的法律保护［M］．北京：群众出版社，2004：12．王利明在1994年时认为：“隐私权是自然人享有的对其个人的、与公共利益无关的个人信息、私人活动和私有领域进行支配的一种人格权。”王利明．人格权法新论［M］．长春：吉林人民出版社，1994：487.

[4] 王利明，杨立新，王轶，等．民法学［M］．6版．北京：中国人民大学出版社，2020：913.

[5] 王利明，杨立新，王轶，等．民法学［M］．6版．北京：中国人民大学出版社，2020：914.

[6] 马原．民事审判实务［M］．北京：中国经济出版社，1993：208.

照规定改变自己姓名的权利。”[1] 姓名权包括自我命名权、姓名使用权、改名权和许可他人使用权。在行使姓名权时均不得违背公序良俗，也不得侵犯他人合法权益。在信息技术不发达的年代里，教育实务中存在较多以侵犯姓名权为形式，以侵害受教育机会权为实质的事例，比如盗用、冒用他人姓名顶替上中专或大学[2]。

（8）名称权

“名称权是指法人及特殊自然人组合依法享有的决定、使用、改变自己的名称，依照法律规定转让名称，并排除他人非法干涉、盗用或冒用的具体人格权。”[3] 名称权也包括名称设定权、使用权、变更权、可转让权和许可他人使用权。名称权的可转让的特性也区别于姓名权。[4]

（9）肖像权

“肖像权是以自然人在自己的肖像上所体现的利益为内容的具体人格权。”[5] 肖像权包括制作专有权、使用专有权和利益维护权。肖像权保障人格尊严和精神利益，同时也有明显的经济利益，是公民专有的民事权利。侵害肖像权的行为包括未经许可再现他人肖像，未经许可使用他人肖像，丑化、歪曲他人肖像等。在“互联网+”时代，各种具备摄像功能的电子设备，如手机、平板电脑、智能手表等，使用不当则可能会出现涉嫌侵犯肖像权的情形。比如，学生未经其他人允许而拍照，然后据此在摄影比赛中获得荣誉。拍照者对个人作品享有著作权，但是其作品的形成与利用要不要征得当事人允许是值得商榷的。

（10）名誉权

“名誉权是指自然人和法人就其自身属性和价值所获得的社会评价，享有的保有和维护的具体人格权。”[6] 名誉权包括名誉保有权、名誉维护权和名誉利益支配权。侵犯名誉权的行为主要有诽谤他人、侮辱他人、各种新闻报道失真、文学作品适用素材不当、无证据而错告或诬告和过失致人名誉受损的其他行为。一般情况下，学生侵犯他人名誉权的行为在某种程度会影响受害者的身心健康，若是任其发展，会干扰学校的正常教育。所以，对于学生在

[1] 王利明，杨立新，王轶，等. 民法学［M］. 6版. 北京：中国人民大学出版社，2020：907.

[2] 现今我国2020年12月26日的刑法修正案已提出“冒名顶替罪”。

[3] 王利明，杨立新，王轶，等. 民法学［M］. 6版. 北京：中国人民大学出版社，2020：908.

[4] 王利明，杨立新，王轶，等. 民法学［M］. 6版. 北京：中国人民大学出版社，2020：908.

[5] 王利明，杨立新，王轶，等. 民法学［M］. 6版. 北京：中国人民大学出版社，2020：909.

[6] 王利明，杨立新，王轶，等. 民法学［M］. 6版. 北京：中国人民大学出版社，2020：910.

校园期间的诽谤、侮辱等行为要及时进行干预，避免扩大影响，形成严重的校园暴力问题。

（11）荣誉权

关于荣誉的概念有“评价说”和“奖励说”两种观点。评价说认为荣誉是一种正面的、积极的社会评价，奖励说则将荣誉限定为获得的光荣称号和其他奖励。[1]“荣誉权是指民事主体对其所获得的荣誉及其利益所享有的保持、支配的具体人格权。事实上，荣誉权既有身份权的性质，也有人格权的性质。”[2]荣誉权包括荣誉保持权、精神利益支配权、物质利益获取权和支配权。[3]侵犯荣誉权的行为主体通常是授予荣誉称号的机构，或者与荣誉权人存在行政隶属关系、管理关系的机构。[4]侵害荣誉权的行为主要有非法剥夺他人荣誉、非法侵占他人荣誉、诋毁他人的荣誉或是侵害荣誉权人应该得到的一些物质利益。荣誉权不是民事主体的固有权利，也不是每一个民事主体都可以取得的必然权利，只有实际获得某项荣誉，才能成为荣誉权的主体。[5]

（12）性自主权

性自主权是一种新兴权利，也叫贞操权。“性自主权是自然人保持其性纯洁的良好品行，依照自己的意志支配性利益的具体人格权。性自主权的客体是性利益，是权利人就自己的性的问题所享有的利益。”[6]性利益包括生理因素、心理因素和法律因素的利益。即获得身体上的自由选择、心理上的快乐满足和法律范围内的正当性。性自主权作为一种新型的尊严人格权，是属于精神人格权中的一种权利。[7]

性自主权是每个人都平等享有的权利。任何以暴力、胁迫、语言、动作、欺诈和诱导等方式违背权利人的意愿，强制实行性交的性行为或性交之外的侵害权利人的性自主权的行为都是违法的，都需要承担相应的侵权责任。由于未成年学生的特殊性，学生虽有权利能力，但意思能力、责任能力无法与已经自立的成年人一样。因此，对于学生的性自主权，学校、家庭和社会需

---

[1] 杨立新．人格权法［M］．北京：法律出版社，2011：556-560.

[2] 王利明，杨立新，王轶，等．民法学［M］．6版．北京：中国人民大学出版社，2020：911.

[3] 王利明，杨立新，王轶，等．民法学［M］．6版．北京：中国人民大学出版社，2020：911.

[4] 王利明．民法［M］．6版．北京：中国人民大学出版社，2020：523.

[5] 姚辉，叶翔．荣誉权的前世今生及其未来：兼评民法典各分编（草案）中的相关规定［J］．浙江社会科学，2020（03）：35-45，157.

[6] 王利明，杨立新，王轶，等．民法学［M］．6版．北京：中国人民大学出版社，2020：915.

[7] 我国学者现在也多在“性自主权”的意义上使用“贞操权”的术语。参见齐云．《人格权编》应增设性自主权［J］．暨南学报（哲学社会科学版），2020，42（01）：108-121.

要对学生进行针对性教育，比如学校增设性教育课程，校规对于学生早恋的规定，家庭和社会的品行规训等。针对性教育有助于让学生知晓其应有的权利，避免在性自主权受到威胁乃至侵害时还不自知。

2. 身份权

“身份”在不同的学科具有不同的解读。“身份”主要是指：继承来的社会地位，用客观的特征（如职业、收入）测量的地位，声望、权利与义务的集合，在社会上的位置，在等级制度中的位置。[1] 身份作为一种文化标签或符号，意味着个体在社会中的角色、位置以及处境，他人对自己的看法，同时也代表着个体对自我的感知与确认。[2]

身份制度贯穿于社会生活的方方面面，社会运转需要每个人在不同的身份体中发挥作用。自然人和公民是基本的身份保障。在复杂的社会关系之中，人与人之间既存在同质性的一面，也存在异质性的一面。身份的本质在于体现人与人之间的差异。个人在特定的社会环境中处于特定的社会身份地位，这个身份上负载了特定的社会期望，拥有相应的身份职权、承担相应的身份职责、遵守既定的行为规范。[3] 人们之间存在血缘、性别、年龄、健康、民族、地域等方面的自然属性差异，这些属性可以成为发生身份关系的法律事实。如未满十八周岁，获得未成年人身份；存在血缘联系，产生亲子身份；等等。

目前，法学对身份权的系统研究主要集中在民法部门。但是，民法实务中的身份权只包括亲权、亲属权和配偶权。在某种程度上，现行身份权以家庭为基础，被局限在家庭范围内。“身份权是指自然人基于特定身份关系产生并由其专属享有，以其体现的身份利益为客体，为维护该种关系所必需的权利。”[4] 作为民事主体，在享有特定身份的权利时，也必须承担相应的义务。

学生是自然人拥有的多重身份之一。学生身份通过国家相关法规政策获得该身份的合法性。在非义务教育阶段，学生身份是学生本人努力奋斗的成果，是一种身份标志。任何侵犯学生身份的行为均应受法律制裁。由于法制建设不充分，出现过暗箱操作侵犯他人身份权、受教育权的事件，如“陈春

[1] 李强. 当代中国社会分层与流动［M］. 北京：中国经济出版社，1993：204.

[2] 邱德峰. 学生作为学习者的身份建构研究［D］. 西南大学，2018.

[3] 童列春. 身份权研究［M］. 北京：法律出版社，2018：25.

[4] 王利明，杨立新，王轶，等. 民法学［M］. 6 版. 北京：中国人民大学出版社，2020：926.

秀事件”❶。从处理结果来看，陈春秀的合法诉求仍然没有得到完全解决。目前，我国现行有效刑法中对冒名顶替上大学的情形有法律规定❷；但民法领域多以顶替者侵犯被顶替者的姓名权为由寻求民事赔偿，对于身份权却无法进行有效维权。

“学生”是一个动态的过程性的身份概念。学生身份具有暂时性和过渡性的特征。该身份使得自然人可以在校学习，获得自我发展；而目的则是走向社会，获得社会性身份。学生身份作为一种“发展中的半成品”的身份标识，拥有社会对其普遍性的看法和期待，在完成学生身份之后所获得的学业证书也是社会选拔人才的一种标准符号。上述“陈春秀事件”中，顶替上大学行为不仅侵犯了被顶替者的姓名权、身份权和受教育权，更加侵犯了他们的发展权。人的发展是持续一生的，冒名顶替对侵权者和被侵权者双方的影响是深远的，因此，国家应该修改和完善相关法规对其进行相应的处置和补偿。

### （二）财产权

财产权是指社会组织和自然人享有的以财产利益为内容的权利。财产权主要包括物权、债权、继承权和知识产权中的财产权益。我国《宪法》第十三条规定：“公民的合法的私有财产不受侵犯。国家依照法律规定保护公民的私有财产权和继承权。”《民法典》中第一百一十三条规定：“民事主体的财产权利受法律平等保护。”同时，社会主义国家的公共财产更是神圣不可侵犯的。当国家和公民正当利益受到侵害时，为恢复社会秩序也越来越多地通过财产补偿来补救。

物权和债权是财产权的两大支柱。西方正式的物权学说始于古罗马，主要有“对物关系说”“对人关系说”和“权利归属说”❸，以及在我国比较通

---

❶ 2004年，由于陈艳萍未考上专科，通过冒名顶替、伪造档案、户籍造假等方式取代陈春秀的成绩顶替上了山东理工大学。在16年后，陈春秀报考成人高考时发现自己已经上过大学，从而发现被顶替的事情。根据调查结果已对十多名违法违规者分别进行了处罚。但是被顶替者的学籍被注销，也就意味着陈春秀本人的学籍是被注销的，她想入读山东理工大学，可是被拒绝。参见佚名. 山东通报聊城市冠县、东昌府区两起冒名顶替上学问题调查处理及相关情况［EB/OL］.（2020-06-29）［2020-12-27］. http://www.ccdi.gov.cn/yaowen/202006/t20200629_221003.html.

❷ 在2020年12月26日的刑法修正案中，在《刑法》第六章“妨碍社会管理秩序罪”第二百八十条之二提出冒名顶替罪：“盗用、冒用他人身份，顶替他人取得的高等学历教育入学资格、公务员录用资格、就业安置待遇的，处三年以下有期徒刑、拘役或者管制，并处罚金。组织、指使他人实施前款行为的，依照前款的规定从重处罚。国家工作人员有前两款行为，又构成其他犯罪的，依照数罪并罚的规定处罚。”

❸ 杨立新. 物权法［M］. 北京：法律出版社，2013：39.

用的“折中说”。❶“折中说”是指物权具有对人和对物两个方面的关系，是“对物关系说”和“对人关系说”的一种互相吸收与包容。《民法典》第二编第二百零七条规定：“国家、集体、私人的物权和其他权利人的物权受法律平等保护，任何组织或者个人不得侵犯。”物权包括其设立、变更、转让和消灭。当物权受到侵害时，相关权利人可以通过和解、调解、诉讼的方式进行解决。我国《民法典》第一百一十四条明确规定：“物权是权利人依法对特定的物享有的直接支配和排他的权利，包括所有物权、用益物权和担保物权。”所谓的“物”包括各种特定物、独立物和有体物，有动产和不动产，物的概念不是狭义的物，在法律上具有排他性和支配可能性者都可以是物，比如土地的空间权等。❷ 物权作为财产权的一部分，是常见侵权行为的客体。而债权是指在债的关系中一方（债权人）依法要求另一方（债务人）履行某种义务而承担为一定行为或不为一定行为的权利。债权的主要种类有：买卖、供应、互易、赠与、借贷、劳务、委托、保险等。债权的义务人必须是特定的人。债权需有特定的人与之协定才能实现。❸ 债权与物权相对应，都是财产权益的重要法律形态。物权和债权是有区别的，冉克平认为，物权是支配权，债权是请求权；物权的客体主要是有体物，债权是以行为（给付）为客体；物权是对世权和绝对权，债权是对人权和相对权；物权具有优先性，而债权是具有平等性的权利（所谓平等是指债权人之间的债权除具有优先受偿的效力，如附有担保物权）外，不考虑其发生时间的先后、数量之大小以及债权发生的原因，债权人都应当平等地接受清偿；物权通常具有永久性，债权具有暂时性；物权具有追及效力，债权只能在特定当事人之间发生效力；物权的设立采法定主义，而债权的设立采意思自治原则。❹

“继承权，是指自然人按照被继承人所立的合法有效遗嘱或法律的直接规定而享有的继承被继承人财产的权利。”❺ 继承权主要是以亲属身份关系为基础的一种财产权利，继承是获取财产的重要渠道之一。继承权是独立民事权利，《民法典》第一百二十四条规定：“自然人依法享有继承权。”其他个人或组织不得侵犯自然人合法的继承权益。

学生获得财产的合法来源一般有劳动报酬、获赠、奖贷补助等。学生是

---

❶ 冉克平. 物权法总论［M］. 北京：法律出版社，2015：115.

❷ 陈华彬. 民法物权论［M］. 北京：中国法制出版社，2010：11.

❸ 张占斌，蒋建农. 毛泽东选集大辞典［M］. 太原：山西人民出版社，1993：1026.

❹ 冉克平. 物权法总论［M］. 北京：法律出版社，2015：128-130.

❺ 王利明，杨立新，王轶，等. 民法学［M］. 6 版. 北京：中国人民大学出版社，2020：987.

年龄跨度很大的特殊身份群体，劳动报酬受到一定法律限制。在未成年人阶段，绝大多数学生就读于中小学，属于限制行为能力人。他们难以通过劳动获得生活资料以独立生活，只能依靠监护人或其他组织和个人抚养才能支付日常生活的财产花费。《劳动法》第十五条规定："禁止用人单位招用未满十六周岁的未成年人。"而对于年满十六周岁的学生来说，通过兼职等方式来赚取生活费的资格是有的。不过，尽管此类学生享有了兼职的权利，但是容易和学业发生实质性冲突。除了合法的劳动以及监护人的给予等方式外，学生的财产的来源还有在学业方面的奖贷补助等方式。教育作为公益性的基础事业，国家对其有较多的帮扶政策；学生作为受教育的群体，依法依规享有获得奖贷补助的资格。

学生对依法所获财产有处置的权利。但是，法规对不同年龄段学生的财产处置权限有不同规定。未成年学生是限制行为能力人，对财产的处置要与其行为能力相匹配；大额财产的消费行为必须要在监护人或是成年人的监管下进行。同时，学生也不能利用财产去做违法乱纪和冲击公序良俗的事情。

总之，学生作为自然人依法享有财产权。财产权是生命权和自由权的一种延伸，学生依法对自己的财产有使用和支配的自由，任何人都不得肆意侵害他人的财产权。

### （三）知识产权

在知识经济时代，知识产权的重要性不言而喻。"知识产权"（intellectual property）实质指向的是依附于智慧的财产权，主要指依法利用创造性智力成果和工商业标记的权利。狭义上的知识产权只包括著作权、专利权、商标权、名称标记权、制止不正当竞争，而不包括科学发现权、发明权和其他科技成果权。在学理上，知识产权是指人就其创造性智力成果和工商业标记成果依法享有的法定权利。知识产权涉及科学、技术、文化、艺术、工商业等领域；只要是民事主体依法取得了创造性的智力成果和工商业标记，就能依法享有其专有权利。知识产权具有法定性、专有性和地域性等特征。[1] 知识产权是一种私权，知识产权人对自己所享有的权利具有完全的保护、运用和处置的权利；知识产权由于其特有的创造性智力成果和工商业标记的非物质形态，比较容易受到不法侵害；知识产权的客体是无形的，具有价值和使用价值；知识产权也具有专有性，其他任何人或组织没有法律和本人的允许不得擅自使

[1] 冯晓青. 知识产权法［M］. 2版. 武汉：武汉大学出版社，2014：5.

用其智力成果；知识产权的地域性使得知识产权只在授予或是确认其权利的国家和地区发生法律效力，受到法律保护。

我国《民法典》《中华人民共和国专利法》《中华人民共和国著作权法》(以下简称《著作权法》)、《集成电路布图涉及保护条例》《科学技术进步法》《反对不正当竞争法》以及《国家科学技术奖励条例》等法律法规对公民的知识产权等做了相关规定，也有专门针对高校的规定，如《高等学校知识产权保护管理规定》。其中包含对学生的知识产权的保护和管理等内容。知识产权最根本的目的是维护个人利益与社会利益之间的平衡，从而促进科技发展和文化繁荣。因此，根据相关法律法规，对于侵害知识产权的行为，要根据具体行为承担相应的责任。

“专利权是指对专利申请人依法向国家专利主管机关提出发明创造的专利申请，经审查后，在规定时间内享有对发明创造的专门权利。”[1] 专利保护的客体是依法认定的发明创造成果，一般分为发明、实用新型和外观设计三类。[2] 著作权是基于文学、艺术和科学领域内具有独创性并能以一定形式表现的智力成果作品所依法产生的权利。著作权的利益以权利人对作品的支配为锚点，包括发表权、署名权、修改权、保护作品完整权、复制权、发行权、汇编权以及应当由著作权人享有的其他权利。著作权作为一种民事权利，既包括与著作权人切身利益密切相关的人身内容，也包括纯粹的财产内容。[3]

学校里侵犯专利权和著作权的事件较多。侵犯专利权行为是指在专利保护期或是有效期内，行为人未经专利人的允许，也没有取得法律的特别授权，以营利为目的实施专利的行为。[4]《著作权法》第五十一条至第五十三条明确规定了侵犯著作权的行为的类型，主要由未经许可发表其作品、歪曲篡改作品、剽窃作品、使用作品等，根据侵权行为，侵权者承担相应的民事责任。学生，特别是高校学生，可依法享有自己创造性智力劳动成果的专利权和著作权。在科研强校，相关利益主体因一己私利，而不经过许可去抄袭或利用其他人的专利成果，侵犯他人知识产权等的行为引发的纠纷比较多。特别是对于著作权中的署名权。署名权即表明作者身份，在作品上署名的权利。在学术活动中，虽有严格的学术规范，但总会出现一些学术不端行为，如剽窃

---

[1] 冯晓青. 知识产权法 [M]. 2 版. 武汉：武汉大学出版社，2014：114.

[2] 冯晓青. 知识产权法 [M]. 2 版. 武汉：武汉大学出版社，2014：114.

[3] 冯晓青. 知识产权法 [M]. 2 版. 武汉：武汉大学出版社，2014：23.

[4] 冯晓青. 知识产权法 [M]. 2 版. 武汉：武汉大学出版社，2014：173.

他人论文和数据成果，以不法手段侵犯他人署名权等。学生往往处于侵权与被侵权的法律风险之中。

### (四) 受教育权

受教育权是《宪法》第四十六条确认的一项基本权利，并在教育法部门的诸多单行法中得到反复确认和细化。受教育权直接关系到学生纪律的正当性，对规范学生违纪问责意义重大。不过，学者们对受教育权内涵和外延还存在学理分歧。

受教育权有广义和狭义之分。“广义的受教育权，不只是接受教育的权利，还包括教的权利和选择教育的自由。”❶ 狭义的受教育权即指接受教育的权利。受教育权的内涵随社会发展不断变化，呈现出“他赋”向“自赋”演变的特点，包括“公民权说”“生存权说”“学习权说”和“发展权说”。“公民权说”认为受教育权的本质是公民为扩大其参政能力而要求国家提供文化教育条件的权利，从政治性权利的意义看待受教育权，也使得受教育权有自由权的特性，国家无须干预。“生存权说”认为受教育权的实质是为了使贫穷的公民获取与人的生活能力有关的教育，要求国家从经济角度提供必要的文化教育条件和均等的受教育机会的权利，而国家需要履行积极的义务。“学习权说”是认为受教育权是一种主动的自我赋权，强调学习的一种主动性，有利于人的全面发展和自我实现。学界普遍认同学习权是受教育权在当下的最新发展。“发展权说”认为受教育权是一种基本的人权，每个人的发展机会均等，最终结果使得个人身心得到发展。❷ 这四种学说中，“公民权说”强调政治视角，“生存权说”强调经济利益，两者在某种程度上都忽视了人的本身的丰富性；“学习权说”“发展权说”强调通过学习去自我实现。不同教育阶段的受教育权的内容有所不同。劳凯声提出在义务教育阶段，受教育权的内容包括就学权利平等、教育条件平等、教育效果平等；在义务教育以上的各级各类教育方面，以高等教育为例，其受教育权的内容包括扩大就学范围、竞争机会均等、成功机会均等这几方面。❸

受教育权被视为具有权利和义务的双重属性，公民的受教育权既是一种权利，又是一种义务。“从法理学的角度看，受教育权的本质属性是权利性。

---

❶ 申素平. 教育法学：原理、规范与应用［M］. 北京：教育科学出版社，2009：16.

❷ 尹力. 教育法学［M］. 2版. 北京：人民教育出版社，2015：69-72.

❸ 劳凯声. 教育法论［M］. 南京：江苏教育出版社，1993：105-113.

从教育学的角度来看，受教育权的性质由义务性向权利性转变，本质上是对教育功能认识变化的结果。”[1] 受教育权作为人的一项基本权利，其内涵和外延已充分显示出公民受教育权的重要性。王柱国根据学习过程的阶段性特征将受教育权划分为：学习机会权、学习条件权和学习成功权。[2] 在学生受教育问题上，最为关键的是学习机会的得失。在现代社会，没有受教育的机会将使人失去参与主流社会生活的可能性，没有机会也意味着不平等。“教育平等是现代教育的前提和基础，如果没有教育平等，公民参与社会生活的能力就无法培养和完善。”[3] 因此，国家作为保障社会和谐运转的组织，必须保障学生的受教育权，保障每个人的合法权益，完善相关法律法规，维护和促进社会公平正义。

### （五）公共利益

简而言之，公共利益就是个人利益的集合。德国学者对“公共”进行研究后提出了“地域基础论”“某圈子之人论”和“不确定多数人论”三种观点。[4]“地域基础论”认为，公共利益就是“相对空间内关系大多数人”的利益。在此区域内，少数人必须服从多数人的“平均利益”。“某圈子之人论”认为，某个狭窄的团体（如家庭、家族、特定组织等），是以受益人的多寡作为判断公益的基础。“不确定多数人论”认为，公共利益是一个不确定多数人的利益，只要受益人是大多数（“不确定数目”）就是公共利益。[5] 实际上，公共利益是指某组织内部不特定成员的共同利益。

在现代社会，维护公共利益是主体行使权利的指导原则和前提条件。公共利益与私人利益的关系是相对的，会因参照对象的相对性发生转化。爱尔维修曾把利益分为个人利益、小集团利益和公共利益。[6] 法律保障的公共利益是国家对人民利益的底线承诺。以公共安全为例。所谓“公共安全”即公众所共同拥有的安全，也就是社会安全。[7] 公共安全是最为重要的公共利益。公

[1] 余雅风，姜国平，等. 教育法学研究［M］. 福州：福建教育出版社，2021：100.

[2] 王柱国. 学习自由与参与平等：受教育权的理论与实践［M］. 北京：中国民主法制出版社，2009：102.

[3] 余雅风，姜国平，等. 教育法学研究［M］. 福州：福建教育出版社，2021：110.

[4] 吴高盛. 公共利益的界定与法律规制研究［M］. 北京：中国民主法制出版社，2009：21.

[5] 岳伟，黄道主. 彰显教育的公平与公益：城市免费义务教育问题研究［M］. 武汉：华中师范大学出版社，2014：67-68.

[6] 北京大学哲学系. 十八世纪法国哲学［M］. 北京：商务印书馆，1963：520-521.

[7] 章璐璐. 论危害公共安全罪中“公共安全”的界定［D］. 华东政法大学，2018.

共安全为社会组织或公众的生活、工作、学习等活动创设了安全有序的环境。比如，信息安全、食品安全、公共卫生安全、避难者行为安全和人身安全等。良好的公共安全条件，可以最大限度地避免各种灾难对人身、财产等方面的伤害，进而为其他领域的发展创设安全保障。[1] 同时，其他领域的发展反过来也可以为公共利益的实现创造更好的条件。

教育属于奠基性的公益事业，必须由国家统筹。党和政府通过各种政策工具来确保公平、公正、高效地实现各方教育的公共利益。因此，学生在学校学习必须自觉遵守学校规定，不得侵犯他人利益和学校的公共利益。如果学生违纪行为会严重危害到他人利益甚至是公共利益，那么必须要由国家出面，利用政策工具予以规制（特别是依法惩戒）。

### （六）公序良俗

依法治国要求将公序良俗纳入法治轨道。法可以分为形式的法和实质的法。形式的法是指制定法，由享有立法权的特定机关按照特定程序颁行的法律、行政法规、行政规章、地方法规、地方规章等规范性文件。实质的法是指能得到群体成员的共识和认同，包括风俗习惯、道德伦理、理论学说乃至“潜规则”等。实质的法扎根于人们生活的世界，既是不同主体间利益博弈的结果，也是狭义的“形式之法”的源头活水。[2] 因此，作为学生，不仅要遵守法律法规，也要遵守社会公德和社会风俗习惯等。公序良俗是公众在社会生活中不断互动逐步形成的一种具有普遍约束力的行为规范，往往具有良好的群众基础。经长期积淀，这些公序良俗已与特定历史条件下的社会生产生活相适应，形成了比较稳定的行为期待，成为重要的行为规范。公序良俗作为实质之法的构成部分，可以通过法制成为形式之法。

学校对学生有管教的责任，学生对学校也有遵守校规的义务。学生发展过程实为社会化过程，是公序良俗的内化过程。“三岁看大，七岁看老”就说明人在幼年养成的行为习惯和道德习惯会影响人的一生。如果人在幼年能很好地践行良好的社会道德和行为规范，那么在成年后才更加有可能成为一个遵规守纪的好公民。社会的公序良俗、法律法规和学校的相关章程规定等组成了中小学生的日常行为规范。对于学生来说，其多数违纪行为是轻微违反

[1] 祝光耀，张塞．生态文明建设大辞典：第1册［M］．南昌：江西科学技术出版社，2016：305.

[2] 黄道主．效率与公平：我国中小学惩戒的合法性研究［M］．北京：知识产权出版社，2019：38-45.

中小学生日常行为规范的行为，比如不尊敬师长、乱扔垃圾、辱骂他人等。这些行为本身就是违反公序良俗的行为，相关教育主体需及时管教，以督促学生形成良好的社会道德和行为习惯，使学生从小遵从并维护公序良俗。

综上，学生违纪客体涉及自然人和组织的方方面面，不仅可能会侵害他人或组织的正当利益，也可能会威胁到自身权益，如酗酒、吸毒和自残自杀等。

## 三、动机

动机是一种主体内在的主观心理状态，依不同标准可划分为多种类型，可以为人的行为提供解释和动力。在学生违纪问责研究中，动机不仅反映学生的心智发育状况，而且会影响学生违纪的问责结果。作为违纪问责的要件之一，对违纪行为的定性评估具有重要作用。特别是学生有违法犯罪的行为时，对动机的判定会直接影响管教违纪学生的方案设计。

### （一）动机是自觉的需求

“动机是一种激发、维持主体行为的思想意识和心理因素。动机是在自我调节的作用下，个体使自身的内在要求（如本能、需要、驱力等）与行为的外在诱因（目标、奖惩等）相协调，从而形成激发、维持行为的动力因素。”[1] 动机是人做出行为的主观的愿望和意向，具有主观性和内隐性。“动机”一词是由伍德沃斯（Woodworth R. S）于 1918 年引入心理学，用来指称决定行为的内在动力。他认为，在指向特定目标的活动中，最初的刺激激发有机体释放一种能量，这就是驱力；这种能量是未分化的，不具方向性，活动的目标由其他心理机制（如知觉、学习过程）来决定。[2] 在我国，张春兴认为动机是代表外显行为或内在心理活动之所以发生的原因。[3]

动机虽是主观且内隐的，但也有客观属性，可以通过外部条件推测主体的内在动机。即使看起来是无意识的行为，也能通过主体的行为表现、身心特点、个性特征和外部环境等可经验的因素推测其内在动机。在社会的历史发展过程中，动机的善恶标准因主体的历史性、阶级性等因素呈现差异，具

[1] 约翰·P. 霍斯顿. 动机心理学［M］. 孟继群，侯积良，等，译. 沈阳：辽宁人民出版社，1990：12.

[2] 付建中. 普通心理学［M］. 北京：清华大学出版社，2012：310.

[3] 张春兴. 现代心理学：现代人研究自身问题的科学［M］. 上海：上海人民出版社，2016：309.

有相对性和绝对性相统一的特点。每个人的活动都是受动机所支配的。人们在做出某种行为后，总是会被思考“他这样做是出于什么动机”，也即“他为什么这样做”，去探究人行为背后的原因。

违纪动机可追溯至人的需求。需求引起行为动机，而动机又推动人的行为。对于个体来说，违纪是一种能够满足人的需求的行为，同时也会因社会防卫或报复而遭受损失——不轨行为将面临惩罚。多数人必然会在绝大多数情况下权衡利弊得失，在寻求需求的满足与规避违纪的惩罚之间寻求平衡，理性抉择。当然，在个别的极端情况下，也会有人因丧失理性做出不顾社会后果的应激性不轨行为。

目的是主体作出某种行为时在主观上所追求的一种目标或结果。个体行为的动机与目的既相互联系，又相互区别。两者都是主体行为的主观因素，动机是深层的、内隐的，目的是直接的、外显的；动机决定目的，目的表现动机。目的是行为人的行为活动的起点和归宿，它是主观与客观、观念与现实的统一。目的作为行为活动的起点，它是以观念形态存在于人的头脑中的预想的行为结果；作为行为活动的归宿，则是这种结果的实现或破灭。[1] 因而，动机和目的是考量主体行为是否故意的根本标准。

### （二）动机的类型

#### 1. 生理性动机与心理性动机

如果着眼于学生个体的身心和谐发展，那么在追溯学生违纪原因时，从身心发展一致性的角度来讨论生理性动机和心理性动机是有必要的。

（1）生理性动机

“生理性动机是指以生理变化为基础的动机。”[2] 人的一系列生理变化会形成一种内在状态，从而促发一系列的外显行为，比如痛、渴、饥饿等。充裕的生活产品大大提高了人们的生活水平。所谓“仓禀实知礼节，衣食足知荣辱”，生理性需求早已不再是人们违法乱纪的主要原因。不过，自然人在认识能力和意志能力不足的情况下，仍然会存在由于生理性动机引起的失范行为，特别是残疾儿童和完全无民事行为能力人。以小学低年级学生为例。一些学生由于心智不成熟而对自身行为会导致的后果缺乏相应的判断能力，出现诸如因饥饿等原因去抢夺食物、攻击他人的情形。因此，生理性动机作为

---

[1] 罗大华. 犯罪心理学［M］. 北京：中国政法大学出版社，2002：111.

[2] 张春兴. 现代心理学：现代人研究自身问题的科学［M］. 上海：上海人民出版社，2016：312.

一种诱因，可能会引发违纪行为。

（2）心理性动机

心理性动机的复杂程度远超生理性动机。心理性动机是指由心理因素所形成的行为内在动力。[1] 马克思曾说：“人是社会关系的总和。”[2] 人必然要经历社会化的过程，成为一个社会人，学生也是在与社会环境的不断互动中被塑造的“社会人”。根据马斯洛的需要层次理论，需要由低到高分为生理需要、安全需要、归属与爱的需要、自尊需要和自我实现的需要五个层次。[3] 这五个层次的需要并不是由低到高依次实现的，而是根据具体情况有较大的不确定性。学生的需要长期得不到满足就会打破身心的平衡状态，进而做出一些违法乱纪的行为。而有的学者把心理性动机又细分为亲和动机、成就动机和权力动机。[4]

①亲和动机。

亲和动机是指个体亲近他人的内在需要。人在社会生活中需要与人交往，需要友情、爱情、亲情等，也需要得到别人的认可和支持。亲和动机是一种社会性的动机，具体表现为人与人相处时的亲近行为。

②成就动机。

成就动机是指人力求在任务中获得成功的内部动因，也就是个体在做自己认为重要价值的事情时想努力达到完美的一种内部推动力。[5] 成就动机的高低影响着行为人的行动。如果个体成就动机很强，那么他就会尽自己最大的努力去实现自己的目标；如果个体成就动机很弱，那么他就可能消极地去应对挑战。

③权力动机。

权力是指能使别人服从掌权者意志的力量，即个人、集团或国家贯彻自己的意志或政策以及控制、操纵或影响他人行为（而不管他们同意与否）的力量。[6] 因此，权力呈现出鲜明的强制性特征，能让一个人迫于外部压力做他本来不想做的事情。“权力动机也称权力需要，指人具有的一种影响他人以及周围环境的愿望或驱力，是促使个体获取影响力的内在动力。其核心需求是

---

[1] 张春兴．现代心理学：现代人研究自身问题的科学［M］．上海：上海人民出版社，2016：321.

[2] 马克思恩格斯选集（第一卷）［M］．北京：人民出版社，1995：80.

[3] 亚伯拉罕·马斯洛．动机与人格［M］．许金声，等，译．北京：中国人民大学出版社，2012：19-30.

[4] 张春兴．现代心理学：现代人研究自身问题的科学［M］．上海：上海人民出版社，2009：309.

[5] 赵兰兰．成就目标、环境目标引导、成就动机与学习的关系［D］．北京：首都师范大学，2006.

[6] 孙国华．中华法学大辞典·法理学卷［M］．北京：中国检察出版社，1997：342.

个人要对他人的情感、思维、行动产生影响，并希望获得名誉、地位和声望。”❶ 权力动机的高低也影响人的判断与行为。具有高权力动机的人可能会为了自己想要的地位和威望等做出一些反社会行为，比如攻击他人、不合作或损人利己等。

因此，在身心发展不成熟的状态下，学生为了满足自身的生理或心理需求可能会做出某些失范行为甚至违法犯罪行为。

2. 良善动机与丑恶动机

在生活中，“事与愿违”乃常态。判断动机时，常以行为效果进行评价。一般出现三种情况，动机与效果一致、动机与效果不一致以及动机的真假分不清楚。以外部可观察的行为结果来推断行为人的主观意愿并不科学。在问责时，良善动机与丑恶动机应有所区别。

（1）良善动机

良善动机是指人的利他愿望或意向，其主观目的是期待得到好结果。当然，良善动机并不能保证事情按主观预想的结果发展。尽管尝试依照良善动机采取正确行动，最终仍有可能产生坏的结果。以《后果主义》❷ 一书中的爱丽丝帮助姑妈锻炼身体为例。爱丽丝想帮助她的姑妈恢复健康，出于善意劝姑妈坚持锻炼身体。不幸的是，姑妈在锻炼中摔断了腿，使得情况更加糟糕了。爱丽丝的行为导致了整体的坏结果，但动机是道德上的好的动机，因为旨在帮助他人。但我们不能以结果来判断其动机是丑恶动机。在生活中，常常出现出于善意却导致更坏结果的情况，所谓“好心办坏事”说的就是这个道理。

（2）丑恶动机

丑恶动机是指人出于恶意的主观愿望或意向，希望通过侵害正当利益来满足内心的某种需求。丑恶动机引发的行为容易害人害己，而加害者却可能毫无愧疚，甚至会通过这种伤害行为满足内心的需求。这种丑恶动机需要得到及时引导乃至惩处。

在学校教育中，学生可能会出于良善动机去解决问题却导致了违纪后果的情形，也可能会出于丑恶动机做出某些行为而损害结果并未发生的情形。由于学生身心发展的特殊性，特别是未成年人学生在认知能力、意志能力和

---

❶ 王建峰，戴冰．“追名弃利”：权力动机与社会存在对亲社会行为的影响［J］．心理学报，2020，(01)：55-65.

❷ 茱莉亚·德莱夫．后果主义［M］．余露，译．北京：华夏出版社，2016：174-175.

社会经验等方面的不足，对于上述良善动机或丑恶动机所导致的后果的情形，在处理其违纪时，要有所区分并及时管教。同时，在检验学生的动机时主要依据行为效果，在实践中联系动机看效果，透过效果看动机，具体问题具体分析，以保证处理学生违纪问题时真正的公平公正。[1]

### （三）故意与过失

现代社会将主观过错作为法律责任的构成要件之一，人们认为不同的主观心理状态对于认定某一行为是否有责任或是承担什么样的法律责任有直接联系。[2] 在学校教育中，学生的违纪行为一般也要考虑到行为人的主观过错，遵循过错责任原则。主观过错包括故意和过失两种，两者都属于具有恶意的动机，只是两者的主观恶性程度不一样。一般来说，故意比过失的主观恶性更大，法律对故意的惩罚要重于对过失的惩罚。[3]

#### 1. 故意

故意是指明知自己的行为会发生危害社会、损害他人的结果，仍然希望或放任这种结果发生的心理状态。根据行为人对危害结果的认识程度和所持心理态度的不同，故意又可以分为直接故意和间接故意。

（1）直接故意

“直接故意是指明知自己的行为会造成不利结果，但仍希望这种结果发生的心理状态。”[4] 即行为人在认知上知道他的行为会引起什么样的危害后果，在意志上却希望这种后果发生。只要行为人希望可能的不利后果发生，那么就是直接故意。

（2）间接故意

“间接故意是指行为人明知自己的行为会发生不利结果，但仍放任这种结果发生的心理状态。”[5] 即行为人在认知上知道自己的行为可能会产生什么样的危害后果，在意志上仍放任危害结果的发生。这与直接故意所希望危害结果发生有质的不同。间接故意是对于可能出现的结果采取听之任之的态度，即行为人既不追求也不反对危害结果的发生。

---

[1] 钱焕琦，刘云林．中国教育伦理学［M］．徐州：中国矿业大学出版社，2002：316.

[2] 法理学编写组．法理学［M］．北京：人民出版社，2010：154.

[3] 法理学编写组．法理学［M］．北京：人民出版社，2010：155.

[4] 张明楷．刑法学教程［M］．4版．北京：北京大学出版社，2016：60.

[5] 张明楷．刑法学教程［M］．4版．北京：北京大学出版社，2016：61.

2. 过失

过失是指应当预见行为可能发生危害社会、损害他人的结果，但因疏忽大意而没有预见，或已经预见而轻信能够避免的心理状态。过失是行为人在主观上不希望危害社会的结果发生。根据行为人认知和意志的不同，过失可以分为疏忽大意和过于自信两种。

（1）疏忽大意

“疏忽大意是指行为人应当预见自己的行为可能产生不利结果，但在事实上没有在认知层面预见到的心理状态。”[1] 应当预见而没有预见是判定疏忽大意的必备条件。如何判断行为人是否应当预见，要结合行为人的主观精神状态（主观标准）和正常普通人的常规反应（客观标准）。客观标准是主观标准的参照，是对主观标准的修正。

（2）过于自信

“过于自信是指行为人已预见到行为可能产生不利结果，但轻信能够避免的心理状态。”[2] 过于自信与间接故意有区别。间接故意是放任不利结果产生；而过于自信是不希望不利结果产生，而且相信不利结果可以避免。

学校作为培养人的专门社会组织，对学生违纪问责时应着重考虑学生的社会化发展要求。规制学生违纪行为时，不宜采用“一刀切”的零容忍政策。学生做错事之后，校方不能仅停留于“刺激—反应”的行为主义规训，更要从学生的认知、情感、意志等维度着手考察学生的主观动机。以校园欺凌为例。学生间绝大多数龃龉始于相互取乐式的玩笑和打闹，或始于单方取乐却无伤害故意的捉弄和恶作剧，欺凌者在开始就是过于自信小玩笑和捉弄不会造成被欺凌者的伤害，但伤害一旦发生，受害人难过，加害人也忐忑。欺凌者通常对自己持有正向认知，坚信自己是聪明、善良、有价值的好人，可又发觉自己干了伤害同学的坏事，心中便有了两种相互矛盾的认知。这种认知失调是由加害人心中正向的自我认知（“我是好人不干坏事”）与伤害事件认知（“我干了伤害同学的坏事”）的冲突造成的。又由于自我认知在个体认知系统中的核心地位，加害者无不采取与自我认知相一致的协调策略去减轻内心的认知失调。[3] 防止学生产生主观恶意，在主观恶意产生之后及时引导

[1] 张明楷. 刑法学教程［M］. 4版. 北京：北京大学出版社，2016：68.

[2] 张明楷. 刑法学教程［M］. 4版. 北京：北京大学出版社，2016：68.

[3] 顾彬彬. 恶意是怎么消失的：“共同关切法”与“皮卡斯效应”［J］. 教育发展研究，2020，40（22）：65-76.

是学校育人的应然责任。在学校，很少有学生一开始就怀有明显恶意的违纪行为。因此，不管在什么情况下，对于学生违纪行为的主观恶意都要进行严格审查，引入恶意补足年龄制度。教育惩戒宜结合具体违纪行为的动机展开，以期提高违纪学生的认知能力和意志能力，培养符合社会规范的思想观念与行为习惯。诸多学校的《学生违纪处分规定》对“故意”与“过失”有专门规定，说明校方已经考虑到学生行为动机的影响。

## 四、行为

在判断学生失范行为是否构成违纪以及违纪程度如何时，外显行为是定性的核心依据和前提条件。学生违纪问责应根据不同违纪行为的性质采取不同的违纪问责处置办法。

### （一）行为定性的原理

“行为是人受其意志支配，并且以其自身或者控制、管理物件或他人的动作、活动，表现为外部可观察的作为或不作为。”[1] 认知能力和意志能力是行为人形成行为能力的前提和基础。对于患有生理性或心理性的精神病等无行为能力和限制行为能力的人本节不予讨论。行为包括三个要素：行为人、行为手段和行为对象。行为人通过行为来改变行为对象的具体存在状态。行为人成为法律行为主体的关键包括两个方面：一是行为人的控制能力和控制义务；二是行为主体的主观能动性。当行为人的需要及其满足需要的方式与社会规范一致时，行为就会维持社会稳定，如正当防卫、紧急避险；当其与社会规范相冲突时，行为就会破坏社会的稳定。[2] 因此，当行为人需求与社会需求不一致时，行为人容易产生一些失范行为，包括违纪、违法和犯罪等行为。

### （二）失范行为的类型

失范行为是指偏离、违反乃至破坏社会规范的行为，也可以被称为失范行为或是违规行为。随着社会发展条件的不断变化，在某些社会历史条件下被视为失范行为，可能会在其他社会历史条件下被认为是合理行为；反之亦然。虽然学生的失范行为有不良行为、违规行为、问题行为或反社会行为等多种提法，但是这些提法指向的对象均是与学生这一特定身份角色不符，对

---

[1] 杨立新. 人身权法论［M］. 北京：人民法院出版社，2002：183.

[2] 刘霜. 刑法中的行为概念研究［M］. 郑州：郑州大学出版社，2016：3.

学校履行教育职能有一定负面影响的行为。这些行为包括但不限于不服管教、反抗教师权威、扰乱学校秩序、侵犯人身或财产权益、损害公共利益等类型。❶ 不同的行为类型划分标准将失范行为划分为不同类型。

1. 以行为违反规范的轻重分

根据行为违反规范的轻重程度可以将失范行为划分为不适当行为、异常行为、自毁行为、不道德行为、反社会行为和犯罪行为六种类型。❷

不适当行为是指违反特定场合的特定管理规则，但对社会利益并无严重损害的行为。此种行为虽会引起众人不满，但通常不会受到正式惩罚。学生的不适当行为很多，比如上课时闲聊。

异常行为指因精神疾病、心理变态、心态失衡等原因导致的违反社会规范的反常行为。学生的异常行为主要指违反风俗习惯、伦理道德、校规以及相关法律法规等规范的反常行为。比如，具有反社会倾向和暴力倾向的学生会为了满足自己的丑恶动机去欺凌其他学生，或是做出常人难以理解的行为以标榜自己的独特性。

自毁行为是指违反社会规范的自我毁坏和自我毁灭的行为，如吸毒、酗酒和自杀等。由于学生身心尚处于发展阶段，对自身生命健康的重要性认识不足，容易做出违反校纪校规等自毁行为。

不道德行为是指违反人们共同非正式行为准则的行为。人是社会的产物，人与人之间的相处离不开关系二字，且有人的地方就会有不和谐的关系。在学校中，总会有人出于个人私利做一些不利于他人和集体的行为。这些行为并不构成违纪或违法，也不用承担相应的法律责任，但是属于非道德行为，不利于人与人之间的和谐相处，可能会受到舆论谴责。

反社会行为是指对他人和社会造成严重损害的破坏性行为。这种行为对组织或个人都有严重危害，严重的可能会涉嫌犯罪。

犯罪行为是指违反刑法而应受到刑事处罚的行为。它与反社会行为同属于最严重的失范行为，但并不是所有反社会行为都构成犯罪行为，只有那些触犯刑法的反社会行为才是犯罪。

2. 以行为社会危害程度的不同分

失范行为的指向范围较大，包括但不限于违规、违法和犯罪。相较于违

❶ 尹力. 教育法学［M］. 2版. 北京：人民教育出版社，2015：140.

❷ 中国大百科全书出版社编辑部. 中国大百科全书·社会学卷［M］. 北京：中国大百科全书出版社，1991：467.

法和犯罪，学生的失范行为更多地指向违反校纪班规的那些危害性相对较小的个体行为。学生行为受到很多规定制约。首先是正式法源，比如《宪法》《刑法》《民法典》《普通高等学校学生管理规定》《学生伤害事故管理办法》等法规文件。学生必须遵守前述法规文件的相关规定。其次是非正式法源，即一些没有法律效力的规范性文件和政策文件，比如《贵州省铜仁市寨桂九年一贯制学校中小学生违纪处理办法》《山东省潍坊市寿光市化龙初级中学学生违反校规校纪惩戒制度》等校规。这些文件详细规定了学生违纪的内容和处分的条件与程序，以及一些临时性的惩戒要求。除此之外，公序良俗等其他非正式法源也会对学生违纪行为的判定有一定制约。

学生违纪行为根据危害程度的不同可以分为三类：一是学生个人的某些不合社会规范的行为。这些行为一般危害性较小，一般由教师和家长采取一些措施进行教育。比如，学生破坏上课纪律、撒谎骗人、小偷小摸、穿奇装异服、不讲文明礼貌等行为。二是违反学校教育要求、影响教育活动正常秩序的行为，有一定的社会危害性且需要家校合作开展教育以期矫正学生的失范行为，惩戒措施开始具有强制性。比如，扰乱学校秩序、打架斗殴、逃学、吸烟、喝酒、作弊和携带危险物品等行为。三是违反法律规定、对社会和他人的安全或利益有较大危害的行为，通常指向了犯罪行为，需要国家公安司法机关强行规制，有可能引致强制性的刑法制裁。比如，抢劫、纵火、诈骗、危害他人生命安全、严重侵害他人财产、宣传邪教等危害国家和公共安全的行为等。[1]

失范行为普遍存在，但学生的很多失范行为并未受到法规规制，需要由学校、家庭等组织或个人问责，以起到防微杜渐的作用。以未成年学生的小偷小摸行为为例。所谓“小时候偷针，长大偷金”，学生微小的、情节不严重的违纪行为，很可能会慢慢在成年后演变为违法甚至犯罪行为。未成年学生中有些人会出现偷钱偷物的不良行为，甚至养成偷盗的习惯。但由于法规对未成年学生的此类行为没有明确规定，在法律上不宜定性违法行为；于是只能在校规或政策中将学生认定为品行不良，进而将其行为定性为违纪行为。若法规给失范行为留下了过大的灰色地带，那么其他社会规范就要及时补位，尽可能形成较为完善的行为定性谱系。

[1] 尹力．教育法学［M］．2版．北京：人民教育出版社，2015：140-141.

## 五、后果

当学生的失范行为已经具备违纪行为的主体、客体、动机和行为四个要件时，那么基本上已经可以判定是违纪行为。行为后果直接关系到惩戒方案，仍然有必要做相应分析。按照不同的分类标准，学生违纪的后果可以分为物质性后果和非物质性后果、严重后果和非严重后果、直接后果和间接后果等类型。

### （一）物质性后果与非物质性后果

物质性后果是指行为产生的各种可外部观察的有形结果，且往往是可具体认定和测量的结果，如死亡、受伤、财物损毁等。非物质性后果是指行为产生的现象形态是无形的，难以认定和测量，如名誉损害、精神损害等。非物质性后果一般是通过物质性后果去推定和心证的方法理解与认定。

物质性后果与非物质性后果的有无和轻重对违纪行为的危害程度判断具有重要意义。在许多犯罪案件中，物质性后果被作为犯罪既遂的标志，比如故意杀人致人死亡是犯罪既遂；而犯罪预备、未遂和中止都没有发生特定的物质性后果。当然，学生的绝大多数失范行为不至于严重到犯罪的程度，但可以根据其行为所导致的物质性后果进行分析。比如，学生在校期间偷窃财物的频次和数额直接影响惩戒方案：数额较小且是初犯，学校要求学生书面检讨并责成家长和教师批评教育即可；但若偷窃成瘾且金额巨大的，则会首先判定其是否已经违法犯罪。

针对有物质性后果的违纪行为，惩戒操作较为直接且具体，按照相关规定的标准安排惩戒即可。如《宁波城市职业技术学院学生违纪处理办法》第十三条规定："故意毁坏公私财物，除赔偿损失外，价值不满 300 元者，视情节与后果轻重，给予警告或严重警告处分；价值在 300 元以上的，根据情节与后果轻重，给予记过至开除学籍处分。"

学生违纪行为产生的非物质性后果难以直接观察和测量，在判定时往往因为缺乏必要证据而被轻易忽略。以言语欺凌令被欺凌同学患上抑郁症为例。由于欺凌行为与被欺凌者的精神疾病之间是否存在因果关系很难通过直接的因果证据链予以认定，而且认定行为本身也容易遭受质疑。此类非物质性后果除非能够有明确医学诊断证明，且有明确因果关系的证据能够证明言语欺凌是导致精神疾病的重要原因，才有可能发起对违纪学生的违纪问责。因此，在判断物质性后果和非物质性后果时，需要为非物质性后果找到具体且有形的物质性证据才更有可能予以惩戒。

物质性后果与非物质性后果不是彼此独立或互不相关的，二者往往相伴发生。物质性后果有极大概率导致一些非物质性后果。非物质性后果虽然因难以测量而易被忽视，但是只要细心观察就会发现其会通过某些形式表现为物质后果。

### （二）严重后果与非严重性后果

严重后果和非严重后果没有确切的数据标准，一般区分两者的指标有：法益的重要性程度、影响范围的大小、破坏的严重程度等。严重后果一般是指遭受了重大伤害与损失，如行为致人死亡、重伤或者使得公私财产遭到严重损失，严重危害国家安全、社会公共安全等。这些行为使个体或集体的重要权益遭受严重损害，影响范围较广，破坏程度非常严重。非严重性后果则一般是指遭到轻微伤害和损失，如言语威胁、轻微人身伤害、公私财产有轻微受损等。这些行为使个体或是集体一般权益受到某种程度的损害，影响范围较小，破坏程度非常轻。

其中，法益就其重要程度来说，可以分为生存性权益和发展性权益两大类。对于个体来说，人的生命健康是从事一切社会活动的生理基础，没有生命健康将使一切都变得没有意义。令生命健康处于危险之中的行为必定是会产生严重后果的行为。所以，影响到生存性权益的行为会产生严重后果。学生违纪行为产生严重后果的类型包括但不限于死亡（通过多种手段导致窒息而亡或者失血而亡等）、器脏或肢体严重伤害（身体主要器官受到损伤，如脾脏破裂、脑震荡、高位截肢、瘫痪等）、身体出现严重不适（呼吸困难、脸色青紫、医院抢救以及各个部位有一定的出血点等）、体表较大面积或较重损伤（体表大面积等多处淤青血痕、头部面部软骨组织损伤等）和较为严重的心理伤害（心理应激反应情绪障碍等导致的一些自残自杀的行为）等类型。[1] 当然，若行为并没有直接威胁到人的生存，只是对人的某些发展境遇有一些影响，那么该行为影响的是发展性权益，比如荣誉权、名誉权等。对于学校来说，威胁师生安全和公私财产等影响学校存续的危险行为，如杀人、强奸、贩毒、放火等，可以被认为是会引发严重后果的行为；反之，不构成威胁，或者仅有轻微损害，影响范围较小，破坏程度较轻，可以被认为是引发非严重后果的行为。

---

[1] 罗驹．教职工侵犯未成年学生人格尊严研究［D］．西南大学，2020.

人是社会中的人，任何人不得脱离集体而单独存在。个体离不开集体，集体必然包含个体，两者是相互依存和相互影响的。侵犯个体权益的违纪行为所产生的后果是有可能进而影响到集体的权益；同时，违纪行为对集体产生的严重后果也离不开对个体权益的影响评估。严重后果与非严重后果的处置方案有所不同，需根据具体情况具体分析，加重或从重处罚，抑或减轻或从轻处罚。惩戒时，要综合考虑行为对个体和集体产生的影响。

### （三）直接后果和间接后果

后果还可以分为直接后果和间接后果。直接后果是指由危害行为造成的直接事实，与危害行为之间具有直接的因果关系。例如，学生 A 殴打学生 B 造成学生 B 的眼球破裂；后者眼球破裂就是前者殴打行为的直接后果。间接后果是指由危害行为造成的间接事实，间接事实与行为之间没有直接的因果关系，但是在危害行为和行为结果之间存在联系二者的独立中介。例如，学生 C 通过言语暴力和肢体暴力侮辱学生 D，学生 D 因不堪受辱而自杀；学生 D 的死就是学生 C 言语暴力和肢体暴力为表征的侮辱行为的间接后果。在此事件中，在危害行为和行为结果之间存在独立的另一现象作为联系的中介，即言语暴力和肢体暴力为表征的侮辱性行为。这一行为可以被推定为导致学生 D 自杀的间接原因，两者构成一定程度的因果关系。直接后果和间接后果的判断以及行为与后果之间的因果关系的判断需要有严格的判断标准。

在民法部门，因果关系指行为与损害结果之间的关联性，是民事责任的构成要件。该因果关系将行为与损害结果的关系作为一个截断面加以考察，否则因果关系将无法认定。因果关系始终与被违反的义务和造成的损害结果密切相关。在过错责任中，因果关系只是责任构成要件之一，并非只要损害结果与行为间有因果关系，行为人就应承担责任。在无过错责任和公平责任中因果关系却是决定性要件，即只要行为与损害之间有因果关系，而又没有免责事由，则行为人就应当承担责任。❶ 在刑法部门，因果关系指危害行为与危害结果之间客观的内在的联系。危害行为是危害结果产生的原因，危害结果是由危害行为所引起和决定的。在刑事诉讼中，认定因果关系是追究行为人刑事责任的客观基础。❷

---

❶ 魏振瀛，徐学鹿，郭明瑞．北京大学法学百科全书·民法学·商法学［M］．北京：北京大学出版社，2004：1098.

❷ 袁世全，冯涛．中国百科大辞典［M］．北京：华厦出版社，1990：209.

在民事和刑事领域无法对学生违纪行为进行有效规制时，那就亟须发挥行政法规范的规制效能，也更加契合教育的管理属性。在行政法部门，“学校教育秩序的建立和维持依赖于学校生活的两种运行机制：学校的组织管理和对学生行为的教育控制。”❶ 在特别权力关系下，学校和学生之间的关系具有不平等性。学生进入学校就要无条件遵守学校规定，同时也要遵守《教育法》《义务教育法》《高等教育法》《学位条例》等对学生这个特殊群体的规制。在判断其违纪行为时，应充分考虑到学生身份这个特点，在直接后果和间接后果上，主要是以学生行为是否违反相关行政法为依据。而在教育方面，对于学生的行为与后果之间的因果关系，必须充分考虑到学生的身心发展状况以及主观恶意程度等，也就是说考虑到学生这个主体的行为能力及其动机，这部分在前文已详细阐明，此处不再阐释。教育本质就是要发挥其育人的作用，对学生的行为后果予以补救。在校园违纪伤害事故中，一般以过错责任原则、过错推定责任原则、无过错责任原则和公平责任原则对校园事故进行判定。对于发生的直接后果和间接后果一般遵循以上原则。因此，在判定直接后果和间接后果时要考虑行为与后果之间的因果关系。因果关系的判定在学生违纪处分时特别重要，对于间接后果的判定不能忽视细节，要以科学严谨的态度审查事实，以期实现对学生违纪行为科学合理与公平公正的处理。学校要重视学生违纪惩戒规定中关于违纪事实、行为性质以及处分种类等具体内容的规定。

综上所述，主体、客体、动机、行为、后果是学生违纪问责的判定要件。在判定学生是否违纪时，要注意以下几个方面：第一，学生主体，即是否以学生的身份违纪；第二，学生的违纪行为侵犯了哪些权益；第三，分析违纪学生的行为动机；第四，对学生的违纪行为进行分析，考察哪些违纪行为侵犯了哪些法益；第五，分析学生违纪行为的后果，违纪行为导致了哪些伤害和损失，影响范围大小和破坏程度大小；第六，对违纪事实要有清晰的法律认定，即以完整的证据链证明学生违纪，并对问责依据的合法性和适用性进行审查。

❶ 马和民. 学生失范行为及其教育控制［J］. 全球教育展望，2002（04）：70-73.

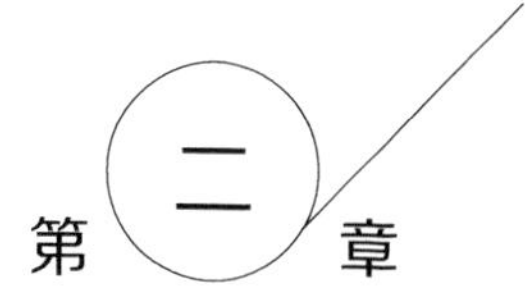

第二章

# 学生违纪问责的实务审查（上）

违纪问责的目的在于促使学生反省自身过错，纠正失范行为，回到社会规范系统认可的行为模式之中，从而实现权威期待与自身发展之间的协调。❶从这个意义上讲，学生违纪问责活动本身也是教育活动。作为维持教育秩序的管教手段，学生纪律对学生理解和践行社会交往规范，养成良好行为习惯具有重要作用。因此，国家应当积极主动地为各方搭建有序高效的沟通协作平台，将相关利益主体的问责活动整合到统一的法治体系中；必须从育人立场出发确定问责主体、划分违纪类型、规范问责形式、明确问责程序、遵循问责原则，为完善学生违纪问责的法治体系提供调整意见。

## 一、学生违纪问责的主体

学校是教育的熔炉、文化的战场。在学校场域中，相关利益者不仅会将纪律视为维护自身利益的规训手段，还会采取各种办法争夺影响力；各方均有可能成为教育秩序的潜在维护者或潜在破坏者。学生纪律看似是相关利益者纵横捭阖的产物，而实质是相关利益者对教育话语权白热化争夺的结果。在学生违纪问责活动中，学校及其教工在很大程度上只是代理人、执行者，人民政府及其教育行政部门、家长（监护人）等直接相关利益主体对学校管教的价值立场和支持力度直接影响着学生纪律的形态，司法部门、公安部门、党团组织、大众传媒、其他社区组织及个人等间接相关利益者对学生纪律同

❶ 黄道主. 效率与公平：我国中小学惩戒的合法性研究［M］. 北京：知识产权出版社，2019：65-71.

样具有很强的影响力。学生纪律是多元主体在争夺教育影响力的动态博弈中达到的某种平衡。

### (一) 问责主体的资格确认

学校教育的相关利益者均在事实上享有学生违纪问责的主体资格。既有法规政策已在诸多领域以不同形式确认了前述事实，初步构建出齐抓共管的问责格局。对此，各相关利益者需对彼此保持开放态度，求同存异，凝聚共识，共同构建有序问责秩序。

#### 1. 教育行政部门

教育行政部门是学生违纪问责的实际主导者，在行政乃至立法领域拥有制定规则、解释规则、执行规则、裁决纠纷等一系列职权。

首先，教育行政部门代表人民政府举办学校，拥有法律的概括性授权。《宪法》第十九条明确规定，“……国家举办各种学校”。因此，教育行政部门代表政府举办学校是国家意志的体现，其业务范围涵盖了学校教育资源分配与使用的方方面面。从这个意义上讲，制定、变革和维护学生纪律是教育行政部门的应然职责。

其次，教育行政部门承担着对受教育者施加“纪律教育”的法定职责。《教育法》第六条规定：“……国家在受教育者中进行……纪律、法治、国防和民族团结的教育。”此处的纪律应当是广义上的，即个体和集体在开展活动时必须要遵守的秩序。教育行政部门不仅要确定纪律教育的内容、形式；还要为纪律落实设计“次级规则”，即明确相关主体违反纪律时应当承担的责任。为此，教育行政部门不仅要开发“纪律教育”课程体系，还应设计教育问责主体的行动规范，承担立法、执法和“行政司法”（监督、救济）的职责。

最后，教育部规范性文件直接明确了教育行政部门在问责活动中的具体职责，包括但不限于文件制定、备案、审批核准、接受投诉、受理申诉、监督问责、行政指导、调查、协助等。许多文件对前述职责均有涉及，如《关于制定中等职业学校学生学籍管理规定的原则意见》《中等职业学校学生学籍管理办法》《普通中等专业学校学生学籍管理规定》《普通高等学校学生管理规定》等。

相对而言，中央和省级的教育行政部门的权限较大。在法治尚不完善的情况下，学生问责的相关探索主要是由二者先行先试，待条件成熟再升格为法规。目前，学生违纪问责的立法工作进展较慢，上述两级教育行政部门在事实上享有大量权力，而地市级和区县级的教育行政部门主要是执行上级教育行政部门和同级人民政府的决策安排。

2. 学校

学校一般以法律授权和行政委托的形式获得问责主体的资格；除此之外，监护人委托也是重要形式。

首先，法律授权可以分为概括授权和具体授权。所谓概括授权，是指法律只是概括性地规定了学校可以对学生实施惩戒的权力。一般认为，《教育法》第二十八条中“对受教育者进行学籍管理，实施奖励或者处分”的规定是学校惩戒违纪学生的概括授权条款，对学校及其他教育机构惩戒学生违纪行为的概括性权力予以了确认。事实上，《教育法》的前述条款源于对教育部的其他规范性文件的归纳总结❶。所谓具体授权，是指法规详细规定了学校问责违纪学生的具体惩戒标准。以《普通高等学校学生管理规定》为例。该文件第五十一条规定：“对有违反法律法规、本规定以及学校纪律行为的学生，学校应当给予批评教育，并可视情节轻重，给予如下纪律处分：警告；严重警告；记过；留校察看；开除学籍。”这是对普通高校学生违纪作出的具体授权安排。作为部门规章，该文件在内容合法的前提下具有法律约束力。

其次，是行政委托。教育部于1983年颁行的《全日制普通高等学校学生学籍管理办法》将制定学生违纪处分细则的权力委托给了高校。该文件第五十五条规定：“各校可根据本办法，结合本校具体情况制订实施细则；对本办法如作原则变动，须报我部审批。”根据新法优于旧法、具体性规定优于原则性规定的法律效力判定标准，此文件相较于《普通高等学校学生管理规定》虽属于“旧法”，但关于学生纪律的内容却比《普通高等学校学生管理规定》细致得多，加上尚未被教育部宣布废除，所以该规定仍然有效。

最后，是监护人委托。监护人的认同、支持与配合对学生纪律具有重要影响。由于监护人本身对学生纪律的理解千差万别，且多停留于公序良俗层面，所以监护人对被监护人的管教存在情理法的综合考量。学校只有在委托的内容和形式均合理合法的情况下才能接受监护人委托。

3. 教师

教师获得问责资格的途径主要有法律授权、学校委托和监护人委托三种。

❶ 此前，中央教育行政部门在制定诸多学籍管理规定时已经将奖惩权力委托给了学校，比如1992年《职业高级中学学生学籍管理暂行规定》、1994年《普通中等专业学校学生学籍管理规定》等。

教师惩戒权的正当性则主要源于国家公权力、专业权力和学生及其监护人的信任。

在法律授权方面，教师问责权力实为国家公权力和专业权力的结合。教师的法律身份尚无定论，大致有公务人员、教育公务员、国家公职人员、公务雇员、专业技术人员和雇员等提法。这些提法与教师的政治地位、劳动能力和供求关系密切相关，各种就业形式只是外部表现。《教师法》第三条规定“教师是履行教育教学职责的专业人员”，明确了教师的专业人员身份；《中共中央国务院关于全面深化新时代教师队伍建设改革的意见》（2018）提出“确立公办中小学教师作为国家公职人员特殊的法律地位”，将教师群体纳入国家公职人员队伍。在民办学校工作的教师在履行教育教学职责时与公办学校的教师具有同等法律地位❶。相对而言，专业权力是内容，国家公权力是形式。

教师享有教育教学权、管理评价学生权、有害学生健康成长现象的批评抵制权等。根据《教师法》等有关法律授权的条款规定，教师可以按照国家法规对学生学习和发展过程中存在的问题进行批评，对违纪学生进行问责。《教师法》第七条规定，“教师享有下列权利：……（3）指导学生的学习和发展，评定学生的品行和学业成绩”；第八条规定，“教师应当履行下列义务：……（5）制止有害于学生的行为或者其他侵犯学生合法权益的行为，批评和抵制有害于学生健康成长的现象”。《中小学教育惩戒规则（试行）》明确指出，教师应该依法履行职责，通过积极管教和教育惩戒，及时纠正学生错误言行。这些规定为教师问责违纪学生提供了法规依据。

学校委托是教师获得问责资格的重要途径。以中小学班主任为例。学校聘请教师当班主任，委托其建设班级，引导班级学生德智体美劳全面发展。中小学班主任肩负着实施班级教育工作计划，组织开展教育工作各种活动的职责。尽管法规已直接赋予了班主任批评教育学生的权利❷，但是教师得首先被学校聘为班主任，并在班主任工作中代为履行学校管教学生的具体职责，包括参与违纪问责。

监护人委托是教师管教学生的又一正当性来源。学校教育的普及，特别是义务教育的普及推动了父母教育权向国家教育权、社会教育权的转移。“代

---

❶ 《民办教育促进法》第二十八条规定：“民办学校的教师、受教育者与公办学校的教师、受教育者具有同等的法律地位。”

❷ 《中小学班主任工作规定》第十六条规定：“班主任在日常教育教学管理中，有采取适当方式对学生进行批评教育的权利。”

替父母说”对监护人将一部分父母教育权利转移给教师具有一定解释力，教师也因此享有了问责违纪学生的权利。[1]

4. 监护人

实际履行监护职责的“父母”“家长”“亲属”等都属于“监护人”。在我国，以父母作为监护人来委托亲戚朋友代为监护子女的情况较为普遍。被委托者有时会面临需要他人代管的情况。在这种情况下，被监护人行为失范由谁负责成为困扰公序良俗的难题。由社会组织承担监护职责的情况也应妥善安排。如果通过拟制血缘关系可以解决养父母、继父母等法律身份问题的话，那么由社区、村委会、福利院等社会组织承担的监护工作则无法获得“父母”身份。在这种情况[2]下，监护权将大大拓展适用范围，为未成年的社会成员获得有效监管、抚养和教育开辟法律空间。

父母在监护权的享有秩序上具有优先地位。

首先，父母拥有保护、抚养和教育子女的监护权利与义务。父母与子女之间有血亲关系或拟制血缘关系，监护子女是权责合一的自然权利，既不可抛弃，也不可滥用。父母在抚养和教育未成年子女过程中，有意无意地将自己所认同的价值观念和社会规范传递给子女。此过程不仅直接塑造了子女，而且间接影响了父母自己，二者在潜移默化中形成一种亲密无间的特殊关系[3]。这种亲密关系给父母高度愉悦感和满足感，在很大程度上，是父母追求的一种自身所认同的幸福生活。父母之所以对子女有很高的关注度，是因为他们认为养育子女是其幸福生活的重要组成部分。[4]

其次，我国宪法和法律对父母对未成年人的监护权（包括教育权）有具体规定。《宪法》第四十九条第三款规定：“父母有抚养、教育未成年子女的义务。”《民法典》第二十七条规定：“未成年人的父母或者其他监护人依法对未成年人承担监护职责。”《婚姻法》第二十三条规定：“父母有保护和教育未成年子女的权利和义务……”《未成年人保护法》第七条规定：“未成年

[1] 叶强．论教师惩戒权与父母惩戒权的法理关系［J］．教育发展研究，2021，41（04）：73-79．黄道主．效率与公平：我国中小学惩戒的合法性研究［M］．北京：知识产权出版社，2019：68．

[2] 社会生产力的发展会使人越来越自由，伴随家庭的消亡会引发一系列社会问题。如果社会治理技术未跟上，未来的孤儿、非婚生子女、非法生育子女等群体必须依托社会组织和个人抚养。这类情形必须在成为问题之前有所应对。

[3] 叶强．论作为基本权利的家庭教育权［J］．财经法学，2018（02）：75-94．

[4] 李晓燕，夏霖．父母教育权存在的法理分析［J］．兰州大学学报（社会科学版），2014，42（02）：100-104．

人的父母或者其他监护人依法对未成年人承担监护职责。”第十六条规定：“教育和引导未成年人遵纪守法、勤俭节约，养成良好的思想品德和行为习惯……预防和制止未成年人的不良行为和违法犯罪行为，并进行合理管教。”

最后，未成年人的特殊性及社会的发展要求监护人积极主动地履行监护职责。因为未成年人身心发展不成熟，鉴别能力不足，行事易冲动，容易做出失范行为；所以父母必须主动行使其教育权。信息社会的到来使得网络上的不良信息易获取且廉价，未成年人在好奇心的驱使下，易受垃圾信息荼毒，这要求监护人全方位地加大监护力度，积极行使管教权利。父母对子女的教养不仅是生理上的抚育，更应该是心理上的积极引导。面对复杂多变的社会环境，父母必须思考如何构建有利于子女发展的微观人际环境，自觉制止、矫正子女的失范行为，引导子女遵规守纪。

5. 司法部门

国家应对违法犯罪有专门的暴力机器。当学生的违纪行为涉嫌违法犯罪时，学生纪律已然丧失规约能力，公安部门、检察院、法院等司法部门介入理所应当。其中，公安部门在处置学生违法犯罪行为时首当其冲。《治安管理处罚法》第二条规定：“扰乱公共秩序，妨害公共安全，侵犯人身权利、财产权利，妨害社会管理，具有社会危害性，依照《刑法》的规定构成犯罪的，依法追究刑事责任；尚不够刑事处罚的，由公安机关依照本法给予治安管理处罚。”我国公安部门是人民民主专政的重要工具，是具有武装性质的国家治安行政力量和刑事司法力量。公安部门的主要职责是依法打击违法犯罪活动，维护国家安全、社会安全以及人民生命健康财产安全，因此具有行政问责和刑事问责的问责主体资格。教育利益相关主体（特别是学校及其师生）发现未成年学生不良行为涉嫌违法犯罪的，应立即向公安部门报告[1]。可见，司法部门在学生违纪问责活动中起着兜底的作用。

6. 党团组织

党团组织是政治组织，在我国主要指共产党、共青团、少先队和民主党派。党员、团员、少先队队员是我国学生常见的政治身份。党团组织成员的身份意味着学生不仅要受到法规、校规和道德伦理等规范的约束，也要接受

[1] 《中华人民共和国预防未成年人犯罪法》第三十七条。

党团组织内部规定的约束❶。在学生违纪问责活动中，党团组织也是适格的问责主体之一。对违反党团纪律的人员，党团组织应当本着惩前毖后、治病救人的精神，对其进行批评教育，情节严重的，可以给予纪律处分。

当具有党团成员身份的学生违纪时，校纪处分和党纪处分的问责并行不悖。如河北农业大学《关于对违纪学生党员党纪处分的规定》第四条规定："学生正式党员出现违纪行为，按学校学生违纪处理规定，应给予行政处分的，亦应给予相应的党纪处分。具体的党纪处分主要有以下情况：①出现违纪行为，但情节轻微，对错误有深刻认识，按学校学生违纪处理规定，可免予行政处分的，给予党内通报批评。②出现违纪行为，按学校学生违纪处理规定，应给予记过处分的，给予党内严重警告处分；应给予严重警告及以下处分的，给予党内警告处分。③出现违纪行为，按学校学生违纪处理规定，应给予留校察看行政处分的，给予留党察看处分。④出现严重违法违纪行为，按学校学生违纪处理规定，应给予开除学籍行政处分的，给予开除党籍处分。"❷

7. 其他社会组织和个人

其他社会组织和个人获得学生违纪问责的主体资格主要有三种途径：一是合理参与学校教育活动。《教育法》第四十七条规定："企事业组织、社会团体及其他社会组织和个人，可以通过适当形式，支持学校的建设，参与学校管理。"二是保护未成年人。依据《未成年人保护法》第十条、第十一条❸

---

❶ 《小学管理规程》第四十二条规定："中国共产党在小学的组织发挥政治核心作用，校长要依靠党的学校（地方）基层组织，充分发挥工会、共青团、少先队及其他组织在学校工作中的作用。"《中国共产主义青年团章程》第三十一条规定，"团的纪律是团的各级组织和全体团员必须遵守的行为规则"。《中国共产党普通高等学校基层组织工作条例》和《高等教育法》规定，中国高等学校实行党委领导下的校长负责制，中国共产党对普通高等学校的领导是高校坚持社会主义办学方向的重要保证。

❷ 关于对违纪学生党员党纪处分的规定［DB/OL］.（2013-05-07）［2020-12-17］. http://jiwei.hebau.edu.cn/info/1032/1342.htm.

❸ 《中华人民共和国未成年人保护法》第十条规定："共产主义青年团、妇女联合会、工会、残疾人联合会、关心下一代工作委员会、青年联合会、学生联合会、少年先锋队以及其他人民团体、有关社会组织，应当协助各级人民政府及其有关部门、人民检察院、人民法院做好未成年人保护工作，维护未成年人合法权益。"第十一条规定："任何组织或者个人发现不利于未成年人身心健康或者侵犯未成年人合法权益的情形，都有权劝阻、制止或者向公安、民政、教育等有关部门提出检举、控告。国家机关、居民委员会、村民委员会、密切接触未成年人的单位及其工作人员，在工作中发现未成年人身心健康受到侵害、疑似受到侵害或者面临其他危险情形的，应当立即向公安、民政、教育等有关部门报告。有关部门接到涉及未成年人的检举、控告或者报告，应当依法及时受理、处置，并以适当方式将处理结果告知相关单位和人员。"

的规定，任何组织和个人都有保护未成年人的义务。三是正当防卫和紧急避险❶。因此，不管是否有直接的利益纠葛，只要热心教育公益事业的组织和个人均可以是学生违纪行为的问责主体。

（1）基层自治组织

基层自治组织主要有村民委员会、居民委员会。作为基层群众自我服务、自我教育、自我管理、自我监督的组织，基层自治组织在维护学校周边秩序、防范本辖区人员（特别是未成年人）违法犯罪上发挥着重要的作用。《小学管理规程》《预防未成年人犯罪法》《未成年人保护法》等法律法规规定了基层自治组织应当积极参与学校管理，对辖区内的学生应该具有及时教育和帮助的职责。❷

（2）大众媒体

2016 年 2 月 19 日，习近平总书记曾在党的新闻舆论工作座谈会上指出："舆论监督和正面宣传是统一的。新闻媒体要直面工作中存在的问题，直面社会丑恶现象，激浊扬清、针砭时弊。"❸ 人民群众的舆论监督主要通过大众媒体实现，而大众媒体则借助信息的筛选和传播实现舆论监督功能。大众媒体经常扮演学生违纪问责的发起者、推动者和监督者等角色。"翟天临不知知网事件""山东高考冒名顶替事件""仝卓伪造应届生身份事件"等事件均是大众媒体对学生违纪问责进行舆论监督的经典案例。还有诸多类似事件都是在自媒体平台被曝光并发酵，引起教育行政部门等相关问责主体的关注，然后才进入正式问责程序的。在数字媒体时代，舆论监督门槛变低。自媒体成为公民参与社会生活的主要平台，逐渐形成了与传统媒体相互竞争、相互补充的格局。近年来，由大众媒体掀起的一轮轮问责活动不断倒逼着其他问责主体主动作为。在此过程中，自媒体充当瞭望者的角色，主流媒体充当了意见

---

❶ 《中华人民共和国民法典》第一百八十一条、第一百八十二条规定。

❷ 《小学管理规程》第五十四条规定："小学应同街道、村民委员会及附近的机关、团体、部队、企业事业单位建立社区教育组织，动员社会各界支持学校工作，优化育人环境。小学亦应发挥自身优势，为社区的精神文明建设服务。"《中华人民共和国预防未成年人犯罪法》第四条规定："……居民委员会、村民委员、学校、家庭等各负其责、相互配合，共同做好预防未成年人犯罪工作，及时消除滋生未成年人违法犯罪行为的各种消极因素，为未成年人身心健康发展创造良好的社会环境。"《中华人民共和国未成年人保护法》第四十二条规定："……国家鼓励支持和引导人民团体、企业事业单位以及其他组织和个人，开展多种形式的有利于未成年人健康成长的社会活动。"除此之外，一些地方性法规也对基层自治组织参与学生违纪问责有相关规定，如《湖北省学校安全条例》。

❸ 杜尚泽. 习近平在党的新闻舆论工作座谈会上强调：坚持正确方向创新方法手段提高新闻舆论传播力引导力［DB/OL］.（2016-02-20）［2021-04-07］. http://cpc.people.com.cn/n1/2016/0220/c64094-28136289.html.

领袖的角色，通过报道和跟进学生违纪事件主动设置议程，借助舆论倒逼着学校、教育行政部门等问责主体采取问责措施。

(3) 个人

教育事业是公益事业。只要合理有序，公益事业是人人都可以参与的事业。对于不利于教育目标实现的学生违纪行为，或者疑似侵害行为，或者置人于危险之中的情形，任何人都有权利予以劝阻、制止、检举、控告、报告等。事实上，弘扬社会正气，践行传统美德，宣传社会主义核心价值观，是每个公民都应承担的社会责任。热心教育公益事业的个人均有问责违纪学生的主体资格。不过，公民个人如何参与到学生违纪的问责活动中尚有待讨论。

### （二）问责主体间的冲突与化解

尽管国家在《宪法》《教育法》等一系列法律法规中对教育目的有方向性的顶层设计，但是由于本位主义、有限资源和有限理性等因素的影响，加上“全面发展的人”与社会分工之间的现实冲突，学生违纪问责的共识达成难以摆脱利益分歧的干扰。从某种角度来说，问责主体间的利益冲突统筹协调之难并不在学校教育之内，而是在学校教育之外。如何化解问责主体间的冲突是各问责主体试图实现自身利益期待时必须首先应对的问题。

1. 政校间的冲突与化解

学校办学深受“责任承包制”限制，学生违纪问责也不例外。所谓“责任承包制”，是指将学校视为国家办学一线的基本单位，校长（党政同责）自上任伊始就承担着办学出现问题后被问责的各种责任。校长负责制就是这种机制下的产物。也就是说，学校办学出现问题，首先被问责的是校长。在我国，学校通常是政校关系中的弱者，是处于附属地位的“公营造物”。据田野观察，教育行政部门，特别是区县一级的教育行政部门在治理学校时，考虑的重点可能并非全是教育事实本身的是非曲直问题，或是建章立制类不能解燃眉之急的制度建设问题；而更多的是干部的选任问题，要选出“信得过、靠得住、坐得稳”的学校领导班子，要选出“不捅娄子能平事”的学校管理队伍。

出现上述现象主要原因有三：一是基层教育行政部门本身在建章立制的工作中能力有限。学校镶嵌在整个社会体系之中。依法治校之“法”不是基层教育行政部门能够说了算的，只有立法主体立法了，才能有法可依，在此之前只能谨小慎微地应对[1]。二是教育行政部门本身也处于“责任承包制”的行政逻辑之下[2]。事实上，个别教育行政部门业务领导曾直言不讳地讲到为何会将责任压给学校：“一方面，县政府控制了人、财、物、事，教育局得了资源就要完成任务。资源是让你发展的，不是让你拿来扯皮填窟窿的；另一方面，学生违纪处置闹出的家校纠纷，如果学校本身处置不好，那么到了教育局结果也不会好到哪里去。”三是敷衍塞责的工作作风。田野调查发现，极个别领导粉饰太平，不愿实事求是地处置惩戒纠纷，只想安稳过日子。问题不暴露，就当没发生；问题暴露，就推卸责任，找他人背锅。

学生违纪问责纠纷是重要的办学风险之一。学校依靠自身的力量难以应对纠纷给学校办学秩序带来的冲击[3]。其中，政校关系是管理与被管理的关系。政府部门在政校关系中长期居主导地位，各种行政手段直接管理或影响着学校的办学活动，包括但不限于招生、教学、师资、经费、学生管教等。政府问责违纪学生依靠的是国家权力。国家权力是各种公权力中最强大但最昂贵的权力，使用过程中会耗费大量公共资源。因此，国家不会为危害轻微或极其轻微的社会失范行为或现象行使国家权力展开正式的组织问责。然而，千里之堤，溃于蚁穴。在学生违纪行为没有达到违法犯罪程度时，学校及其教职工却容易出现滥施惩戒、不敢惩戒的极端情况，违背国家教育立场和客观教育规律。相对而言，司法问责正式程度高，代价也更高昂；行政问责比司法问责更灵活也更廉价，但相较而言仍较昂贵。政府一般不会轻易使用司法问责和行政问责。学校问责则是更为便宜、更为灵活的问责安排。学校问责主要通过委托给教职工实现，因惩戒引发纠纷时，教育行政部门的立场、态度、处置办法等会直接决定学校的办学前景和教师的职业愿景。因此，围绕教育惩戒的政校冲突难以避免。

化解政校冲突的关键在于强化立法，明确学生违纪问责活动中相关利益主体的权责，为学校问责提供切实可行的法规保障。法规通过界定各方问责权责的边界，使各方在授权或委托的职权范围内依法问责。到目前为止，学

[1] 2020年6月，湖北省人大通过了《湖北学校安全条例》。在田野调查中，我们发现有学校将该条例印成海报立在学校大门口，让学生和家长学习。很多校长非常渴望有更多的类似法规可以出台。

[2] 比如《教育督导问责办法》（国教督〔2021〕2号）第六条：“被督导的地方各级人民政府和相关职能部门及其相关责任人有下列情形之一的，应当予以问责：……（四）教育群体性事件多发高发、应对不力、群众反映强烈……”

[3] 学校法人化就是政府希望学校能够自我管理、自负其责的基层治理制度探索。然而治理难以推进的原因就在于学校自身能够占有和支配的资源不能应对办学风险带来的挑战。

生违纪惩戒的法规建设基本完成了高等教育阶段的原则性设计，但是在其他学段还有待进一步加强。需要特别指出的是，学籍管理权和奖惩权的法律性质较为模糊，违纪惩戒的具体形式、适用情形、实行主体、问责程序等方面的具体规则设定尚不充分，留有不少法律空白。以开除学籍为例。开除学籍既是学校的学籍管理行为，也是学生违纪之学校问责最严厉的惩戒。既有法规的原则性要求和大量留白为学校制定和施行校级纪律处分规定留下了自由裁量空间❶，比如浙江大学对犯强奸罪（缓刑）的学生给予留校察看的处分（后决定给予开除学籍处分）❷。不同高校在设定开除学籍处分的情形上有较大差异，拥有较大的自由裁量权。如何有效限制高校制定和施行校规的权力的行使有待进一步讨论。

学校享有办学自主权，意味着具有自我管理的权利，理所当然具有制定校规的权利。不过，校规的制定与施行必须遵循合法性原则、合理性原则、正当程序原则、比例原则等一系列法律原则。相较而言，政府应积极探索建立教育行政执法体制机制，健全行政执法责任制，提高行政执法能力，实现依法对学校办学与管理行为的监督和管理。政府部门需遵循职权法定与正当程序原则，积极运用行政指导、行政处罚、行政强制等手段，在依法纠正学校违法违规行为的同时，保障学校教育秩序不被外部力量随意冲击，确保国家教育目标顺利实现。政府应建立针对学校办学与管理活动中违法行为的投诉、举报机制，引入社会监督和利益相关人的监督，进一步健全教师、学生的行政申诉制度，畅通师生权利的救济渠道，改革完善行政监管机制。❸

2. 校师间的冲突与化解

学校对教师行使问责权力的价值判断和处置方式是教师行使问责职权的首要考虑因素。尽管《教师法》第九条对学校帮助、鼓励和支持教师履职尽

---

❶ 《中华人民共和国教育法》第二十九条明确了学校针对学生的学籍管理权和奖惩权。《高等教育法》第四十一条则进一步明确为由高校校长行使前述职权。《普通高等学校学生管理规定》第五十一条、第五十二条分别规定了包含开除学籍在内的五种纪律处分，以及可以给予学生开除学籍处分的八种情形。

❷ 佚名. 浙江大学深夜发通报：开除犯强奸罪学生学籍［DB/OL］.（2020-08-01）［2021-07-10］. http://news.eastday.com/eastday/13news/auto/news/society/20200801/u7ai9422547.html.

❸ 教育部关于印发《全面推进依法治校实施纲要》的通知［DB/OL］.（2012-12-03）［2021-04-07］. http://www.moe.gov.cn/srcsite/A02/s5913/s5933/201212/t20121203_146831.html.

责有明确规定[1]，但实际上有很多一线班主任和教师对“帮助、鼓励”并无期望，对学校未能有效“支持教师制止有害于学生的行为或者其他侵犯学生合法权益的行为”深表遗憾。虽然该法条要求的对象还有“人民政府、教育行政部门、有关部门、学校和其他教育机构”，但是教师们最先希望能得到来自学校的支持，其次才是教育行政部门。教师对违纪学生进行问责的主要目的在于纠正学生的失范行为，实施惩戒的基本原则是坚持育人立场，但学校与教师之间在具体实践中的消极互动不免令人唏嘘。

校师之间围绕违纪惩戒的冲突主要有两个极端：一是教师施教能力欠缺却得不到学校的有效指导。在学生违纪时，教师容易因施教能力不足而滥用问责权力，比如体罚不当、以惩代教抑或是消极不作为等。问责纠纷发生后，教师得不到学校为其提供的心理疏导和业务指导。二是教师正当行使问责权利却得不到学校的有效支持，甚至被学校问责，导致“腹背受敌”。部分家长视“校闹”为维权，不理解、不支持教师问责的育人初衷，反而要说法、耍威风，要求教师赔礼道歉，索要经济赔偿，甚至要求教师“丢饭碗”，更有甚者威胁其人身财产安全。学校为“息事宁人”而讨伐教师，令教师陷入“不敢惩戒”的困境。全国知名的“杨不管”事件就是此种做派的恶果[2]。如果这种恶性循环没能及时止住，那么“杨不管”只会越来越多；不仅学生及其家长不能认识到自身错误，还会直接透支政府权威、国家信用，导致官方教育目标落空。

究其原因，除了表面上学校不作为、乱作为之外，背后还有前文所提“责任承包制”的因素。这种“责任承包制”贯穿于整个政府组织及其延伸机构。中央提出办学目标后，由“中央—省—市—区县—学校—教师”这条线层层下放，最终落到每一位一线教师身上。当问责纠纷发生后，相关领导人员以“息事宁人”为标准，遵从“摆平就是水平”的做事原则，不认真调查教师是否认真履职，不细致调查事情原委，不积极寻求解决办法，“柿子专拣软的捏”。甚至还有极个别领导将私利置于公利之前，侧重考虑自身的私人利益，比如职业升迁、绩效待遇等；较少甚至忽略对学校声誉、未来招生、

---

[1] 《中华人民共和国教师法》第九条规定：“为保障教师完成教育教学任务，各级人民政府、教育行政部门、有关部门、学校和其他教育机构应当履行下列职责：……（三）对教师在教育教学、科学研究中的创造性工作给以鼓励和帮助；（四）支持教师制止有害于学生的行为或者其他侵犯学生合法权益的行为。”

[2] 张蓉，黄道主．论教师为何不敢惩戒违纪学生：基于“杨不管”事件新闻报道的法理省思［J］．教师教育论坛，2017，30（06）：25-28.

舆论评价等方面的负面影响，迁就“校闹者”的无理要求。这种做法虽很少见，但影响恶劣，常令教育事业陷入非常被动的局面，直接造成学生纪律的崩坏。学校聘请教师是为了教书育人，促进学生发展，完成培养社会主义接班人的重要任务。在学生培养上，学校与教师之间属于委托关系，学校应该为教师履职提供保障条件，使教师在问责学生过程中善于、敢于行使职权。

化解校师间在学生违纪问责上的冲突，首先需要政府完善相关法规。政府应在法理和法规两个层面明晰问责的合理性与合法性，严格界定问责界限。其次，各方应协力提高教师施教能力，加深对违纪问责的理解。《中小学教育惩戒规则（试行）》自2021年3月1日起正式实施，各方需要有针对性地对教师进行心理疏导和职业培训，帮助教师更新教育观念，支持教师履职尽责。最后，学校需要完善监督机制，设立专门的监督委员会，实现问责过程的信息公开和留痕管理。此举不仅可以震慑滥用职权的教师，也能让学生及家长了解问责缘由，而不是猜忌、指责教师。同时，学校和教育行政部门还需要完善救济制度，比如申诉与复议等。对那些威胁乃至侵犯教师人身财产权益的不法行为，学校应当力挺教师，维护教师的合法权益，比如及时报警、支持诉讼等。[1]

3. 家校间的冲突与化解

家校间存在教育价值观念分歧是产生学生违纪问责冲突的主要原因。一般而言，许多家长在面对子女的失范行为表现时，倾向于外部归因而非内部归因，比如将子女在校期间纪律松散的表现归因为“校风、学风、班风”的“三风”问题，或者将责任直接归咎于某位具体的教师，较少归因为自身教育的失职，更不会归因于自身价值判断存在偏差。与此同时，更多家长面对学校及其教职工滥用问责权力的情形时，大多数情况下也因碍于“子女是人质”而不发起直接针对学校及其教职工的反击行动。当然，凡事有例外。

学生及其监护人不赞同甚至激烈反对学校及其教师的正当问责行为的主要原因大体有二：

一是“读书无用论”抬头。调查发现，这种观念在广大农村地区和中小城市较为盛行，尤其是初中和中职两类学校。对于升入好学校希望不大乃至没有希望的学生及其家庭来说，他们对学校的期待多停留在“关在学校，别放到社会去学坏了”的“照管”层面。义务教育阶段结束或者到了可以找到

[1] 徐兴桂．论中小学教师行使惩戒权的“三不”困境：基于教师视角的考察［J］．现代中小学教育，2020，36（05）：78-80.

工作开始挣钱的年龄，打工挣钱才是要务。此类学生在学校就是“混日子”，上课百无聊赖，吃喝玩乐才是正题。[1] 往更深层次上讲，造成此种局面的原因主要有：首先，义务教育阶段不能开除学生，但对普通学校“不可教”的学生无专门安排。加之政府不允许分重点班、实验班、火箭班等操作办法，班级学生构成良莠不齐，造成教师执教难度大，难以顾及正态分布两端的学生。这是“一颗老鼠屎坏掉一锅汤”的制度原因。其次，“读书改变命运”的信念在今时今日已经在一定程度上失去了经验支撑。在广大农村，部分学生因升学无望而在自暴自弃，甚至眼红认真学习的他人；部分家庭则为因学致贫的前景放弃求学，子女读书进城后要在城市里就业、购房、结婚等，直接“掏空”农村原生家庭的数十年积累。除非能够考上重点高中、重点大学，一般农村家庭对“教育改变命运”的信念产生了怀疑。也就是说，学校教育对很多学生及其监护人失去了吸引力。学生纪律得不到这部分人的支持，崩坏乃至崩溃都不意外。

二是“脸面论”。所谓“脸面论”，是指学生及其监护人不尊重学校的教育安排，并以抵制和破坏学校的权威为自我肯定的形式；简单说就是“不服管”。调查发现，学校“三风”不佳与“脸面论”有着极为密切的联系。如果校园欺凌、校园暴力等违纪情况没有得到及时遏制，那么更多的违纪行为和违纪现象很快就会蔓延开来。与此同时，如果校方救济不力，受害学生会倾向于选择忍受或者寻找机会反戈一击以求自力救济。对于监护人来说，学校不能遏制学生违纪的行为也会导致其丧失对学校的信心，转而寻求自力救济。家长亲自下场教训学生的新闻报道并不少见。另外，监护人不尊重教师也是难题。教师正常管教学生的问责行为遭致监护人报复，但监护人并未得到应有的惩罚导致很多教师对管教学生“噤若寒蝉”，可以从以下两方面处理家校关系。

首先，要化解家校冲突，当务之急是引进外力整肃学校的“三风”问题，特别是司法部门、公安部门和教育行政部门。学校与学生的关系主要是管理

[1] 由于一些地方男多女少，彩礼重，少数男生在校时的主要任务不是修习学业，而是解决婚恋问题。对于男方家长来说，默认就是态度上的支持，多给生活费就是行动上的支持。围绕“谈恋爱”的纠纷较多，特别是女方产子的情况下。搞“校闹”的多是女方亲戚，男方则愿许诺达到法定结婚年龄就领取结婚证。学校禁止早恋引发部分学生及其监护人明里暗里的抵制与破坏不足为怪。另外，在农村地区的薄弱学校出现了“双剩”的说法。所谓“双剩”，是指教师和学生都往城里的好学校跑，跑不出去的是剩下的人。这些人不仅被社区居民视为“双剩”，很多人自己也认为自己是“双剩”，低人一等，教书和学习都没有激情，没有归属感与成就感。

和教育的法律关系，行使的权力是管教权，秉承过错责任原则。对于未成年人而言，父母或其他监护人承担的是无过错责任原则，需要承担未成年子女侵害他人合法权益的民事责任。这些不同之处表明校方的管教权与父母的监护权有着质的差别。❶ 校方对违纪学生的纪律管教需要监护人的支持与帮助。当家校存在意见分歧或冲突时，学校及其教职工难以正常履职；特别是当学生有违法犯罪行为时，应当由公安部门和教育行政部门出面开展警示教育。

其次，要搭建家校合作平台，营造良好的家校合作氛围。在现代学校教育制度下，学校在教育活动中占据着主导地位。因此，很多学校在与家庭合作时摆出居高临下的姿态，未能与家庭形成双向互动的民主平等关系。政府应高度重视，多管齐下促进家校合作。其一，要加大宣传力度，在全社会形成尊师重教的良好风尚。其二，各地方教育行政部门要出台符合实际情况的政策法规，理顺家校合作的各类关系，确保家长有序参与学校管理。其三，家校之间需要建立双向沟通机制。监护人有权以个体或集体的形式参与学校教育，对学校育人活动发表意见，提出建议。学校应改变教育观念，真诚地与家长探讨学生的违纪问题；监护人自身也要重视对被监护人的教育职责，与学校、教师携手共育子女。其四，规范家长委员会的职责。学校不仅要建立健全家长委员会、家长学校等组织，配置家长恳谈室、家校会谈室等设施，建立信息化的沟通平台；还需要厘清机构的职责，健全管理制度，提升家长参与学校教育管理的能力和水平，拓宽参与途径，切实推进家校合作顺利发展。❷

#### 4. 学校与其他主体之间的冲突与化解

学生违纪行为主要分为违法犯罪和不良行为两类。违法犯罪的定性并不复杂，但是学校并不具备追究除教育责任之外的法律责任的权力和能力。不良行为的产生有其社会条件，包括家风和社区氛围，尤其是后者。居委会、村委会这类基层自治组织应当有更为自觉的作为。

##### （1）学校与公安部门

学校与公安部门之间的冲突集中在违法犯罪的定性和是否要发起行政问责与刑事问责两个方面。

一是学生违法犯罪的定性问题。学生普遍被视为“未完成社会化”的群

---

❶ 劳凯声．试论中小学校与未成年学生法律关系［J］．教育学报，2014，10（06）：30-39.

❷ 金东海，蔺海洋．我国中小学家校合作困境与对策探讨［J］．教学与管理（中学版），2012（12）：7-10.

体，具有“可教”的社会属性。由于未成年学生心智不成熟和未来人生不确定等因素需要特别照顾，政府大多倾向于减轻或免于对其违法犯罪的法律处罚。对已成年学生来说，由于法律适用和利益诉求的多元化、复杂化，已成年学生的很多涉嫌违法犯罪的情形也多处于引而不发、不报不纠的状态。加之学生违法犯罪会直接破坏学校声誉，进而影响学校的社会形象，不少学校愿意“捂盖子”，将其定性为违纪行为来粉饰太平。虽然不少教育法规已经直接规定学生违法犯罪可以开除学籍，但是相应的行政处罚或刑事处罚极有可能令犯事者失去学生身份，被学校、家庭乃至社区视为重要“污点”，丧失向其他主体索要资源的谈判能力。在“不告不理”的问责启动规则之下，公安部门也多持“多一事不如少一事”的立场。

二是公安部门有限警力与学校教育需求过大之间的矛盾。我国公安部门的民警力量长期处于紧张状态，警民比相较于其他国家和地区要低得多。据新闻报道，北京每万人中就有 24 名民警，警民比例全国最高❶；四川省公安机关民警总数为 7.4 万，警力万人比仅为万分之九。❷。须知，民警分刑侦、治安、巡警、交通、特警、社区等警种，可见能直接介入学校教育秩序的警力非常紧张。违法犯罪的定性需要有相对充分的证据来形成法律事实，只有专业人员或者经过专门培训的人员才能处置。可事实上，学校并不具备警察权力，比如搜查与扣押。同时，学校的纪律处分相对于行政处罚、刑事处罚根本不具备优先性。大量涉嫌违法犯罪的轻微危害行为处于公安部门放任不管，学校想管却管不了的状态。极为有限的民警力量导致公安部门不愿意介入学校内部的管理，除非迫于情势而不得不介入。

学校与公安部门合作的关键在于打通学校合理运用警察权力的合法途径。从法理上讲，学校管教学生的行为属于公共行政范畴，是得有法律授权或委托才可为的国家行政行为；没有法律明确授权或委托的，虽有公共行政的实质，但在形式上仅属于私人行政。在现代社会，暴力已经被国家合法垄断，暴力行使的主体、形式、范围等内容必须有法律确认。在处置学生违纪行为时，学校需要警察权力。以学生携带违禁物品进校园为例。学校主张的违禁物品主要有管制刀具、毒品、毒药、烟、酒、爆炸物、麻将、扑克牌等。在

---

❶ 佚名．北京每万人中就有民警 24 名　警民比例全国最高［DB/OL］．（2013-08-20）［2020-12-20］．http://www.people.com.cn/24hour/n/2013/0820/c25408-22633553.html.

❷ 宜宾市政协网．关于增加全市公安机关警力的建议［DB/OL］．（2020-02-20）［2022-05-12］．http://www.ybszxw.cn/detail.asp?id=3990.

这些违禁物品中，有的会对在校师生的人身财产安全造成潜在危险，有的则被学生当作“娱乐消遣”的工具，成为影响学生学习生活的不利因素。可是，学校没有搜查和扣押的警察权力。虽然校方的搜查和扣押在实质上具有合理性，但在形式上属于对学生人身权和财产权的非法侵犯，属于违法行为。我国学校在没有从形式上获得法律授权的情况下，除了申请公安部门执行[1]或“违法执行”外，暂无他法。适当承认学校的警察权力有助于学校维持教育秩序。

利用信息技术和联动机制加强校警合作也值得探索。首先，将学校校园及周边的监控系统、报警系统纳入公安机关的社会治安防控系统。此举既有助于明确公安机关的职责范围，也有助于通过监控系统及时取证和寻找线索。其次，建立学校与公安的联动机制。联动可以分为常态联动与紧急联动两类。常态联动是指在学校办学的重要时间节点，如开学、放学，做好常规的安全防备工作。紧急联动为应对突发治安事件或刑事案件，使性质恶劣的校园欺凌、校园暴力事件得到迅疾处置。公安部门在处置学生的违法犯罪行为时优先于学校，学校则配合调查；待其他法律部门的问责程序启动后，学校的问责程序可跟随启动。

（2）学校与基层自治组织

基层社区是学生活动的主要社会环境。调查发现，学校作为社区的重要构成，能够对社区产生重大影响。因此，为了学生的发展，学校要创造条件让基层自治组织参与到教育活动中，维护好学校及其周边的活动秩序。同时，学校要利用基层自治组织的资源，创建教育共同体，推动学校的发展，促进社区教育化、教育社区化，让孩子在基层自治组织的管控下体验社会生活，培养有责任、有担当的新一代公民。

## 二、学生违纪的主要类型

学生有遵守国家法律法规和学校规章制度的法定义务，应自觉接受学校的管理和教育。学生的违纪情形在相关法律法规和学校规章制度中有大量描述性规定。我们以位于北京市、上海市和湖北省的“国家一流高校”为对象搜集了学生违纪处罚办法文件。这三个省市的“国家一流大学”（985高

---

[1] 《中华人民共和国未成年人保护法》第八十八条规定：“公安机关和其他有关部门应当依法维护校园周边的治安和交通秩序，设置监控设备和交通安全设施，预防和制止侵害未成年人的违法犯罪行为。”

校）达到 14 所，这些高校是我国高等教育的头部高校，对学生违纪惩戒的安排[1]能够反映我国高校在学生违纪问责领域的最高治理水平。

### （一）侵害公共利益

公共利益实为某共同体中个体利益的集合。“共同体”决定了“公共利益”的内容及界限。在某种程度上，共同体是个文化概念，其形成和变迁依赖信息传播及其对信息的理解与解释，影响因素包括但不限于地缘、血缘、学缘等。最重要的公共利益是公共安全。危害公共安全就是将数量不定的自然人的生命财产、身心健康和自我发展等权益陷于危险之中。公共安全是其他公共利益的基础。

#### 1. 扰乱公共秩序

这些行为包括：组织、策划非法集会、游行、示威等活动；散布谣言，投放虚假的危险物质，扬言实施放火、爆炸、投放危险物质，故意扰乱公共秩序；组织、成立、加入非法社会团体或组织，从事非法活动；组织、教唆、胁迫、诱骗、煽动他人从事邪教、封建迷信活动，扰乱社会秩序、损害他人身体健康；未经批准，在学校张贴、散发宣传品、印刷品或拉挂横幅，造成不良影响，其中具有传播非法或不实内容、人身攻击等严重情节；在学校进行宗教活动；煽动、组织聚众滋事，影响、扰乱学校正常教学、科研、管理和生活秩序，具有威胁、侮辱、散布谣言、损害学校声誉等严重情节的行为；其他扰乱公共秩序行为。[2]

#### 2. 妨害公共安全

这些行为包括：违反宪法，反对四项基本原则、破坏安定团结；危害国家安全，颠覆国家政权，破坏国家统一；煽动民族分裂、民族歧视的，利用宗教煽动仇恨、歧视的，或者在出版物刊载、在信息网络、社交媒体中发布民族歧视、侮辱相关内容的行为；违反保密规定，泄露国家秘密或其他涉密信息；利用计算机及网络等手段故意制作、复制、传播有害信息，盗取他人或组织账号、密码和信息资料进行违法违纪活动，危害网络系统安全运行和

---

[1] 后文若没有讲明出处，则皆来自这些高校的学生管理规定。中小学学生的违纪情形与高校学生类似，主要区别在于学生成年与否，或是否具备相应责任能力。

[2] 北京大学学生违纪处分办法［EB/OL］.（2019-05-08）［2020-12-20］. http://www.dean.pku.edu.cn/web/rules_info.php?id=57. 类似的还有：北京航空航天大学学生违纪处分规定（试行）［EB/OL］.（2019-09-26）［2020-12-20］. http://xsc.buaa.edu.cn/info/1051/2335.htm.

信息安全的以及利用网络诬陷、造谣、诋毁他人或组织声誉的行为；在重点防火单位或场所使用明火，造成严重公共安全隐患；将爆炸性、毒害性、放射性、腐蚀性物质或传染病病原体等危险物质擅自带出规定的保管场所；参与传销、非法组织、封建迷信活动，参与赌博、吸毒，传播、复制、贩卖非法书刊和音像制品等违法活动；其他妨害公共安全行为的。[1]

**案例　图某某·某某某非法持有宣扬恐怖主义、极端主义物品罪[2]**

2016 年 7 月 23 日，公安机关将长安大学学生图某某·某某某抓获，在持有的驰为平板电脑及 SD 卡、黑色联想移动硬盘中检出可疑暴恐音视频文件。经勘验，检出暴力恐怖音频文件 640 个、暴力恐怖视频文件 93 个、暴力恐怖电子书文件 22 个。

类似上述案例的事件并不少见，严重威胁国家意识形态和社会治安，危害公共安全。在校学生非法持有恐怖主义的电子图书、音频视频资料等情形已构成非法持有宣扬恐怖主义物品罪，违反了校纪校规中对“侵害公共利益”的规定，应予以严惩。

### （二）侵犯人身权利

人身权利指与人身紧密相连不可分割的权益，是公民最基本的权利。它主要分为人格权和身份权。前者指人身所固有的权利，如生命权、健康权、身体权、姓名权、肖像权、名誉权、荣誉权、隐私权等；后者是产生于某种关系和行为而与人身不可分割的权益，如监护权、亲属权等。此处主要讨论前者。

#### 1. 危害生命权、健康权、身体权的行为

这些行为包括：（1）在校期间打架斗殴，包括两类：一是虽未动手但利用各种方式扩大事态的情形，比如恐吓威胁、策划怂恿、挑起事端、提供斗殴器械等；二是动手打人情形，比如持械斗殴、聚众斗殴，等等。（2）在校期间持有违禁物品或管制刀具，包括自己持有或者给他人提供枪支、管制刀

---

[1] 北京理工大学学生纪律处分规定［EB/OL］.（2020-09-03）［2020-12-20］. http://www.bit.edu.cn/yxw/dxcz/xsglyx/xssc/189841.htm. 类似的还有《北京大学学生违纪处分办法》《中国农业大学学生违纪处分条例》。

[2] （2018）陕 01 刑终 857 号。

具、毒品、火种以及其他凶器。(3) 其他相关行为，如过失。[1]

### 案例　两初中生因打闹发生健康权纠纷[2]

李某1与许某1是民族中学初一1902班学生，两人平日关系较好。2019年9月9日上午第三节上课预备铃响，李某1见许某1正伏在课桌上睡觉，便走过去用手拍了一下许某1的头想提醒许某1要上课了。许某1起身见是李某1，便追上李某1，朝李某1后颈部打了一拳，致其颈部骨折。李某1在医院治疗支出医药费4375.85元、医疗仪器器械费（颈胸托具）2800元。许某1父母赔偿了李某1500元。

公民生命健康权受法律保护，非法伤害他人身体应当承担相应的法律责任。本案中，学生许某1已年满十二周岁，系初一学生，对自己行为的性质和后果应有基本辨识能力，对打人的风险具有一定认知和判断。李某1行为并未构成许某1打人的充分理由。许某1对李某1的提醒本应心存谢意，却起身追打李某1，最终致李某1受伤住院。根据过错责任原则[3]，许某1殴打李某1受伤造成的损失应承担侵权赔偿责任。许某1系限制民事行为能力的未成年人，侵害李某1造成的损失依法由其监护人承担侵权赔偿责任[4]。李某1本着同学情谊叫醒许某1，属善意行为，与许某1殴打李某1致伤没有法律上的因果关系，故李某1的行为不构成法律意义上的过错。

在校园伤害事故中，身体伤害是可量化的，心理伤害则较难及时发现和精确判定。只有不当行为直接给受害人造成巨大精神压力乃至患上精神疾病，才可能被认为是损害了心理健康，而那些尚未被察觉的微欺凌在实际操作中难以被认定。微欺凌特指那种程度轻微，看似不严重，容易被忽视却又是欺凌者故意且重复又极具隐蔽性的言行。[5] 这种微欺凌由于无法量化且举证困难，很少会有法规和校规对其进行约束。调研发现，不少人在中小学阶段遇到过校园欺凌，特别是言语欺凌，比如被取外号，抑或被孤立、排斥等。这

[1] 黄道主. 效率与公平：我国中小学惩戒的合法性研究［M］. 北京：知识产权出版社，2019：84.

[2] （2020）桂14民终732号。

[3] 《侵权责任法》第六条规定：“行为人因过错侵害他人民事权益，应当承担侵权责任。”

[4] 根据《侵权责任法》第三十二条第一款规定：“无民事行为能力人、限制民事行为能力人造成他人损害的，由监护人承担侵权责任。”

[5] Spence J T. Gender Identity and its Implications for the Concepts of Masculinity and Femininity［J］. Nebraska Symposium on Motivation.，1984，32：59-95.

类行为虽看似轻微，但负面影响往往会伴随一生。

2. 侵犯隐私权的行为

隐私权指自然人享有的对其与公共利益无关的个人信息、私人活动和私有领域进行支配的一种人格权。隐私是自然人的私人生活安宁和不愿为他人知晓的私密空间、私密活动、私密信息。[1] 任何组织或个人不得侵害他人隐私。学生侵犯他人隐私的行为主要包括偷窥、偷拍、窃听、散布他人隐私，冒领、隐匿、毁弃、私自拆开他人信件等。

### 案例 两高中生因偷拍引发侵权责任纠纷[2]

赵某与梅某系某中学高三同寝室学生。2019 年 2 月 21 日，梅某用手机将拍到的赵某穿着校服躺床上照镜子的照片发到班级微信群。赵某发现后，认为梅某侵犯其隐私权，要求梅某撤回；因超出撤回时间，未果。3 月 8 日，赵某因头晕到医院治疗，病历载明：主诉头晕 1 天；既往史抑郁症病史。初步诊断：1. 头晕查因；2. 抑郁症。3 月 8 日赵某服用 7 片安定（具欠详）自杀，被家人老师及时送院救治，诊断：抑郁状态。3 月 10 日，赵某在广州市惠爱医院诊断时称同学发布她“丑陋的照片”，很多人笑话她，从此自卑、消极，在当地就诊，诊断抑郁症。

本案纠纷主要是由梅某偷拍赵某并公布在班同学微信群引发。梅某用手机拍摄赵某穿着校服躺在床上照镜子的照片并发到班级微信群的行为，属拍摄、公开他人私密活动的行为，侵犯了赵某隐私权。结合赵某相关病历资料，可以认定梅某的偷拍行为对赵某抑郁症发作具有一定的诱因，需要对赵某的损害后果承担相应法律责任。

3. 侵犯名誉权的行为

名誉权指公民或法人享有的获得和维持对其名誉进行客观评价的一种人格尊严权。学生侵犯名誉权的行为主要包括捏造事实诽谤他人或捏造事实诬告陷害他人，比如辱骂、戏弄、造谣、诽谤等。

4. 侵犯荣誉权的行为

荣誉权是指公民或法人因为自己的突出贡献或特殊的劳动成果所获得的

---

[1] 参见《中华人民共和国民法典》第一千零三十二条规定。

[2] （2020）粤 01 民终 10955 号。

光荣称号或其他荣誉，并享有荣誉带来的利益和排除他人非法侵害的权利。学生侵犯荣誉权的行为主要有运用非法、不公开的手段，去窃取、抢占和冒领他人的荣誉的行为；个人对他人所获荣誉不满或妒忌，向学校或某些授予荣誉的机构诬告、诋毁他人荣誉以及公开发表一些不实言论侵害他人荣誉权；学生组织（如学生会或其他社团）因私利去侵犯荣誉权人的物质利益，如拒发或少发荣誉奖金等；其他侵犯荣誉权的行为。

5. 侵犯姓名权的行为

侵犯姓名权主要是指干涉公民行使姓名权、盗用他人姓名的行为和假冒他人姓名❶。这些行为包括但不限于盗用、冒用他人姓名顶替上学。改革开放后，冒名顶替上大学的案例在近些年曝光不少。冒名顶替他人上学侵犯姓名权没有疑义，但由此是否涉及侵犯受教育的相关权益值得讨论。由于姓名权这一具体的人格权受到侵害，导致被侵害人具有的广泛民事权利无法实现，失去了进一步深造学习的机会，大量可能获得的权益均被无形剥夺。冒名上学是定性为冒名者与被冒名者的民事侵权情形，还是教育工作人员滥用公共教育权力的渎职情形，仍可讨论。

6. 侵犯性自主权的行为

性自主权具有生理和精神双重层面的利益，是人人都具有的基本人权。性自主权是权利人享有的在法律保护范围内自我决定，以实现其性利益的权利❷；是自然人保持其性纯洁的良好品行，依照自己的意志支配性利益的具体人格权。侵害性自主权的行为主要包括性行为、与性有关的猥琐行为、性骚扰等行为。

**案例　浙江大学努某某强奸罪犯罪中止**

浙江大学2016级学生努某某意图强奸一名醉酒女生，在女方奋力反抗和报警威胁下，努某某因害怕停止强奸行为，并向公安机关自首。2020年4月，法院判处努某某有期徒刑一年六个月，缓刑一年六个月。7月17日，浙江大学给予努某某留校察看处分。后因该事件引发网络关注后，7月31日，浙江大学决定给予该生开除学籍处分。

---

❶ 《中华人民共和国民法典》第一千零一十四条规定：“任何组织或者个人不得以干涉、盗用、假冒等方式侵害他人的姓名权或者名称权。”

❷ 齐云.《人格权编》应增设性自主权［J］. 暨南学报（哲学社会科学版），2020，42（01）：108-121.

在该案中，努某某具有侵害故意，意图强奸受害者，违背受害者意愿。虽然努某某中止了强奸这一犯罪行为，但是身为成年人知法犯法，明目张胆触犯刑律，不应姑息。

### （三）侵犯公私财产、知识产权

国家保护公共、集体和个人财产[1]。除了有形的财物外，财产还包括无形的知识产权。

1. 侵犯公私财产

这些行为主要包括非法占有、故意占用、隐匿、毁弃、损坏、盗取、诈骗、抢夺、敲诈勒索公私财物。比如故意损坏馆藏图书、校园文物或古木，故意破坏、损毁校园广播电视、电话、网络等通信线路或设备；利用职务便利将公共财物占为己有或挪用公款；违反网络使用有关规定行为，盗用、冒用他人互联网用户账号或校内信息服务用户账号，造成不良影响、严重后果或实际损失；其他危害公私财产的行为。[2]

2. 侵犯知识产权

侵犯知识产权的行为主要包括：未经许可，私自转让、使用学校知识产权；违反规定泄露学校科技成果、技术秘密；未参加研究或创作而在研究成果、学术论文上署名，未经他人许可而不当使用他人署名，虚构合作者共同署名，或者多人共同完成研究而在成果中并未注明他人工作的；其他侵害知识产权的行为。[3]

在学校教育中，师生之间的署名冲突较为常见。吉林大学针对署名问题做了如下规定[4]：研究生在学期间公开发表论文或其他学术成果投寄或申报前均应通过研究生指导教师审核同意，并就成果名称、署名人、登记时间等关键内容进行登记。研究生在学期间未经研究生指导教师审核同意公开发表的

---

[1] 《宪法》第十三条规定："公民的合法的私有财产不受侵犯。"

[2] 复旦大学学生纪律处分条例［EB/OL］.（2019-08-26）［2020-12-21］. http://www.stuaff.fudan.edu.cn/_upload/article/files/9c/47/9deb72664719b71284aa93e332aa/9ba4914b-8cee-4b35-85f4-ee0ff88b179d.pdf.

[3] 北京师范大学学生违纪处分办法［EB/OL］.（2017-10-17）［2021-04-12］. http://xsc.bnu.edu.cn/xsgl/gltl/93412.html. 类似的还有：华东师范大学学生违纪处分办法［EB/OL］.（2020-09-02）［2021-04-12］. http://www.xsgzb.ecnu.edu.cn/d4/db/c8258a316635/page.htm.

[4] 吉林大学研究生院. 关于加强对研究生在学期间公开发表论文等学术成果管理的通知［EB/OL］.（2020-10-16）［2020-12-23］. http://law.jlu.edu.cn/info/1046/17417.htm.

论文或其他学术成果，不得用于评奖、评优、申报各类项目和学位论文成果要求等。学生“私发”论文实为署名纠纷。学生利用研究室成果隐瞒导师私发论文明显违背了学术道德，属于学术不端。

### (四) 损害学校声誉或利益

这些行为[1]包括但不限于：在个人的商业活动中，公开在招牌、广告、海报、文件、网站、媒体等载体中非法使用学校的名称或标识；擅自以学校、院系等机构或学生社团组织等名义对外发布公告、新闻，在校外组织、参加活动，或作出不负责任承诺，造成不良影响或严重后果；其他损害学校声誉或利益的行为。

**案例　学生“抱怨没空调”被通报[2]**

2019 年 6 月 7 日，山东理工大学美术学院周某某在新浪微博上抱怨学校没有空调，发微博“@”校团委，恶语相向。事后，辅导员立刻与周某某取得联系，对她进行批评教育，并督促她第一时间删除了微博上的不当言论，责令其作出深刻检查。同时，辅导员立刻跟分管学生工作的副书记汇报有关情况，学院副书记当晚向学校党委宣传部汇报了情况。

本案中，该生仅凭猜测就在网上发表不当言论，对学校声誉造成消极影响。按照《高等学校学生行为准则》和学校学生管理有关规定，山东理工大学给予周某某全院通报批评的处理。

### (五) 考试违规行为

根据违规情节的不同，考试违规行为可分为违反考纪行为和考试作弊行为。违反考纪行为主要指行为人不遵守考场纪律，不服从考试工作人员安排，尚不达到作弊。考试作弊行为则公然违反考试公平、公正原则，以不正当的手段获得试题答案或考试成绩，情节较违反考纪行为更为严重。

---

[1] 北京大学学生违纪处分办法［EB/OL］.（2019-05-08）［2020-12-02］. http://www.dean.pku.edu.cn/web/rules_info.php?id=57. 类似的还有：华东师范大学学生违纪处分办法［EB/OL］.（2020-09-02）［2020-12-23］. http://www.jwc.ecnu.edu.cn/_upload/article/files/72/a5/39c5be0d466da3d221e6615ccebb/aa95806b-09a3-454b-aafd-109f3f68dc50.pdf.

[2] 佚名. 山东理工回应“抱怨没空调被通报”：该生对团委微博恶语相向［EB/OL］.（2019-07-26）［2021-04-12］. https://baijiahao.baidu.com/s?id=1640129307699200382&wfr=spider&for=pc.

1. 违反考纪行为

这些行为[1]包括但不限于：携带规定以外的物品进入考场或者未放在指定位置；未在规定的座位参加考试；考试开始信号发出前答题或者考试结束信号发出后继续答题；在考试过程中旁窥、交头接耳、互打暗号或者手势；在考场或者教育考试机构禁止的范围内，喧哗、吸烟或者实施其他影响考场秩序的行为；未经考试工作人员同意在考试过程中擅自离开考场；将试卷、答卷（含答题卡、答题纸等，下同）、草稿纸等考试用纸带出考场；用规定以外的笔或者纸答题或者在试卷规定以外的地方书写姓名、考号或者以其他方式在答卷上标记信息；其他违反考场规则但尚未构成作弊的行为。

2. 考试作弊行为

这些行为[2]包括但不限于：在考试过程中，抄袭或者协助他人抄袭试题答案或与考试内容相关的资料；传、接物品或者交换试卷、答卷、草稿纸的；随身携带与考试内容相关的材料；在考试过程中使用通信设备或其他器材作弊；向他人出售考试试题或答案牟取利益，以及其他严重作弊或扰乱考试秩序行为；抢夺、窃取他人试卷、答卷或者强迫他人为自己抄袭提供方便；故意销毁试卷、答卷或者考试材料；代替他人或由他人冒名代替参加考试；在答卷上填写与本人身份不符的姓名、考号等信息；其他考试作弊行为。

考试作弊行为严重阻碍教育评价功能的实现，扰乱教育竞争秩序，破坏教育公平，社会危害巨大。在国家考试的法律规制问题上，国家已就实务中出现的作弊问题作了专门立法安排，基本满足了解决实务问题的需要。2015年，全国人大出台的《刑法修正案（九）》规定了定罪问责的主要作弊情形、罪名（组织考试作弊罪，非法出售、提供试题、答案罪，代替考试罪）和量刑标准。2019年，最高人民法院、最高人民检察院又出台了《关于

---

[1] 国家教育考试违规处理办法［EB/OL］.（2017-12-13）［2021-04-12］. http://yzb.zuel.edu.cn/2017/1213/c4639a182806/page.htm.

[2] 国家教育考试违规处理办法［EB/OL］.（2017-12-13）［2021-04-12］. http://yzb.zuel.edu.cn/2017/1213/c4639a182806/page.htm.类似的还有：北京理工大学学生纪律处分规定［EB/OL］.（2020-09-03）［2020-12-23］. https://www.bit.edu.cn/yxw/dxcz/xsglyx/xssc/189841.htm.武汉大学学生纪律处分办法［EB/OL］.（2018-11-08）［2020-12-23］. https://gs.whu.edu.cn/info/1157/4308.htm.

办理组织考试作弊等刑事案件适用法律若干问题的解释》[1]，对考试作弊的认定标准作了细致规定，包括“法律规定的国家考试”“情节严重”“作弊器材”“作弊既遂”、定罪量刑的裁量标准等方面的内容。相对而言，对学生的学业课程考试的规制尚有讨论余地。目前，课程考试的法律定位还不明确，属于学校依法自主管理的领域，则更多依赖《普通高等学校学生管理规定》和各个学校自己的校规。尽管课程考试作弊与国家考试作弊在客观事实的表现上相同或相似，但前者由教育法部门规制，后者由刑法部门规制。

### （六）学术不端行为

这些行为[2]包括但不限于：篡改、剽窃、抄袭、侵占他人研究成果、学术成果和实验数据；伪造科研数据、资料、文献、注释及伪造专家鉴定、证书及其他有关学术能力证明材料，或者捏造事实、数据、编造虚假研究成果；代写论文、找他人代写论文、买卖论文等行为；在申报课题、成果、奖励和申请学位等过程中提供虚假学术信息；未参加研究或创作而在研究成果、学术论文上署名，未经他人许可而不当使用他人署名，虚构合作者共同署名，或者多人共同完成研究而在成果中未注明他人工作、贡献；其他经学校学术委员会认定的学术不端行为。

有高校对造假、剽窃、未经授权的合作等学术不端行为进行具体界定：①造假，指伪造或编造数据、事实，或者故意篡改数据和事实。②剽窃，一般分为两类：一类是将他人论文复制成自己的；另一类是把来源不同的段落和想法拼凑在一起。尽管学术研究需要引用前人的研究，但前人的研究只是基础和参考，而不是自己的科研成果，在引用时需要标明其来源。如果没有标明来源，那么就会被认为是在剽窃。③未经授权的合作行为，指学生在老师允许的范围之外与他人所进行的合作。[3] 署名的问题也属于学术不端，在此

---

[1] 最高人民法院、最高人民检察院关于办理组织考试作弊等刑事案件适用法律若干问题的解释［EB/OL］.（2019-09-03）［2021-08-27］. https://www.spp.gov.cn/spp/xwfbh/wsfbh/201909/t20190903_430901.shtml.

[2] 高等学校预防与处理学术不端行为办法［EB/OL］.（2016-06-16）［2021-04-12］. http://www.moe.gov.cn/srcsite/A02/s5913/1201608/t20160816_275058.html. 类似的还有：华中科技大学学生违纪处分条例［EB/OL］.（2018-10-15）［2020-12-23］. http://student.hust.edu.cn/info/1040/1178.htm?csrftoken=undefined.

[3] 刘艳琴. 法治视野下美国顶尖高校惩戒违纪学生研究——以麻省理工学院为例［D］. 武汉理工大学，2019.

不再赘述❶。

治理学术不端行为的法规文件主要有《教师法》《学位条例暂行实施办法》《事业单位工作人员处分暂行规定》《高等学校预防与处理学术不端行为办法》等。在具体执行时，各高校亦会根据上位法制定符合本校实际的细则，比如《湖南大学研究生学术道德规范实施细则》。在具体操作时，如果学生有学术不端行为，除了问责学生之外，对学生学业负有指导责任的导师或负责人亦有监管和教育的连带责任❷。

### （七）扰乱学校生活秩序

这些行为❸包括但不限于：违反学校学生公寓管理有关规定，扰乱公寓管理秩序行为，如未经批准，留宿他人或在他人宿舍留宿、私自调换宿舍或床位、私自出借或出租等转让宿舍床位、对他人正常学习或生活造成严重影响，住校学生未经许可夜不归宿或在校外租房居住等行为；在上课、实验等教学活动中使用手机等通信设备或频繁出入课堂、大声喧哗等影响教学秩序的行为；有酗酒、哄闹、燃放鞭炮、故意摔砸敲打各种物品、设施等扰乱管理秩序行为；违反消防安全管理制度，比如违章用电或其他违章行为，因过失引起火灾，挪用消防设施、器材和标志，违反实验室相关管理规定，操作不规范造成火警、火灾事故等行为。

#### 案例 学生违规电器怎能一砸了事❹

2015 年 12 月 17 日，西安一高校对收缴上来的违规电器进行了集中销毁。据悉，校方收缴的“热得快”、烧水壶、电火锅等违规电器有数百件，在教学楼前摆了有百米长，销毁现场，学校领导用榔

---

❶ 前文已述，详情见第一章。

❷ 2019 年 4 月 2 日，湖南大学发布关于刘某某硕士学位论文涉嫌学术不端问题的调查及处理说明。经查证，刘某某的硕士学位论文私自摘抄了云南财经大学一位教师的国家自然基金申报书的部分内容（经查重发现累计有 15626 字重复），构成学术不端行为。学校决定撤销刘某某硕士学位。刘某某导师洪某某在审核其学位论文时并未认真审查，还在其原创性声明上署名，严重违反学术道德，给予警告处分，取消其导师资格，调离教学岗位。熊强．湖南大学确认了！刘某某硕士论文抄袭云南财大教师涉密科研申请书［EB/OL］．（2019-04-03）［2020-12-23］．http://m.people.cn/n4/2019/0403/c1420-12534871.html.

❸ 北京大学学生违纪处分办法［EB/OL］．（2019-05-08）［2020-12-23］．http://www.dean.pku.edu.cn/web/rules_info.php?id=57. 类似的还有：华中科技大学学生违纪处分条例［EB/OL］．（2018-10-15）［2020-12-23］．http://student.hust.edu.cn/info/1040/1178.htm?csrftoken=undefined.

❹ 陈馨瑶．学生违规电器怎能一砸了事［N］．中国青年报，2016-01-04（08）．

头砸毁了收缴来的违规电器。

学生因违规使用大功率电器造成火灾等现象屡见不鲜。《未成年人学校保护规定》第十四条❶明确提出，学校不得采用毁坏财物的方式教育管理学生。很明显，该校做法欠妥。一方面，虽然学生违规使用，但是这些电器本来属于学生的私人财产；学校单方面销毁的做法侵犯了学生的财产权。另一方面，这种做法只是扬汤止沸，并未从源头上消除火灾隐患；简单粗暴的处置方法并没有让学生真正意识到安全教育的重要性。根据比例原则，学校应该选择对学生侵害尽可能小的方式进行教育。学校可以与学生及其家长协商处置，比如暂时帮学生保管，等到学生放假或毕业时归还，或通知其家长代领。因保管、通知、寄存等活动产生的费用由学生及其家长承担。

### （八）违反社会公德

违反社会公德的行为❷主要有：在教室、实验室、图书馆等公共场所吸烟影响课堂秩序；在校园或公共场所行为不检且不听劝阻；在建筑物、公用设备上乱涂、乱写、乱画，违章张贴者，损坏花卉树木，破坏草坪不听劝阻的；在校内乱扔、乱放物品、妨碍公共卫生、损害他人利益等。

### （九）提供虚假信息影响公正评价

这些行为包括但不限于：在学校举办的各类评比、表彰、校内外比赛、奖助学金评定（含奖助学金、家庭经济困难情况认定、国家助学贷款、减免学费、补偿代偿资金等资助项目）等评选和认定过程中提供虚假信息的行为，如涂改或者伪造涉及学业、学术水平证明的成绩单、推荐信等。调查发现，学生群体极为不满利用国家资助政策骗贷、骗助学金、骗奖学金的行为。以国家助学金为例，其政策初衷是缓解贫困家庭学生的温饱问题，然而在执行过程中有些学生找关系走后门，伪造家庭贫困虚假证明，骗取国家助学金。这种行为不仅违反校纪校规，若经费额度超过三千元，还有诈骗嫌疑。更有甚者，有些学校的领导、辅导员直接操纵助学金的评定，不经过民主投票，

---

❶ 《未成年人学校保护规定》第十四条规定："学校不得采用毁坏财物的方式对学生进行教育管理，对学生携带进入校园的违法违规物品，按规定予以暂扣的，应当统一管理，并依照有关规定予以处理。"

❷ 华东师范大学学生违纪处分办法［EB/OL］.（2020-09-02）［2020-12-23］. http://www.jwc.ecnu.edu.cn/_upload/article/files/72/a5/39c5be0d466da3d221e6615ccebb/aa95806b-09a3-454b-aafd-109f3f68dc50.pdf.

不走正规程序，内定助学金名额，让公平、公正、公开原则成为摆设。

### （十）其他违纪行为

公民享有表达自由权。《宪法》规定公民依法享有言论、出版、游行、示威等基本权利。《国家人权行动计划（2016—2020年）》出台后，我国不断提高公民表达自由的保障力度。作为人权的重要内容，学生同样也享有表达自由的权利，比如发型、着装、言论等。

学校的学生管教权与学生的表达自由权经常发生冲突，时常引发校生间、家校间，乃至家长间的纠纷。很多学生和家长质疑学校的违纪处理办法中的规定，将学校定性的“不良行为”视为无足轻重的“小事”，挑战学校的问责操作，比如乱改校服，烫发、染发，佩戴首饰，化妆，等等。绝大多数学校将《中学生日常行为规范》第二条规定❶作为管理学生的硬性要求，要求中学生不得染发、烫发，不得化妆。但是社会风气不断变化，家长、学生的权利意识不断觉醒，不断质疑前述规定（参见案例）。

**案例　儿子发型不合格被退学？母亲状告学校索赔10万余元❷**

16岁男孩晓峰（化名）因留长发并染发被学校拒绝到校上课，因此晓峰一直请假直至达到退学处分的标准，被学校开除学籍。其母罗女士认为校方的做法对晓峰造成了心理伤害，起诉该校并要求赔偿书本费300元，精神损失费10万元，精神抚慰金5000元。罗女士讲了三点理由：一是晓峰喜欢动漫；晓峰将头发染成红色是因为其在8月参加动漫角色表演的需要，她已习以为常，不认为是问题；二是晓峰留这样的发型是想让自己看起来凶一些，避免重演初中受欺负的悲剧；三是晓峰头发经过三次理发，罗女士认为发型已经达到学校要求。法院最终裁定学校赔偿书本费300元。

此冲突是学生染发的私权利和学校管教的公权力之间的冲突。学校有《中学生日常行为规范》和校规作为正当性辩护的依据，要求男生头发“前不遮眉，后不过颈，侧不过耳”，但这种规定没有得到学生及家长的认可。因为《中学生日常行为规范》的软法性质，我们只能转向实质合法性，寻求观念的

❶《中学生日常行为规范》第二条规定：“穿戴整洁、朴素大方，不烫发，不染发，不化妆，不佩戴首饰，男生不留长发，女生不穿高跟鞋。”

❷ 周舒曼．儿子发型不合格被退学？母亲告学校索赔10万余元［N］．重庆商报，2014-09-25（09）．

认同。就事论事而言，此事校方还有改善的空间。首先，晓峰发型不合校规要求而被停学“整顿”的同时，应当告知罗女士有可能引发的更多惩戒。其次，校方应当告知罗女士可能的救济渠道。重庆市早在 2008 年就颁布了《重庆市学生申诉办法》，让罗女士有更多也更廉价的救济渠道。最后，校方和罗女士要在冲突未升级、情况未恶化之前及时沟通，寻求有效合作。[1]

## 三、学生违纪问责的形式

教育是培养人的社会活动，学校不仅要传授学生基本的知识、技能，还要对学生身心施加影响以促使其不断社会化。为确保学校影响力、稳定学校教育秩序，采取一定社会控制手段来抵御学生的破坏性行为，矫正和规范学生的不良行为是必要的。问责是通过对违纪学生施加外部强制来防止类似失范行为再次发生的重要手段。学校作为促进学生社会化的主要场所，在问责违纪学生时，有必要与其他社会组织和个人联合问责，构建教育问责、民事问责、行政问责、刑事问责等多种形式在内的问责体系。随着法治进程的深化，应综合考虑学生身心发展情况和社会可资利用的条件，采取合理、正当、有效的问责形式，争取实现帮助违纪学生改过迁善，重回社会规范轨道的教育目标。

### （一）教育外部问责

教育外部问责是非学校的组织或个人对违纪学生的问责，包括对违纪行为的定性和惩戒。根据调整失范行为的法律部门差异，教育外部问责大致可以分为行政问责、民事问责、刑事问责。

1. 行政问责

行政问责是指行政相对人[2]违反行政法规规定事由之后，由问责机关发起的要求行政相对人承担相应法定责任的问责类型。行政问责主要分为行政处分和行政处罚两类[3]。行政处分是行政机关对公务员或者国家机关工作人员违法失职行为的惩戒措施，主要形式包括行政警告、记过、记大过、降级、撤职、开除。行政处罚是针对行政相对人设定的行政法律责任，依据行政处罚法的规定，主要形式有警告、罚款、行政拘留、没收非法财物、没收违法所

---

[1] 黄道主. 效率与公平：我国中小学惩戒的合法性研究［M］. 北京：知识产权出版社，2019：95.

[2] 本书所指行政包含内部行政和外部行政，行政相对人指行政法律关系中被管理的一方。

[3] 尹力. 教育法学［M］. 北京：人民教育出版社，2015：203-204.

得、责令停产停业、暂扣或者吊销许可证、暂扣或者吊销执照等。

尽管高校学生已不具有国家干部的身份，但是用于惩戒干部的行政处分仍在适用，比如警告、严重警告、记过等。除了行政处分，行政处罚也常被用于问责违纪学生❶。当学生侮辱、殴打教师时，除了行政处分或者行政处罚之外，造成损害的，应责令其赔偿损失；情节严重构成犯罪的，应依法追究刑事责任。当学生结伙斗殴、扰乱教育教学秩序、破坏公私财产的，根据《教师法》第七十二条❷、《治安管理处罚法》第二条❸规定，可由公安部门给予治安管理处罚；情节严重构成犯罪的，应当依法追究刑事责任。

如果违法行为范围仅属于行政行为范围，所违反的法规仅属于行政法部门，就只接受行政处分或处罚。如果行政相对人的行政违法行为同时涉及违反民事法部门或刑法部门的相关法规，那么除了受行政制裁并承担行政责任之外，还要承担相应的民事责任或刑事责任。❹

2. 民事问责

民事问责主要指民事问责主体要求侵害人承担民事责任的问责类型。《民法典》第一百七十九条规定：“承担民事责任的方式主要有：停止侵害；排除妨碍；消除危险；返还财产；恢复原状；修理、重作、更换；继续履行；赔偿损失；支付违约金；消除影响、恢复名誉；赔礼道歉。”

《民法典》规定，未成年人作为无民事行为能力人或者限制民事行为能力人，由其法定代理人代理实施民事法律行为❺。未成年学生违法则需根据其责任能力来承担相应责任。但是民事法律责任一般并不由其本人承担，而是由其监护人（或法定代理人）代为承担。因为未成年人的民事行为能力是不完

---

❶ 《中华人民共和国教师法》第三十五条规定：“侮辱、殴打教师的，根据不同情况，分别给予行政处分或者行政处罚；造成损害的，责令赔偿损失；情节严重，构成犯罪的，依法追究刑事责任。”

❷ 《中华人民共和国教师法》第七十二条规定：“结伙斗殴、寻衅滋事，扰乱学校及其他教育机构教育教学秩序或者破坏校舍、场地及其他财产的，由公安机关给予治安管理处罚；构成犯罪的，依法追究刑事责任。”

❸ 《中华人民共和国治安管理处罚法》第二条规定：“扰乱公共秩序，妨害公共安全，侵犯人身权利、财产权利，妨害社会管理，具有社会危害性，依照《中华人民共和国刑法》的规定构成犯罪的，依法追究刑事责任；尚不够刑事处罚的，由公安机关依照本法给予治安管理处罚。”

❹ 尹力．教育法学［M］．北京：人民教育出版社，2015：205.

❺ 《中华人民共和国民法典》第十九条规定：“八周岁以上的未成年人为限制民事行为能力人，实施民事法律行为由其法定代理人代理或者经其法定代理人同意、追认；但是，可以独立实施纯获利益的民事法律行为或者与其年龄、智力相适应的民事法律行为。”第二十条规定：“不满八周岁的未成年人为无民事行为能力人，由其法定代理人代理实施民事法律行为。”第二十一条规定：“不能辨认自己行为的成年人为无民事行为能力人，由其法定代理人代理实施民事法律行为。”

全的，无法承担自己的行为后果所带来的法律责任，故无民事行为能力人、限制民事行为能力人不能承担起的民事责任由其监护人承担。成年人是完全民事行为能力人的，可以依法独立承担民事责任[1]。若成年学生违法，则需要根据其违法后果及责任能力承担相应的民事法律责任。其中，侵犯教师、受教育者、学校或者其他教育机构的合法权益并造成损失、损害的，应当依法承担民事责任[2]。

3. 刑事问责

刑事问责是指因自然人违反刑法被问责主体要求承担法定刑事责任的问责类型。刑事责任的主要类型是刑罚，分为主刑和附加刑。主刑包括管制、拘役、有期徒刑、无期徒刑和死刑；附加刑包括罚金、剥夺政治权利和没收财产。此外，对于犯罪的外国人，可以独立适用或者附加适用驱逐出境。[3]

在未成年学生犯罪行为的刑事责任追究方面，我国法律有明确的保护性规定。《刑法》第十七条[4]对未成年人的犯罪和量刑做了严格的限定。司法机关对追究未成年人的刑责持相当谨慎的态度，基本上是能不追究就不追究，通过不起诉、判处缓刑或者免于刑事处罚等方式降低甚至免除对未成年人刑事问责。这种保护会间接纵容和强化“恃强凌弱”的思维和行为，不但使违法者难以吸取教训，越发变本加厉，还会形成一种不良风气，使部分学生有样学样。[5] 因此，对那些触犯刑法且情节恶劣、手段残忍、后果极其严重的未成年学生，司法机关应当依法履职，坚决依法惩处。

具有完全民事行为能力的成年学生则会根据其犯罪情形承担相应的刑事责任。例如，《教育法》第七十二条规定：“结伙斗殴，寻衅滋事，扰乱学校及其他教育机构教育教学秩序或者破坏校舍、场地及其他财产的，由公安机

[1] 《中华人民共和国民法典》第十八条规定：“成年人为完全民事行为能力人，可以独立实施民事法律行为。”

[2] 《中华人民共和国教育法》第八十三条。

[3] 尹力. 教育法学［M］. 北京：人民教育出版社，2015：206.

[4] 《中华人民共和国刑法》第十七条规定：“已满十六周岁的人犯罪，应当负刑事责任。已满十四周岁不满十六周岁的人，犯故意杀人、故意伤害致人重伤或者死亡、强奸、抢劫、贩卖毒品、放火、爆炸、投放危险物质罪的，应当负刑事责任。已满十二周岁不满十四周岁的人，犯故意杀人、故意伤害罪，致人死亡或者以特别残忍手段致人重伤造成严重残疾，情节恶劣，经最高人民检察院核准追诉的，应当负刑事责任。对依照前三款规定追究刑事责任的不满十八周岁的人，应当从轻或者减轻处罚。因不满十六周岁不予刑事处罚的，责令其父母或者其他监护人加以管教；在必要的时候，依法进行专门矫治教育。”

[5] 余雅风. 明晰主体职责，防治中小学生欺凌和暴力［J］. 中国教育法制评论，2019（01）：54-65.

关给予治安管理处罚；构成犯罪的，依法追究刑事责任。”《刑法》第二百四十六条规定：“以暴力或者其他方法公然侮辱他人或者捏造事实诽谤他人，情节严重的，处三年以下有期徒刑、拘役、管制或者剥夺政治权利。”

行政问责、民事问责以及刑事问责是并行不悖的。《民法典》第一百八十七条明确规定：“民事主体因同一行为应当承担民事责任、行政责任和刑事责任的，承担行政责任或者刑事责任不影响承担民事责任；民事主体的财产不足以支付的，优先用于承担民事责任。”不过，上述三类问责均是从事后的结果维度问责违纪学生，难以顾及问责前和问责中的教育需要，所能发挥的教育作用相对有限。退一步讲，只有学生的违纪行为触犯了相应法规之后，民事、行政和刑事三类问责才能发挥规制作用。

### （二）教育内部问责

仅有行政、民事、刑事三大法律部门来规制学生违纪行为是远远不够的，教育内部问责的主动介入至关重要。就主体而言，校生双方在教育活动中的法律地位是不平等的。为了完成国家确立的教育目标，维持正常教育秩序，学校拥有对学生实施奖惩的管教权力，从而与意思自治为准则的私法关系区别开来。从内容要素而言，教育问责具有强制性、单方性，惩戒决定不以学生同意为前提，学校单方面意思表示就可以作出，且一旦作出就具有强制力。问责决定作出后不得随意改变，各方均需遵循决定的内容，在合理期限内履行相应的职权（权利）与职责（义务）。

#### 1. 处分罚

学校类型和层次不同，违纪学生的处分形式[1]也有所不同。在义务教育阶

[1] 美国阿拉斯加州北极星学区对违纪的惩戒形式有留校、校内停学、取消特权、校外停学和开除五类。其中，简单纪律惩戒主要是指留校、校内停学和取消特权。留校必须在24小时之前通知家长，以便家长安排交通。若家长不能或不会提供交通，那么不能施行留校惩戒，须实施其他形式的纪律处分。校内停学是指将违纪学生移出常规教室并将其置于一个被监控着的非学术的环境之中。取消特权是指拒绝其在校内泊车或者享受校车服务等。“特权”实为某种形式的“优待”。校外停学是指停学期间将违纪学生驱逐出校，不让其再进校园，一般不超过十个教学日。开除则是指学生在开除期间不得参加学校的教育教学活动，一般是十个教学日（不包括十日）以上，直到无限期的开除。执行开除处分时，裁定者必须确定违纪学生能否重新入学，并对理由作出说明。无限期开除只能是其他矫正手段都已经不奏效的情况下才能使用。参见黄道主．效率与公平：我国中小学惩戒的合法性研究［M］．北京：知识产权出版社，2019：158.

段，中小学校不得开除学生[1]。学生有违纪行为的，学校应该予以批评教育，或者警告、严重警告和记过等纪律处分；对严重扰乱学校教育秩序的未成年学生，学校可以在征得监护人和上级部门同意后，将其送往工读学校接受教育[2]。在高等教育阶段，高校可以依法对违纪学生给予警告、严重警告、记过、留校察看、开除学籍等纪律处分[3]。对违纪学生的教育问责主要依据其违纪行为的性质、情节及后果。处分决定会对学生的受教育权益产生实质性影响，学校在作出处分时必须遵守程序正当、公平公正等法律原则，并为部分关涉利益重大的纪律处分开辟司法救济途径，比如开除学籍、拒授学业证书等。

2. 资格罚

资格罚越来越受到人们重视。法律意义上的资格，不仅指法律规定的该行为人享有的从事某种活动的权利、能力以及身份，也包括行为人从事该活动的实际能力以及外界环境应具备的条件等要素。资格罚是指撤销或剥夺违法者从事某种活动的权利或者资格的处罚形式。资格罚是相当严厉的处罚，对人的影响甚至远超刑法中的管制、罚金及短期自由刑，比如丧失从事律师、教师、注册会计师等特定行业的权利。因此，资格罚对形式合法性的要求较高。

(1) 获得学业证书的资格

学业证书分为学历证书和学位证书。学历证书是由国家批准设立或认可的学校或者其他教育机构对完成了学制系统内一定学习任务的受教育者出具的证明材料。学历证书可以以学段为划分标准，比如小学学历、研究生学历等；也可以以完成学业的程度为标准划分，比如肄业证书、结业证书和毕业证书。学位证书是学生的学术水平达到相关要求的证明，由授予学位的高等院校或科学研究机构制作并颁发给学位获得者的证书，比如学士、硕士、博

---

[1] 《中华人民共和国义务教育法》第二十七条规定："对违反学校管理制度的学生，学校应当予以批评教育，不得开除。"

[2] 教育行政部门应该为"问题学生"提供更多类型的学位，让这些学生接触到更多教育方式，而不是继续留在原来学校当"混混"直至"毕业"离校。这样不仅不利于矫正违纪学生的失范行为，也会给社会增加更多潜在危险。

[3] 《普通高等学校学生管理规定》第五十一条规定："对有违反法律法规、本规定以及学校纪律行为的学生，学校应当给予批评教育，并可视情节轻重，给予如下纪律处分：警告；严重警告；记过；留校察看；开除学籍。"

士。《教育法》第八十二条[1]、《普通高等学校学生管理规定》第三十七条[2]规定指出，学生以欺诈行为或其他不正当行为获得学位证书、学历证书或其他证书的，应由相关颁发机构依法予以撤销（参见案例）。《高等学校预防与处理学术不端行为办法》第二十九条[3]还规定，学生有学术不端行为的，还应当按照学生管理的相关规定给予相应的学籍处分。

**案例 武汉大学造假毕业生遭省体育局撤销一级运动员称号**

2018 年 12 月 21 日，武汉大学本科生院曾发布《关于撤销祝某某学位和学历的公告》。公告提到，祝某某在 2013 年以国家羽毛球专业一级运动员身份参加当年高水平运动队招生，取得入学资格，在新闻与传播学院就读并于 2017 年毕业，获广告学本科毕业证书、文学学士学位。但是湖北省体育局于 2018 年 7 月 26 日发布《关于取消祝某某一级运动员称号的通知》，指出祝某某曾以虚假方式获取高水平运动队入学资格。根据《普通高等学校学生管理规定》《普通高等学校招生违规行为处理暂行办法》有关规定，经武汉大学学位评定委员会讨论，决定撤销祝某某学士学位，同时学校决定撤销祝某某学历。[4]

（2）获得荣誉奖励的资格

此处的荣誉奖励主要指荣誉称号、评优评先资格、奖学金等。《普通高等学校学生管理规定》第二十条规定：“……对违背学术诚信的，可以对其获得学位及学术称号、荣誉等作出限制。”很多高校在校规中细化了“作出限制”

[1] 《中华人民共和国教育法》第八十二条：“以作弊、剽窃、抄袭等欺诈行为或者其他不正当手段获得学位证书、学历证书或者其他学业证书的，由颁发机构撤销相关证书。”

[2] 《普通高等学校学生管理规定》第三十七条：“……对以作弊、剽窃、抄袭等学术不端行为或者其他不正当手段获得学历证书、学位证书的，学校应当依法予以撤销。”

[3] 《高等学校预防与处理学术不端行为办法》第二十九条规定：“学生有学术不端行为的，还应当按照学生管理的相关规定，给予相应的学籍处分。学术不端行为与获得学位有直接关联的，由学位授予单位作暂缓授予学位、不授予学位或者依法撤销学位等处理。”

[4] 佚名. 武大造假毕业生遭省体育局撤销一级运动员称号［DB/OL］.（2019-01-03）［2020-12-20］. https://baijiahao.baidu.com/s?id=1621622207223874415&wfr=spider&for=pc.

的操作性规定[1]。复旦大学曾取消未能按期毕业或未能按时获得学位证书的三十八名研究生获得的优秀毕业生荣誉证书的资格。[2] 中小学在事实上也存在类似做法。

(3) 参加相关考试的资格

此处的考试主要涉及学业课程考试和国家考试两种。在学校人才培养方案设计的学业考试中，学生违反考试纪律或作弊的，其课程成绩应记为无效，同时还会受到批评教育或相应的纪律处分。国家考试主要是暂停或取消参加相应考试的资格。比如《国家教育考试违规处理办法》第九条第二款规定："……有下列情形之一的，可以视情节轻重，同时给予暂停参加该项考试 1 至 3 年的处理；情节特别严重的，可以同时给予暂停参加各种国家教育考试 1 至 3 年的处理：(一) 组织团伙作弊的；(二) 向考场外发送、传递试题信息的；(三) 使用相关设备接收信息实施作弊的；(四) 伪造、变造身份证、准考证及其他证明材料，由他人代替或者代替考生参加考试的。"

由于在国家考试中作弊被施以资格罚的震慑力较弱，不少人铤而走险。以 2014 年震惊全国的哈尔滨理工大学 MBA 招考作弊案为例，该案是一起典型的团伙作弊案。根据《国家教育考试违规处理办法》第九条第二款规定，对组织团伙作弊的考生予以暂停参加各种国家教育考试一至三年的处理。但这一问责形式主要是剥夺考生的"未得利益"，对考生的"既得利益"几乎无任何损害。这意味着考生作弊所可能面临的最严重处罚也只是"暂停参加各种国家教育考试 1 至 3 年"；若是在异地考试，因为大家彼此都不认识，所以现场的作弊人员公示所带来的消极声誉影响可能微乎其微。[3]

(4) 接受教育的资格

接受教育的资格主要是指学生在校接受教育的资格。学生有违法犯罪以

[1] 河南科技大学规定："学生有以下行为的取消评优评先资格：有违反四项基本原则言行者；评选学期内受到学院及以上通报批评或各种纪律处分者；有不文明行为且情节严重、造成不良影响者；私自在外租房、住宿者；无故拖欠学费者；未能正常参加考试者；其他不宜授奖者。"参见河南科技大学学生工作部．学生有哪些行为，取消其评先评优资格？[EB/OL]．(2016-10-28) [2021-04-13]．https://xsc.haust.edu.cn/info/1129/6620.htm.

[2] 复旦大学研究生院．关于取消 2013 年度部分优秀毕业生荣誉的通告 [EB/OL]．(2013-06-28) [2020-12-24]．http://www.gs.fudan.edu.cn/5e/b9/c2873a24249/page.htm.

[3] 张文言，黄道主．论在职人员攻读硕士学位入学考试团伙作弊的治理 [J]．考试研究，2015 (03)：84-89.

及违反校规的行为，情节严重的，学校应当给予开除学籍处分❶。2021 年 6 月 17 日，中山大学赵某晨因在朋友圈捏造事实诽谤他人，并对他人名誉造成损害，被中山大学给予开除学籍处分；珠海警方对赵某晨予以行政拘留三日的行政处罚❷。开除学籍以及撤销违纪学生在校学习资格的形式改变了校生之间的在学法律关系，是对严重违纪学生的教育处罚。因为我国义务教育阶段不允许学校开除学生，所以义务教育阶段的“开除学籍”暂不讨论。但从高中开始，开除学籍就被允许了。教育部曾在对《中小学教育惩戒规则（试行）》答复中指出，开除学籍可以同样适用于高中阶段学生，其学籍仍保留在学籍信息管理系统中，但学生和学校已不存在法律上的教育管理关系❸。因此，受到开除学籍处分后，学生能否在其他学校继续接受教育，要看相关学校的要求和意愿。此外，如果被开除学籍的学生通过自学达到了高中毕业同等学力，仍可以以社会考生的身份参加高考，经高校录取后取得高校的学籍，继续深造。

3. 申诫罚

申诫罚实为行政处罚的一种，在学校教育中也一样适用。它是行政机关依法对违反行政法规范的相对人给予的谴责和警戒，其主要形式为警告和通报批评。当学生违反校规，扰乱了学校管教秩序，但后果和影响较为轻微时，教育问责主体一般会批评教育，情节严重的才会给予更严厉的纪律处分。学生在义务教育阶段违纪的，学校不能开除，主要是批评教育❹。申诫罚在其他学段也被广泛运用。《普通高等学校学生管理规定》第十九条规定，无故缺席教育教学计划规定的活动的，学校根据有关规定给予批评教育，情节严重的，给予相应的纪律处分。

4. 其他问责形式

根据我国现行法规政策，自由罚、财产罚、行为罚以及体罚等处罚形式

---

❶ 《普通高等学校学生管理规定》第五十一条规定：“对有违反法律法规、本规定以及学校纪律行为的学生，学校应当给予批评教育，并可视情节轻重，给予如下纪律处分：（一）警告；（二）严重警告；（三）记过；（四）留校察看；（五）开除学籍。”

❷ 中山大学. 对捏造事实诽谤他人的学生赵某晨开除学籍［EB/OL］.（2021-06-18）［2021-07-25］. http://www.mnw.cn/edu/news/2453258.html.

❸ 教育部. 关于《中小学教育惩戒规则（试行）》中纪律处分的咨询［EB/OL］.（2021-03-29）［2021-07-25］. http://www.moe.gov.cn/jyb_hygq/hygq_zczx/moe_1346/moe_1347/202103/t20210329_523360.html.

❹ 《义务教育法》第二十七条。

已不再适用，未来是否会重新恢复则有待观察。我国《教师法》《义务教育法》《未成年人保护法》等法律法规均明文规定禁止体罚或变相体罚学生。教师要关心爱护全体学生，尊重学生人格，平等、公正对待学生；不得讽刺、挖苦、歧视学生，不得体罚或变相体罚学生[1]。

### （三）责任竞合情形

各种问责形式之所以能在教育领域发挥作用，重要原因之一就在于它们能促使学生按照问责所指引的方向来抑制自己的失范行为，使自身行为符合社会规范。不论是教育内部问责还是教育外部问责，它们在表面上是问责违纪学生，实质上是通过重申纪律达到维护共同体利益的目的。教育内部问责是对违反学校相关纪律的学生做出的教育惩戒；行政问责、民事问责、刑事问责等教育外部问责则是针对违法犯罪的公民而言的。当学生有失范行为时，不管其是以学生身份做出的，还是以公民身份做出的，都应该受到法律制裁[2]。在实际问责中会发生教育问责与行政问责、民事问责、刑事问责之间责任竞合的情况。

以学生考试作弊为例。学生会根据其违纪程度和行为结果的不同承担相应的法律责任。

（1）情节轻微的，终止其继续考试的资格，取消相关考试成绩，给予纪律处分。《普通高等学校学生管理规定》第十八条规定："学生严重违反考核纪律或者作弊的，该课程考核成绩记为无效，并应视其违纪或者作弊情节，给予相应的纪律处分。给予警告、严重警告、记过及留校察看处分的，经教育表现较好，可以对该课程给予补考或者重修机会。"《教育法》第七十九条规定："考生在国家教育考试中有下列行为之一的，由组织考试的教育考试机构工作人员在考试现场采取必要措施予以制止并终止其继续参加考试；组织考试的教育考试机构可以取消其相关考试资格或者考试成绩……：（一）非法获取考试试题或者答案的；（二）携带或者使用考试作弊器材、资料的；（三）抄袭他人答案的；（四）让他人代替自己参加考试的；（五）其他以不正当手段获得考试成绩的作弊行为。"

（2）情节严重的，责令停止参加相关考试一至三年，构成治安违法的给

[1] 中小学教师职业道德规范（2008年修订）［EB/OL］.（2008-09-01）［2021-07-25］. http://www.moe.gov.cn/srcsite/A10/s7002/200809/t20080901_145824.html.

[2] 马焕灵. 高校学生纪律处分与社会惩戒竞合问题辨析［J］. 教育学术月刊，2009（01）：64-66.

予治安管理处罚；构成犯罪的，依法追究刑事责任。《教育法》第七十九条规定："考生在国家教育考试中有下列行为之一的……情节严重的，由教育行政部门责令停止参加相关国家教育考试一年以上三年以下；构成违反治安管理行为的，由公安机关依法给予治安管理处罚；构成犯罪的，依法追究刑事责任……"《国家教育考试违规处理办法》第十条规定："考生有第八条所列行为之一的，应当终止其继续参加本科目考试，其当次报名参加考试的各科成绩无效；考生及其他人员的行为违反《中华人民共和国治安管理处罚法》的，由公安机关进行处理；构成犯罪的，由司法机关依法追究刑事责任。"《刑法》第二百八十四条之一规定："在法律规定的国家考试中，组织作弊的，处三年以下有期徒刑或者拘役，并处或者单处罚金；情节严重的，处三年以上七年以下有期徒刑，并处罚金。为他人实施前款犯罪提供作弊器材或者其他帮助的，依照前款的规定处罚。为实施考试作弊行为，向他人非法出售或者提供第一款规定的考试的试题、答案的，依照第一款的规定处罚。代替他人或者让他人代替自己参加第一款规定的考试的，处拘役或者管制，并处或者单处罚金。"

学生在国家考试中作弊行为严重，以至于违反了多个法律部门规定的，各个法律部门对违纪学生的问责并行不悖。

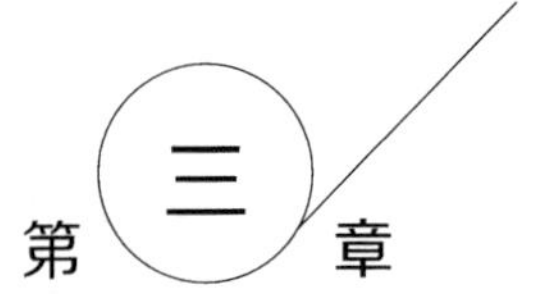

# 第三章 学生违纪问责的实务审查（下）

## 一、学生违纪问责的校内程序

问责程序是指学生违纪问责需要遵守的操作步骤及其规范，大致可以分为司法程序和非司法程序。司法程序是指司法机关问责违纪学生时使用的问责程序❶；非司法程序是指司法机关不介入，通过协商、调解、校内问责等非司法渠道进行问责的程序。其中，校内问责程序是非司法程序的主要构成内容。目前，我国各级各类学校的校内问责程序大体相近，细节上有细微差别。校内问责程序可分为问责的发起、认定、惩戒三大部分。

### （一）违纪问责的发起

问责发起是问责程序的起始阶段。一般来说，校方发现学生有违纪行为后就应主动问责，履行教育管理的职责。当然，问责发起还可以由其他主体以多种形式启动。

1. 举报

举报是指“公民或者单位依法行使其民主权利，向司法机关或者其他有关国家机关和组织检举、控告违纪、违法或犯罪的行为”❷。举报是保障公民监督权的重要体现。我国《宪法》第四十一条规定：“中华人民共和国公民对

❶ 本书将行政司法视为司法体系的一部分。

❷ 肖振猛. 举报制度的法律行为和政治意义简析［J］. 武汉理工大学学报（社会科学版），2012，25（05）：732-735.

于任何国家机关和国家工作人员，有提出批评和建议的权利；对于任何国家机关和国家工作人员的违法失职行为，有向有关国家机关提出申诉、控告或者检举的权利，但是不得捏造或者歪曲事实进行诬告陷害。对于公民的申诉、控告或者检举，有关国家机关必须查清事实，负责处理。任何人不得压制和打击报复。”1988 年，深圳市检察院成立了经济犯罪举报中心，开辟了人民举报的具体渠道，“举报”一词才开始被广泛使用。[1]《刑事诉讼法》第一百一十条规定：“任何单位和个人发现有犯罪事实或者犯罪嫌疑人，有权利也有义务向公安机关、人民检察院或者人民法院报案或者举报。”举报学生违纪违法是问责的发起阶段，有利于通过检举揭发违纪违法行为，营造良好校风。

举报学生违纪违法是教育共同体成员的义务，是行使监督权利的必要途径。学生作为不断发展的人，需要接受教育共同体的合力教育，包括违纪问责。首先，家长作为学生的监护人，有义务管教学生，包括举报其他学生和自己孩子的违纪行为。在发现学生违纪后，家长应及时将情况反映给校方，以信息互通促进家校共育。其次，学生作为学校生活的主要参与者，有义务共建有序校园生活。学生违法乱纪的行为极易被同学发现并举报。一般而言，学生“举报”的动机大体有三类：一是简单的是非判断，即他人做出了一些破坏规则的行为，比如考试作弊、破坏学校公共设施等，就应当被批评和指正；二是防范或补救自己被侵犯的权益，比如被欺凌、歧视等；三是出于嫉妒或是威胁报复他人的原因，“举报”时持损人利己的心态。[2] 成年学生具有相对成熟的法治观念和行为能力，可以选择恰当的方式举报发现的违法乱纪行为。四是其他社会组织和个人作为学生违纪问责的主体之一，发现学生有违纪行为后也应主动向家长、教师、学校或者相关部门举报。

根据不同分类标准，举报可分为不同类型。以举报者是否使用自己真实的身份信息为依据，可以将举报分为实名举报和匿名举报。实名举报可以提高举报的可信度，方便相关部门及时受理案件，联系、走访举报人，展开调查取证工作，从而更快更准地掌握违纪的具体情况。匿名举报没有举报者的个人信息，是举报者自我保护的重要手段；但其积极意义也被局限在提供线索的维度，当线索不充分时会增加调查取证的困难。[3]

---

[1] 高婕. 法治反腐背景下中国举报立法研究［D］. 齐鲁工业大学，2019.

[2] 王悦薇. 学生告状很正常　但不能以此培养告密者［DB/OL］.（2017-11-19）［2021-07-18］. https://zj.zjol.com.cn/news/806725.html.

[3] 乔德福. 举报与反腐败：新形势下的群众举报与反腐败研究［M］. 北京：中国社会出版社，2007：37-38.

以举报者人数及相互之间是否是"一致行动人"为依据，可以将举报分为个人举报和联名举报。个人举报是指少于五人就违纪违法行为向有关人员或部门举报。联名举报是指"五人或五人以上共同签署姓名反映同一问题的举报信件"❶。联名举报是全体举报者的意愿，所有联名者都要在举报材料上亲自签署真实姓名；同时联名举报者在举报过程中必须做到遵纪守法，不能影响社会秩序稳定。联名举报容易引起受理举报的部门的重视，有利于推动有关部门尽快调查。举报者要注意收集案件资料信息，准确掌握违纪违法事实，做到据实举报，方便调查取证顺利开展。

**案例　大学生涉论文抄袭被同班同学联名举报　校方调查❷**

2016年11月24日晚，一则题为《关于如实反映竢实扬华奖章候选人李某品行不端，学术作假的联名举报信》的帖子出现在西南交通大学百度贴吧。举报信中称该校2013级城乡规划班（本科）同学集体如实反映同班同学李某，以弄虚作假成功当选该校2016年"竢实扬华奖章"候选人，列举了李某"学风不正、评奖不信"等多项问题。在李某荣获的一等综合奖学金、唐立新奖学金、国家奖学金等多项荣誉中，皆为其利用制度漏洞，借淘宝便利发表论文、获取专利，甚至是利用PS技术更改绩点信息截图以获取成绩。在校3年中连做5次SRTP项目❸，成为其赚取经费，发布不实科研结果的平台。举报信末附有其所在班级同学的实名联名签字。

在接到针对"竢实扬华奖章"候选人李某的举报信之后，学校成立了专项调查组。经调查，李某的表现不符合《西南交通大学本科生奖励条例》第三章第七条第一款"在政治思想、道德品质、学习成绩、社会工作、体育锻炼等方面表现突出，能很好地起到模范带头作用，得到公认和好评"的规定。经西南交通大学学生奖励评审委员会研究，决定取消李某本次"竢实扬华奖章"评选资格。

此案中，作为与李某朝夕相处的同班同学，联名举报者掌握了李某弄虚

❶ 乔德福. 举报与反腐败：新形势下的群众举报与反腐败研究［M］. 北京：中国社会出版社，2007：39.

❷ 于遵素. 大学生涉论文抄袭被同班同学联名举报　校方调查［DB/OL］.（2016-11-28）［2020-12-27］. http://news.sohu.com/20161128/n474288592.shtml.

❸ 西南交大为在校本科生设计的一种科研项目资助计划，即本科生的科研训练计划。

作假的详尽材料，如实反映了李某的学术造假行为。学校在接到联名举报信后成立了专项调查，最终取消了李某的“竢实扬华奖章”评选资格。由此看来，正是因为有同班同学联名举报的问责发起，才有了学校后续的调查和处置。

举报途径还可分为官方渠道和非官方渠道。官方渠道主要是指问责主体通过书信、电话、传真、电子邮件等形式直接受理举报。这类举报途径所传递的举报信息仅有范围较小的人知晓，大致属于点对点的信息传递。除此之外，举报者还可以通过大众媒体、网络平台、自媒体等途径举报，如贴吧、论坛、微信、微博等非官方的社交媒体举报。这类非官方举报途径会使举报信息迅速且大规模地传播，属于点对面的信息传递，大致可归入舆论问责的范畴。后者有利于倒逼学校及相关部门响应，启动问责程序。❶

中小学和高校接受举报的内设机构及其人员有所不同。中小学主要是班主任和政教处；当然，也有向教育行政部门和其他校方工作人员举报的情况。班主任可配合政教处展开调查工作。高校则要分散得多，包括但不限于教务处、研究生院、学工处以及各个院（系），可以说，涉及学生管理的职能部门均可接受举报。学校各职能部门根据学生违纪类型及校规的问责安排展开分工与合作。以相对完善的韩国校园暴力举报制度为例。该国《校园暴力预防及对策法》中规定，学校在校内设置专门的校内举报受理部门，提供多种举报受理方式，比如举报箱、问卷调查、邮件、在学校主页留言等。举报者也可以拨打117或者发送短信至“#0117”联系全国校园暴力举报中心；117校园暴力举报中心24小时接受举报，并在接到举报后第一时间联系学校，情况紧急时会联系警察和医院寻求协助。❷ 我国借鉴韩国经验时，可以在学校、区县、地市、省级乃至国家的教育行政部门下设置专门的学生违纪举报中心，并建立学生违纪举报机制，通过多种形式受理举报的案件。

我国对学生违纪的举报工作也有了部分探索。《高等学校预防与处理学术不端行为办法》第十三条规定：“对学术不端行为的举报，一般应当以书面方式实名提出，并符合下列条件：（一）有明确的举报对象；（二）有实施学术不端行为的事实；（三）有客观的证据材料或者查证线索。以匿名方式举报，但事实清楚、证据充分或者线索明确的，高等学校应当视情况予以受理。”通

❶ 胡金富. 科研不端行为查处程序研究［D］. 中国科学技术大学，2018.

❷ 尹美善，杨颖秀. 韩国中小学校园暴力校内防控机制及启示［J］. 教育科学研究，2018（03）：18-23.

常情况下，实名举报是应然要求，但举报人出于自我保护而匿名举报的，若事实清楚、证据充分、线索明确，校方也应当受理。此外，关于举报的保密规则虽有积极的法律回应，但在问责安排上仍尚不明确。《最高人民检察院关于保护公民举报权利的规定》第三条规定："检察机关受理公民举报和查处举报案件，必须严格保密。"《刑事诉讼法》第一百一十一条规定："公安机关、人民检察院或者人民法院应当保障报案人、控告人、举报人及其近亲属的安全。报案人、控告人、举报人如果不愿公开自己的姓名和报案、控告、举报的行为，应当为他保守秘密。""我国法律对举报人有保护措施，执法机关对举报人有保护义务"❶。对于学生违纪，受理举报的问责主体应该实行严格的信息保护制度，充分保障举报人的合法权益，防止举报人遭受打击报复。但是，校方在这方面的实践探索还太少。

2. 投诉

投诉，即"投状诉告"❷，是指公民、法人或其他组织认为其合法权益遭受侵犯，向有关部门或有关人员申诉。投诉与举报的主要差别在于检举或控告的一方与被检举或被控告的一方是否为当事人。举报者不一定是当事人，其有可能是为了维护自身利益，也有可能是为了公共利益或者他人利益；而投诉者一定是当事人，即投诉者是为了维护自身合法权益向有关部门或有关人员申诉。

投诉可以分为正式投诉和非正式投诉，并有不同的处置程序。以澳大利亚高校处置校园性骚扰的投诉为例。其非正式投诉包含咨询和调解两个环节，且被优先适用于校园性骚扰的处置。在此过程中，学校帮助当事人分析问题、解读政策、告知权利、获取帮助、提供解决途径的建议，并且调解当事人双方的矛盾和冲突。在一方当事人不接受调解、调解失败或处置部门认为有必要等情况下，校方会允许发起正式投诉。正式投诉指性骚扰案件受害者正式向学校部门提出投诉申请，要求学校在调查事实真相后依据校规做出认定和

❶ 乔德福. 举报与反腐败：新形势下的群众举报与反腐败研究［M］. 北京：中国社会出版社，2007：39.

❷ 阮智富，郭忠新. 现代汉语大词典·上册［M］. 上海：上海辞书出版社，2009：800.

处理。[1] 美国麻省理工学院（MIT）处置学生间性不端行为[2]的投诉也分为正式投诉和非正式投诉。正式投诉主要是指受害人（包括受害人的监护人）按照 MIT 规定的程序向《高等教育修正案》第九章办公室投诉。如果受害人不知道投诉方式，那么学校还应告知受害人。无论受害人是否要求采取行动，学校都必须立即进行公正和彻底的调查，确定具体情况，采取适当措施以解决问题。非正式投诉（即受害人及其父母以外的人的投诉）是指他人举报。MIT 非常重视群众监督的作用。信息的来源与性质、案件的严重性、投诉方式的可信度以及受害人的受伤程度等因素是 MIT 考虑启动问责与否的主要因素。[3] 我国的学校在受理学生违纪违法的投诉时，实际上也存在着非正式投诉和正式投诉两种方式。以校园欺凌为例。当被欺凌者向校方投诉欺凌者的欺凌行径时，校方会根据事态的严重程度进行适当的处理，对于性质不甚恶劣、影响较为轻微的欺凌事件，坚持“大事化小，小事化了”的常见处置原则，寻求非制度途径化解矛盾——可谓非正式投诉。若被欺凌者不接受调解，继续投诉会迫使学校、教育行政部门、公安部门等主体启动正式投诉程序，并在法律法规允许的范围内寻求责任追究的合理方案。

当“不告不理”是问责主体的行事原则时，举报和投诉的重要意义不言而喻。

3. 上报

此处的“上报”是指“向上级汇报”[4]，即教师将超出自身处置范围的学生违纪行为上报给学校；学校则将超出自身处置范围的学生违纪行为上报给教育行政部门或公安部门，由后者继续推进问责程序。

首先，中小学教师在教育教学和日常管理的过程中，对于违纪情节较为轻微的学生，可以当场实施点名批评、责令赔礼道歉、做口头或者书面检讨等适当的教育惩戒，并在之后以适当的方式告知学生家长。对于违纪情节较重、经当场教育惩戒拒不改正或者违纪情节严重、影响恶劣的学生，教师应

---

[1] 张冉，欧阳添艺. 高校性骚扰投诉的处理机制与程序分析：以澳大利亚高校为例［J］. 教育发展研究，2018，38（21）：77-84.

[2] 学生之间的性不端行为是一个比较宽泛的概念，它涵盖了性骚扰、性侵犯、强奸、非自愿的性接触、性剥削等一系列的性行为。这种行为可能发生在同性之间，也可能发生在异性之间。行为双方可能是认识的，也可能是不认识的。

[3] 黄道主，刘艳琴. 美国顶尖高校如何处置学生之间的性不端行为：以麻省理工学院的教育执法经验为例［J］. 青少年犯罪问题，2020（06）：69-80.

[4] 阮智富，郭忠新. 现代汉语大词典 · 上册［M］. 上海：上海辞书出版社，2009：47.

及时向学校进行上报，由学校对其进行惩戒。[1] 教师主要是向学校德育处或者政教处进行上报，上报时要做好违纪学生的书面材料整理工作，书面材料中应包括违纪学生的个人信息以及违纪事实。另外，当教师发现学生藏匿违法、危险物品时，应当及时上报给学校，学校应及时报告公安机关、应急管理部门等有关部门依法处理。[2] 对违反治安管理或者涉嫌犯罪等严重欺凌行为，学校不得隐瞒，应当及时向公安机关、教育行政部门报告，并配合相关部门依法处理。[3] 在报告时，相关人员有义务保护未成年人的合法权益，学校、家长、公安机关及媒体应保护遭受欺凌和暴力学生以及知情学生的身心安全，严格保护学生隐私，防止泄露有关学生个人及其家庭的信息。特别要防止网络传播等因素导致事态蔓延，造成恶劣社会影响，使受害学生再次受到伤害。[4] 在高校，一般是由案发现场的工作人员（包括但不限于宿管、保安、监考人员等）将学生违纪情况告知给辅导员，辅导员将学生违纪材料整理好上报给学院的学工口负责人，学院负责人审核后将违纪处分处理意见上报给学工部。我们建议以学工部门为一线工作人员直接上报的受理单位，绕过二级学院，避免“遮家丑”的情形发生。

其次，若学生违纪行为引发学校安全事故，学校应及时向主管教育行政部门及有关部门报告；事故严重的还应向更上一级管理单位报告。《学生伤害事故处理办法》第十六条规定：“发生学生伤害事故，情形严重的，学校应当及时向主管教育行政部门及有关部门报告；属于重大伤亡事故的，教育行政部门应当按照有关规定及时向同级人民政府和上一级教育行政部门报告。”各地教育行政部门都有出台相关文件落实学校安全事故报送工作。如福建省教育厅《关于进一步加强安全报告制度的通知》中提到，凡发生师生死亡或其他对校园秩序和师生人身安全造成较大影响的强奸、抢劫、纵火、爆炸、盗窃等重大刑事案件以及校舍倒塌、校园火灾、食物中毒等重大安全的各种事故，必须立即上报，报告内容包括：事故发生的时间、地点、伤亡情况、接报时间、简要经过、抢救措施、初步原因分析等，如详细情况尚未弄清，可

---

[1] 《中小学教育惩戒规则（试行）》第八条、第九条和第十条。

[2] 《中小学教育惩戒规则（试行）》第十一条。

[3] 《未成年人学校保护规定》第二十三条。

[4] 教育部等九部门关于防治中小学生欺凌和暴力的指导意见［DB/OL］.（2016-11-02）［2021-11-05］. http://www.moe.gov.cn/srcsite/A06/s3325/201611/t20161111_288490.html.

先报告事故概况，待详细情况调查清楚后再续报。[1] 四川省教育厅关于印发《四川省学校安全事故报告规定》的通知中提到，在事故发生后，当地教育部门和学校要及时了解情况并逐级向上级教育部门报告。若同一事故涉及两所学校，则两校都为报告主体，分别上报。如两所学校分属两地，则两地教育行政部门均应按照程序分别上报。学校负责人接到事故报告后，应当在一小时内向主管教育行政部门报告。报告内容包括事故发生单位概况及联系人、联系电话；事故发生的时间、地点以及事故现场情况；事故的简要经过；事故已经造成或者可能造成的伤亡人数（包括下落不明的人数）和初步估计的直接经济损失情况；已经采取的措施等。[2] 青川县教育局《关于进一步加强和规范学校突发事件信息报送工作的通知》中规定，一旦发生突发事件，要第一时间向教育局主要领导和分管领导报告，同时向当地党委、政府报告。突发事件信息报送必须坚持电话首报和书面报告，必须坚持“一事一报”，必须突出关键要素（时间、地点、信息来源、事件起因及性质、基本过程、造成后果、影响范围、发展趋势、处置情况、下一步工作措施、其他需要上报的有关事项）。电话报告时间在事发后三十分钟内，书面报告时间最迟不得超过事发后两小时，分别报送于县教育局分管领导和相关股室负责人。确因情况特殊难以在事发两小时内报告的，要及时说明原因。对待时间较长、处置难度较大的突发事件，要动态跟踪，及时报告情况。[3] 若是学生失范行为达到违纪程度[4]，甚至引发学校事故的，需要教育行政部门和学校发起问责，促使学生认识到自己行为的严重性，反省问题，改正错误。

### （二）违纪问责的认定

认定是问责程序的第二阶段。认定是由客观事实向规范事实[5]转变的关键环节，也是学生行为定性的关键所在。违纪问责的认定程序包括立案、调查、

---

[1] 福建省教育厅《关于进一步加强安全报告制度的通知》［DB/OL］.（2007-03-30）［2021-11-05］. http://jyt.fujian.gov.cn/xxgk/zfxxgkzl/zfxxgkml/zcwj/200703/t20070330_3654476.htm.

[2] 四川省教育厅关于印发《四川省学校安全事故报告规定》的通知［DB/OL］.（2011-02-16）［2021-11-06］. http://edu.sc.gov.cn/scedu/c100547/2011/2/17/101c2903f3af42aea7007d5581560de2.shtml.

[3] 青川县教育局《关于进一步加强和规范学校突发事件信息报送工作的通知》［DB/OL］.（2018-08-13）［2021-11-05］. http://www.cnqc.gov.cn/NewDetail.aspx?id=20180901142937238.

[4] 义务教育阶段学生不适用开除学籍的违纪处分。

[5] 所谓规范事实，是指法律法规、学校规章制度等明文规定或约定成俗的道德规范中的行为，它规定了什么样的事实是具有规范性意义的。

告知、陈述与申辩、听证五个环节。

1. 立案

《刑事诉讼法》中的“立案”是指“公安机关、人民检察院和人民法院对报案、控告、举报、自首或自诉等的相关材料在各自的职权范围内进行审查，以确定是否存在犯罪事实、是否需要追究刑事责任，从而决定是否要对案件进行侦查或审判的诉讼活动”[1]。此处，立案作为学生违纪问责认定程序中的首要程序，指的是学校受案部门审查有关学生违纪的举报、投诉、上报的材料后，确定是否存在学生违纪的事实、是否追究违纪学生的教育责任，从而决定是否对学生违纪行为进行调查的问责活动。立案是学生违纪问责认定程序开始的标志。

一般来说，校内的立案程序包括立案材料的受理、立案材料的审查和立案审查后的处理三个环节。[2] 立案材料的受理是指学校相关部门接受有关学生违纪的举报、投诉、上报的材料的活动。首先，应当及时受理材料，为后续立案和调查提供支持。其次，受案部门应在受理时告知材料递交者立案需要的必要条件，诬告的法律责任等内容。如果材料不充分的，应当允许材料递交者及时补充材料或者撤销指控。最后，受案部门应保障材料递交者的信息安全，做好保密工作，以免打击报复。泄露信息且证据确凿的，应当追究泄露者的责任。立案材料的审查是指学校相关立案部门依据规制学生违纪的规范性文件审查、核实有关材料，确认现有材料是否充分的立案活动。审查应当以书面审查的方式进行。立案审查后的处理是指学校相关立案部门审查材料后作出是否立案的决定。事实清楚且违纪的，应当即刻立案。若事实模糊，或虽事实清楚但性质轻微达不到违纪处分标准的，不予立案。不予立案的，应当出具书面的《不予立案通知书》，讲明原因并发放给材料递交者。

2. 调查

调查是学生违纪问责中的重要一环，指校方或其他受案机构为弄清学生违纪事实，搜集并固定证据的一系列措施与手段。对其违纪行为的调查应做到证据清楚、依据明确、定性准确。调查的目的是查清规范事实，掌握客观事实证据，以此作为学生违纪行为认定的依据。其中，证据必须具有合法性、客观性和关联性。“证据的合法性是指各种人证、物证及当事人的陈述等证据

[1] 周登谅. 刑事诉讼法［M］. 上海：华东理工大学出版社，2014：91.

[2] 周登谅. 刑事诉讼法［M］. 上海：华东理工大学出版社，2014：94-97.

的取得必须合法，包括证据收集的主体、程序和方法等都要合法”❶。校方应当成立专门的调查组（成员不少于三人），在调查取证时协调校内相关职能部门在职权范围内发现事实，收集证据，并作调查记录。与学生有利害关系或者直接涉及违纪事件的当事人应当回避❷。“证据的客观性是指证据是伴随事件的发生发展而遗留下来的不以人的意志为转移的客观事实，有些证据很有可能会很快消失或者被毁灭，现场有关人员应及时做好固定并保留证据”❸。比如考试违纪的，应当有两名以上监考人员在第一时间留存证据。“证据的关联性是指作为证据内容的事实与案件事实之间存在某种联系”❹。“关联性侧重的是证据与证明对象之间的形式性关系，即证据相对于证明对象是否具有实质性以及证据对于证明对象是否具有证明性”❺。调查取证应注重证据与学生违纪行为事实之间的关联性。

尽管中小学和高校的校内调查主体有所不同，但是校方不仅应该做到权责明确，程序合理；而且要避免政出多门，各自为战甚至相互混战。通常，应当由主管学生事务的具体职能部门成立调查组开展相关调查取证的工作。对于学生欺凌事件，学校在接到关于学生欺凌的报告后，相关职能部门应立即开展调查，认为可能构成欺凌的，应当及时提交学生欺凌治理组织认定和处置，并通知相关学生的家长参与欺凌行为的认定和处理。对于不同学校学生之间发生的学生欺凌事件，应当在主管教育行政部门的指导下建立联合调查机制，进行认定和处理。❻

违纪行为涉嫌违法犯罪的，应当按“违法犯罪优先”的原则处置，即司法程序优先于教育程序。以性不端行为为例。我国尚没有专门规定学校处理性不端行为的相关法规，只能纳入治安违法或刑事犯罪的范畴处置。在调查取证阶段，校方在内部调查过程中发现涉嫌触犯治安法规和刑法的，要第一时间向公安机关报案，封存在调查中已获得的证据并转交给公安人员。等行政问责和刑事问责的责任明朗之后，校方再开展教育问责。相较于其他类型

---

❶ 王如全．“41 号令”视域下高校学生违纪处分程序构建［J］．继续教育研究，2020（03）：80-84.

❷ 《华东师范大学学生违纪处分办法》第三十四条、《北京师范大学学生违纪处分办法》第六十条、第六十一条。

❸ 王如全．“41 号令”视域下高校学生违纪处分程序构建［J］．继续教育研究，2020（03）：80-84.

❹ 樊崇义．证据法学［M］．6 版．北京：法律出版社，2017：127.

❺ 张建伟．指向与功能：证据关联性及其判断标准［J］．法律适用，2014（03）：2-10.

❻ 参见《未成年人学校保护规定》第二十三条。

的违纪行为，学术违纪行为的调查程序较为特殊。就学术违纪行为而言，校方受理学术不端行为举报后，应当交由学校学术委员会开展调查[1]。学术委员会可委托有关专家初步审查举报材料的合理性、违纪调查的可能性等方面，并作出是否正式调查的决定。若决定不正式调查，则应当告知举报人。举报人如有新的证据，可以提出异议；若异议成立，则应当正式调查。学术委员会决定正式调查的，也应当通知被举报人。被调查行为涉及资助项目的，可同时通知项目资助方。学术委员会应当成立调查组，负责对被举报行为进行调查。调查组成员人数应不少于三人，必要时还应当包括学校纪检监察机构指派的工作人员和同行专家。被调查行为涉及资助项目的，可以邀请项目资助方委派相关专业人员参与调查。调查程序是采用一般程序还是简易程序，可以由各校的学术委员会决定。一般而言，事实清楚、证据确凿、情节简单、定性容易的学术不端行为，可以采用简易调查程序。只要调查组认为有必要且可行的调查方式均可采用，比如资料查询、现场查看、实验检验、询问证人、询问举报人和被举报人、委托无利害关系的专家或者第三方专业机构独立调查或者验证等。

3. 告知

告知是学生违纪问责必不可少的程序之一，指学校对学生作出惩戒决定之前，将作出处分决定的事实、理由和依据、学生享有的陈述和申辩的权利告诉学生。《普通高等学校学生管理规定》第五十五条规定：“在对学生作出处分或者其他不利决定之前，学校应当告知学生作出决定的事实、理由及依据，并告知学生享有陈述和申辩的权利，听取学生的陈述和申辩。”然而，该法条只是规定了高校要在惩戒学生前要履行一定的告知义务，缺少对告知的内容、形式的具体说明，可操作性还有待加强。比如，告知的时间节点、校方的证据掌握情况、陈述和申辩的具体程序、告知是口头形式还是书面形式等。在当下中国熟人社会的场域中，这些问题既容易泄露举报者信息，也容易“打草惊蛇”，引发对抗进而增加处置成本；但是法治精神要求校方慎用自主裁量权，需要正视此类操作层面的技术性问题带来的法律风险和道德风险。在校生纠纷中，很多高校因告知程序有疏漏而败诉，青岛滨海学院与宋某教

---

[1] 参见《高等学校预防与处理学术不端行为办法》第十六条、第十七条、第十八条和第二十条规定。

育行政处分案[1]、郭某某与烟台某大学教育行政处分案[2]等都是例证。

4. 陈述与申辩

陈述与申辩是学生程序性权利的重要构成内容，彰显了知情和参与的程序性要求，有利于实现正当程序的最低限度要求。对学校而言，陈述与申辩的程序设置可以使学校重新审视违纪行为及其处置，反思处分决定是否合理、恰当，是否有客观依据和教育理由作支撑，防止决定错误对学生造成无法挽回的影响。根据《未成年人学校保护规定》第十七条和《普通高等学校学生管理规定》第五十五条的规定[3]，学校对违纪学生做出处分决定之前，应告知学生具有陈述和申辩的权利，听取学生的陈述与申辩。对于学生的陈述与申辩，学校应保留书面记录。在听取学生陈述和申辩时，工作人员要有两人及以上在场并做好记录工作，谈话记录要经学生本人确认并签字。学生拒绝在谈话记录上签字的，要加以注明。学生的检讨书或情况说明书不能代替陈述和申辩。在学校作出处分决定前，应当允许学生对学校提出的指控进行申辩和质证。学校在听取学生的陈述与申辩后，如果发现证据不足，应当补充调查。另外，学校应客观公正地对待学生的陈述和申辩，不能因为学生的陈述和申辩而随意减轻或加重对学生的纪律处分。

5. 听证

听证源于英国普通法“听取另一方证词”的自然公正原则，指“任何参与裁判争端或裁判某人行为的个人或机构，都不应该只听取起诉人一方的说明，而是要听取另一方的陈述；在未听取另一方陈述的情况下，不得对其施行惩罚。”[4] 听证可以分为正式听证和非正式听证。正式听证是借助于司法审判程序而发展起来的一种听证形式，其内部结构为三角形。所谓三角形结构，

[1] （2020）鲁 02 行终 276 号。青岛滨海学院不服一审法院撤销其给予宋某开除学籍处分的判决而上诉，二审法院最后认定青岛滨海学院并未在作出处分决定前告知学生相关事实、理由及依据，没有告知学生陈述与申辩的权利，程序违法，因而学校败诉。

[2] （2020）鲁 06 行终 27 号。郭某某不服一审法院判决学校对其作出开除学籍处分程序合法而上诉，二审法院认定学校没有充足的证据证明其在作出处分决定前告知和给予了学生陈述与申辩的权利，最终撤销一审判决。

[3] 《未成年人学校保护规定》第十七条规定：“学校对学生实施教育惩戒或者处分学生的，应当依据有关规定，听取学生的陈述、申辩，遵循审慎、公平、公正的原则作出决定。”《普通高等学校学生管理规定》第五十五条规定：“在对学生作出处分或者其他不利决定之前，学校应当告知学生作出决定的事实、理由及依据，并告知学生享有陈述和申辩的权利，听取学生的陈述和申辩。”

[4] 戴维·M.沃克．牛津法律大辞典［M］．北京社会与科技发展研究所，译．北京：光明日报出版社，1989：69.

是指听证主持人居中，行政机关调查人员和行政相对人各坐一方，指控与抗辩互相进行。非正式听证是指不采用司法型审判程序来听取意见，且不依笔录作为裁决唯一依据的一种程序模式。它不太强调听证的形式，只要使当事人得到一个表达意见的机会，也就满足了给予当事人听证的要求。[1]

将听证引入学生违纪问责程序具有重要意义。其一，学校可以借助听证更加详细地了解案情本身和学生的立场与态度，令违纪处分“与学生违法、违纪行为的性质和过错的严重程度相适应”。其二，听证可以保障学生的合法权益，不仅是正当程序原则的具体体现，也是“以学生为中心”的现代教育理念的具体体现。给予学生充分的表达权和参与权，有助于学生发自内心的理解、尊重并且服从学校作出的处分决定。

我国学生违纪处分制度在听证程序设置领域还有完善的余地。在基础教育阶段，我国《中小学教育惩戒规则（试行）》虽然规定了对学生实施教育惩戒的实体内容，确认了学生或者家长申请听证的权利[2]；但是一线中小学的教育惩戒实务中，很少有学校设置正式或非正式的听证程序，更多的是告知学生有权进行陈述与申辩。在高等教育阶段，《普通高等学校学生管理规定》中没有关于听证的规定。一些高校虽然在学生违纪处分办法中规定了听证，但没有对听证程序做具体安排，如《北京理工大学学生违纪处分规定》第四条、《北京大学学生违纪处分办法》第十二条。[3] 在听证适用范围上，不同高校的规定也有所出入，如北京师范大学规定当学校拟对开除学籍处分适用听证[4]，而浙江大学则规定适用留校察看和开除学籍两种处分[5]。从《中华人民

[1] 章剑生．行政听证制度研究［M］．杭州：浙江大学出版社，2010：17-19.

[2] 《中小学教育惩戒规则（试行）》第十条和第十四条规定。

[3] 《北京理工大学学生违纪处分规定》第四条规定：“学生对纪律处分有按程序陈述、申辩、申诉和要求听证等权利。”《北京大学学生违纪处分办法》第十二条规定：“院系提出处理意见前，须告知学生拟提出处理意见的事实、理由和依据，以及学生享有陈述和申辩的权利。如学生本人申请，院系应当召开听证会，听取本人的陈述和申辩以及其他相关方面意见。”

[4] 《北京师范大学学生违纪处分办法》第六十五条规定：“学校拟对学生处以开除学籍处分时，学生可以在接到拟处分通知书之日起10日内，向学校提出书面申请要求听证；超过期限未提出听证要求的，或者无正当理由未按时参加听证的，视为放弃听证权利。放弃听证权利的，不得再次提出听证要求。”

[5] 《浙江大学学生违纪处分规定》第三十三条规定：“学校在对学生作出处分决定前，应当听取学生或其代理人的陈述和申辩，学生享有充分的申辩权。对留校察看和开除学籍两种处分，在学校作出处分决定前，处分部门应告知学生有权申请听证。学生申请听证的，向学校听证委员会提出申请，按照《浙江大学听证制度实施办法（试行）》执行。”

共和国行政处罚法》第四十二条、《中华人民共和国行政许可法》第四十六条❶等行政法规对听证范围的设定来看，以对学生合法权益的影响程度来设定听证范围有其合理性。但是，学生违纪听证的适用范围到底是什么，尚没有统一的规范性文件作出规定，高校的自由裁量权较大。

学生违纪问责过程中，引入听证程序时宜同时建设正式听证和非正式听证。正式听证要举行正式的听证会，拟受处分的学生有权提出申辩意见与理由，并出示证据，参与质证与辩论。听证会工作人员要做好听证笔录，并将笔录作为最后裁决的依据。非正式听证只需要给予拟受处分学生口头或书面表达意见的机会，供学校作出处分决定的部门参考，不依笔录作为裁决的唯一依据。通过长时间的经验探索，西方发达国家已形成了一套以听证程序为核心的学生违纪处分制度❷。我国可以借鉴西方发达国家的经验，在形式上建立和完善校内正式听证程序，充分保障学生的合法权益。首先，明确听证的适用范围。如果任何处分都要启动正式听证程序，那么将极大浪费学校行政资源。我们认为，应当根据学生违纪处分的严重程度来确定听证的适用范围，将记过以上处分适用于正式听证。其次，各级各类学校应设立校内听证委员会，负责专门受理学生违纪惩戒的听证申请，做好准备正式听证与非正式听证的准备工作。最后，学校应以规范性文件的形式明确听证程序的相关要求，特别是正式听证，如人员回避标准，听证是否公开的标准等。

另外，非学术违纪行为与学术违纪行为应有不同的听证程序。“非学术违纪行为主要是指学生与学术无直接关联的、触犯校规或者法律的行为，主要是与学术判断无涉的事实调查与事实认定。”❸ 由于非学术违纪行为相对学术违纪行为的认定来说更加客观，学校一般遵循比较严格的听证程序，这样才能使学校对学生作出的处分决定更加客观公正。而学术违纪行为的认定由于涉及学术判断，具有主观性和可评价性，“学术判断的专业性可以阻止司法的

---

❶ 《中华人民共和国行政处罚法》第四十四条规定：“行政机关在作出行政处罚决定之前，应当告知当事人拟作出的行政处罚内容及事实、理由 、依据，并告知当事人依法享有的陈述、申辩、要求听证等权利。”《中华人民共和国行政许可法》第四十六条规定：“法律、法规、规章规定实施行政许可应当听证的事项，或者行政机关认为需要听证的其他涉及公共利益的重大行政许可事项，行政机关应当向社会公告，并举行听证。”

❷ 蒋后强，刘志强．中美高校学生违纪处分程序制度比较研究［J］．比较教育研究，2006（03）：59-64.

❸ 韩兵．高等学校的惩戒权研究［M］．北京：法律出版社，2014：209.

深层介入"[1]，一般不需要遵循严格的听证程序。因此，并不是所有的违纪行为都适合严格的程序标准，若对于学术违纪行为坚持举行正式的听证，则会对学术自由造成不利影响。[2]

### （三）违纪问责的惩戒

惩戒是学生违纪问责活动中管理程序的最后阶段，违纪学生将在这一阶段受到惩罚。学生违纪问责的惩戒程序主要包括决定、送达、执行与备案三个环节。对于学生违法犯罪的案件，学校应及时移交司法部门处理。

#### 1. 决定

决定是在处罚程序的第一个环节，是在违纪问责发起后，在事实清楚、证据充分、程序正当、依据明确的前提下，学校对违纪学生作出的处罚安排。其中，纪律处分必须以学校的名义作出。一般来说，由于学生违纪处分的轻重程度不同，处分决定的发布程序也会有所不同。对于警告、严重警告、记过等相对较轻的纪律处分，其处分文件需要学校相关部门提出意见并经过相关程序之后，由学生管教的校内行政职能部门形成处分文件，经主管校级领导签字批准后正式成文。而对于留校察看、开除学籍等相对较重的纪律处分，学校相关职能部门提出意见并在履行相关程序之后，形成初步的处分文件并上报校长办公会，校长办公会审议通过之后再由学校校长签批，最后正式行文；学校的纪律处分文件需上报业务主管的教育行政部门备案。有的学校专门设立了学生纪律处分委员会来负责纪律处分事宜，如北京理工大学《北京理工大学学生纪律处分规定》对学生纪律委员会的人员组成情况以及相关要求都有安排。学生纪律委员会在作出决定之前应听取学生的陈述与申辩，并根据违纪涉及事项的轻重、繁简、难易程度，依照回避原则，组织不少于五名与违纪事件无利害关系的委员举行会议。[3] 学校对违纪学生的处分，应当出具处分决定书。《普通高等学校学生管理规定》第五十三条对处分决定书的内容作出了规定："处分决定书应当包括下列内容：（一）学生的基本信息；（二）作出处分的事实和证据；（三）处分的种类、依据、期限；（四）申诉的途径和期限；（五）其他必要内容。"

---

[1] 韩兵．高校基于学术原因惩戒学生行为的司法审查：以美国判例为中心的分析［J］．环球法律评论，2007（03）：106-113.

[2] 韩兵．高等学校的惩戒权研究［M］．北京：法律出版社，2014：209-210.

[3] 《北京理工大学学生纪律处分规定》第四十条、第四十一条、第四十二条和第四十三条。

2. 送达

送达是学校履行告知义务的一个具体体现。对于未成年学生的违纪问责，学校应当在公布处理意见前通知学生的监护人，告知处分结果，要求监护人做好必要的思想准备和教育安排；然后再视情况决定是否通知学生。对于成年学生的违纪问责，学校在作出处分决定后，应该及时将拟处分学生的处分决定书送达学生本人。《普通高等学校学生管理规定》第五十五条对此作出了规定："处理、处分决定以及处分告知书等，应当直接送达学生本人，学生拒绝签收的，可以以留置方式送达；已离校的，可以采取邮寄方式送达；难于联系的，可以利用学校网站、新闻媒体等以公告方式送达。"目前，许多高校在对违纪学生的处分规定里基本都明确规定了对学生违纪处分决定书的送达要求。如《华中科技大学学生违纪处分条例》第二十六条第五项规定："学生处分的文件应送交学生本人。学生拒绝签收的，可以以留置方式送达；已离校的，可以采取邮寄方式送达；难于联系的，可以利用学校网站、新闻媒体等以公告方式送达（自公告发布之日起7个工作日后即视为送交）。"❶ 可以看到，学校规定的送达方式有多种，可以直接送达学生本人，以留置方式送达，或者以邮寄方式和公告方式送达。每一种送达方式都有法律效力。

**案例　杨某诉吉林某大学履行颁发学位证职责行政诉讼案❷**

杨某为吉林某大学外国语学院英语专业10级英语4班学生。2014年3月22日8时30分至11时45分，杨某在英语专业八级考试考场中利用带有答案的纸条作弊，并在吉林某大学考试违纪学生登记表中"违纪事实"一栏签字确认，随即退出考场。2014年3月25日，吉林某大学教务处根据《吉林某大学学生违纪处分办法》作出

❶ 类似规定还有《吉林师范大学学生违纪处分办法》第十二条："学校对学生作出处分，出具处分决定书，送达本人。开除学籍的学生报吉林省教育厅备案。处分决定作出后，学院将处分决定书送达学生本人，由学生本人在处分决定书上签字。本人拒绝签字的，则由送达人在处分决定书上说明拒绝签字的情况，或采用留置方式，并由在场的两名见证人签字证明。受处分学生未在校，由学院用挂号信的形式将处分决定书按受处分学生提供的地址邮寄给本人。若信件退回，则在回执上做好记录，并由两名见证人签字证明。受处分学生下落不明的，利用学校网站以公告方式送达。工作人员如实记录过程，并由两名见证人签字证明。"

❷ （2015）四行终字第12号。以程序不当判学校败诉的著名教育行政司法案件有田某诉北京某大学案。在该案中，学校对田某作出退学处分后，并没有直接向田某宣布处分决定和送达变更学籍通知，也没有给田某办理退学手续，因而田某对学校给自己的处分决定并不知情，更无法行使陈述与申辩的权利。学校在这一案件中由于送达程序没有做到位，侵犯了学生的知情权、陈述与申辩权等程序性权利，因此学校最终败诉也不足为奇。参见（1998）海行初字第142号。

关于对邓某某等15人考试违纪处分的决定，给予包括杨某在内的15人留校察看处分。次日，吉林某大学教务处将记载给予杨某留校察看处分内容的《关于对考试违纪学生处分的通报（二）》发表于教务处（2014）8期（总701期）教务简报。2014年6月11日，吉林某大学学位评定委员会根据《吉林某大学学士学位授予工作细则》第四条第二款规定，作出吉林某大学关于不授予2014届（2010级本科）考试舞弊学生学士学位的决定，决定对包括杨某在内的60名学生因考试舞弊，不授予学士学位。杨某认为学校拒绝授予其学士学位的行为违法，其中留校察看的处分决定和不予授予学位的决定均未送达本人，属于程序性违法，侵犯了其合法权益，依法提起行政诉讼，请求人民法院判令学校履行授予其学士学位的法定职责，并由学校承担本案诉讼费用。

在此案中，法院经审查发现吉林某大学对杨某等违纪学生作出留校察看处分后，学校教务处在该校教务管理系统网站上以教务简报（〔2014〕第8期）的方式向全校发布关于英语专业八级统一测试对杨某等考试违纪学生处分的通报。该网站在学校教育管理中被广泛应用，学校相关管理信息及信息公告等与学生学习生活密切相关的信息均在该网站公布。因此，吉林某大学在教务管理网站上公布对杨某的处分决定，杨某作为在校生能够及时知悉处分内容，其权利并没有受到实际影响，不足以改变所诉具体行政行为结果，应属行政程序的瑕疵问题。《行政诉讼法》规定，对行政程序上的瑕疵问题则不按照行政违法定案，可视为行政程序基本合法，所以最终学校胜诉。学校教务管理网站公布实为“公告送达”，具有法律效力。

学校应重视送达环节，建立送达制度，避免程序不当的风险。

3. 执行与备案

执行与备案是教育惩戒的环节。

在执行环节，学生有权申诉。根据《普通高等学校学生管理规定》第六十条和第六十一条，学生对学校的处理或者处分决定有异议的，可以在接到学校处理或者处分决定书之日起十日内，向学校学生申诉处理委员会提出书面申诉。学生申诉处理委员会对学生提出的申诉进行复查，并在接到书面申诉之日起十五日内作出复查结论并告知申诉人。情况复杂不能在规定限期内作出结论的，经学校负责人批准，可延长十五日。在学生申诉期间，一般不停止对原决定的执行。学生申诉处理委员会认为必要的，可以建议学校暂缓执行有关决定。如《华中科技大学学生申诉处理办法》第十六条："因退学或开除学籍而提出申诉的学生，学校可允许其暂缓办理离校手续，其修课、成绩考核等学习事宜，按照在校生办理。"受到开除学籍处分的学生[1]，由学校发给学习证明，并按照学校规定期限离校，学校将学生的档案、户口退回其家庭户籍所在地。定向就业研究生学生档案退回定向就业单位。

学校要做好学生违纪问责的备案工作。备案是指学校向主管机关报告事由存案以备查考。学校对违纪学生作出的处分决定书、相关证据资料及解除处分的材料，要真实完整地归入学校文书档案和本人档案。学校对违纪学生作出开除学籍处分决定，要向适格教育行政部门备案。学校要做好留痕管理，对违纪学生作出纪律处分的，每个处分都要备案以备之后的考查。对此，《高等学校档案管理办法》规定，对于学生的奖惩记录，学校应当对纸质档案材料和电子档案材料同步归档，并对档案进行整理、分类、鉴定和编号。学校还需采用先进的档案保护技术，防止档案的破损、褪色、霉变和散失。对已经破损或者字迹褪色的档案，应当及时修复或者复制。对重要档案和破损、褪色修复的档案应当及时数字化，加工成电子档案保管。另外，学校应当设立专项经费，为档案机构配置档案管理现代化、信息化所需的设备设施，加快数字档案馆（室）建设，保障档案信息化建设与学校数字化校园建设同步进行。[2] 通过备案，教育行政主管部门对学校的一些重要教育惩戒活动会有较为清楚的了解，既方便了教育主管部门对学校管教学生状况的把握，也有利于提高学校惩戒违纪学生的谨慎程度。

4. 违法犯罪的移送

在处置学生违纪行为的过程中，学校发现学生违法犯罪，应当及时移交公安机关处理。学生违法犯罪的移送应注意几点：

首先，学生违法犯罪是移送的大前提。《治安管理处罚法》《刑法》《行政处罚法》和《国务院关于修改〈行政执法机关移送涉嫌犯罪案件的规定〉的决定》中有涉及移送校内违法犯罪者的情形规定。其中，《治安管理处罚法》第二十三条规定，扰乱机关、团体、企业、事业单位秩序，致使工作、生产、营业、医疗、教学、科研不能正常进行，尚未造成严重损失的，处警告或者二百元以下罚款；情节较重的，处五日以上十日以下拘留，可以并处

---

[1] 因为义务教育阶段不适用开除学籍，所以应该开发更多替代性的教育惩戒方案，比如移送工读学校或由家长开展在家教育。

[2] 参见《高等学校档案管理办法》第十五条、第十九条、第二十一条和第三十八条规定。

五百元以下罚款。《刑法》中有关侵犯财产、人身权的犯罪和贪污贿赂类犯罪等，应移送司法机关。《行政处罚法》第五十七条第四项规定："调查终结，行政机关负责人应当对调查结果进行审查，根据不同情况，分别作出如下决定：……（四）违法行为已构成犯罪的，移送司法机关。"

其次，加强警校合作，确保移送工作顺利进行。公安机关应当加强警校合作，将校园及周边治安纳入社会治安防控体系，建立校园及周边治安形势研判、信息互通共享、联动应急处置工作机制，及时排查校园周边安全隐患。公安机关应按照规定在校园及周边建设警务室，建立健全校园周边日常巡逻防控制度，落实高峰勤务和护学岗机制。[1] 110是连接学校和公安机关的重要桥梁。部分有条件的学校在保卫处设有"校园110指挥中心"，而公安部门则设有110报警专线。校内的视频监控系统和紧急报警装置可接入公安机关的安监系统和报警平台，可依托网络平台和安监系统实现出警和监控的24小时全天候服务。学校与公安机关并网后，公安机关可以在接到学校的报警信息后及时、高效地出警处置案件。接警时，接警人员应该做好警情的收集工作，如求助事项、事发地点、求助者姓名、工作单位、联系电话等信息，同时作好出警准备。出警后，出警人员应通知学校保卫处派出人员，尽可能做到迅速"出警"防止事态扩大；如遇事态重大及紧急情况应联合其他部门迅速赶往事发现场。出警时，公安干警和保卫处等相关人员应在处置现场及时核实接警的警情内容。根据案情的紧迫程度，案件可分为一般案件、紧急案件和复杂案件三类。一般案件是指学校保卫处协同学院负责人就能够处理的案件；紧急案件是指事件发生快，保卫处人员需要先行处理的案件；复杂案件是指保卫处因缺乏执法权而无法处理的案件。一般案件不适用违法犯罪案件的移送，紧急和复杂的案件需要由保卫处人员配合警方提前"出警"，情况复杂且严重的还要及时联系当地派出所和医院展开应急处置。警务工作应做好记录和报告的工作，严格落实突发事件报告制度和事故处理报告制度，及时、认真、规范地记录，以备查考。

最后，应该注意学校安保人员履职却缺乏执法权的尴尬处境。具体来说有两点：一是违法阻却事由中的正当防卫和紧急避险不易被司法确认，容易导致安保人员明哲保身，无法起到安保的实际效果（见案例1）；二是安保人员因缺乏具体的执法权（如搜查扣押）导致学校在处置金额较少、情节轻微的人身财产案件时"束手无策"以致无所作为（见案例2）。

---

[1] 参见《湖北省学校安全条例》第十五条。

**案例 1**：2018 年发生在上海的一起保安正当防卫案件中，保安甲、保安乙因防卫犯罪人丙用水果刀劈砍，保安甲在犯罪人失去武器后用钝器将犯罪人丙打死（鉴定意见述犯罪人丙系被他人用钝器打击头部致颅脑损伤而死亡），案件一审判决以故意伤害罪判处保安甲有期徒刑六年六个月，保安乙三年三个月，二审撤销一审判决，以故意伤害罪判处保安甲有期徒刑六年，同时宣告保安乙无罪。❶

**案例 2**：学生甲某在打篮球时手机被盗。甲某联系“校园 110 指挥中心”后，学校保卫处调取了监控，但表示并无找寻被盗手机的义务。❷

在上述案件中，学校内设的保卫部门在无驻校警察的情况下，既不能检查嫌疑人的身份证，也不能在没有证据的情况下开展搜查和扣押活动。同时，校园监控的盲区会使校园安保受到限制，比如宿舍的房间内部不应安装监控，否则会涉嫌侵犯学生隐私。以上情况令学校安保人员在处置校园违法犯罪案件时仅能协助案件移送。协助包括但不限于以下情况：与驻校警察或者辖区派出所的联系，依托网络建立“警校联动云平台”“一键报警”机制；警情记录的告知；封锁和保护犯罪现场，不准任何人进入；人员伤亡的救助（拨打 120 或联系校医院）；其他协助情形。

## 二、学生违纪问责的主要原则

“原则”指一般性的重要规范。❸ 问责原则是指教育惩戒的问责主体对学生违纪行为问责时所应遵循的一般性的重要规范。学生违纪的问责原则主要有教育性原则、合法性原则、正当程序原则和比例原则等。

### （一）教育性原则

教育性原则是指学生违纪问责应以实现教育目标为根本目的，引导学生反思并改正自己的不当行为。学校是教书育人的场所，学生违纪问责应当以引导为主，惩罚为辅，使学生认识到问题所在。教育性原则已在学校的学生

---

❶ 陈友敏．吴亚安：案说正当防卫丨上海法院“十佳青年”［DB/OL］．（2020-09-11）［2021-10-31］．https://c.m.163.com/news/a/FM9DKA4S0514ILI0.html?spss=newsapp.

❷ 此为笔者调研所得案例。

❸ 德沃金．认真对待权利［M］．信春鹰，吴玉章，译，北京：中国大百科全书出版社，2002：17.

管教实务中广泛实践，如《清华大学学生违纪处分管理规定》《武汉理工大学研究生违纪处分办法》《华东师范大学学生违纪处分办法》等。这些校规中都有学生违纪问责要坚持教育与惩戒相结合的规定。[1]

教育性原则是学生违纪问责活动中需要坚持的首要原则。从根本上讲，违纪问责本身就是教育活动，是帮助违纪学生学法、知法、守法，开展法治教育的重要抓手。一位初中阶段的班主任曾讲过一个案例：

> 学生王某是班里的"问题学生"，常因一些不良行为受到家长和老师的批评。一次，王某因与校外学生打架受到学校作出的警告处分。班主任耐心地引导他，教他解读自身行为的消极意义，鼓励他好好表现，争取早日撤销处分。在课堂上，班主任会经常点他回答问题，调动他的上课积极性，并在其回答对问题时进行表扬，帮助他树立信心。此外，班主任发现王某较为活跃，在课堂上也喜欢与同学交头接耳。这扰乱了课堂纪律。对此，班主任并没有直接批评他，而是让他帮助老师一起管理班级纪律。王某在老师的支持下，慢慢改掉了自己的不良习惯，努力学习，积极为班级服务。学校最终撤销了对其的处分。

从上述案例可知，在王某受到警告处分后，班主任针对性地开展了教育引导工作，在实际的教育过程中不断地鼓励和支持王某改正不良行为，使王某成为对班级有所贡献的学生。班主任坚持教育性原则，没有以罚代教，更没有孤立排挤，才使得学生王某能够有信心正视并改正不良行为。当然，单纯说教的教育意义有限，难以起到实际上的规制作用。对那些违反学校纪律的学生，必须实事求是地分析具体个案，找到思想、经济等维度的深层原因，并针对性地提供支持，而不仅是寻求行为上的外观改变。

坚持教育性原则应开发长善救失的育人功能。人始终处于发展变化中，

---

[1] 《清华大学学生违纪处分管理规定》第三条规定："对学生进行违纪处理实行教育与处分相结合的原则，坚持教育为本、预防为主、惩前毖后、治病救人。对违纪学生的处理，应当做到程序正当、证据充分、依据明确、定性准确、处分适当；尊重并保障学生陈述、申辩、要求听证和申诉等权利。"《武汉理工大学研究生违纪处分办法》第三条规定："处理违反纪律的学生，坚持教育与处分相结合的原则；实施纪律处分应当按规定的程序进行，以事实为依据，与违纪行为的性质、情节和过错的严重程度相适应。"《华东师范大学学生违纪处分办法》第三条规定："给予学生处分，坚持教育与惩戒相结合，与学生违法、违纪行为的性质和过错的严重程度相适应。对学生的处分，应当做到证据充分、依据明确、定性准确、程序正当、处分适当。"

观念和行为也始终处于发展变化中。“长善”是指发现学生的优势，并因势利导地加以利用和发扬；“救失”是指发现学生的缺点，通过端正思想来正视不足，使其改正缺点。学生违纪，一来说明其在教育者看来有需“救失”之处，二来并不能因为违纪就否定其“长善”的客观性和可能性。《学记》有云“学者有四失，教者必知之。人之学也，或失则多，或失则寡，或失则易，或失则止。此四者，心之莫同也。知其心，然后能救其失也。教也者，长善而救其失者也。”❶ 虽然学生违纪了，但是并不代表其全方位不行。有的学生虽然会在课堂上左顾右盼、交头接耳，难以认真听讲，但是这类学生往往热情开朗，愿意帮助遇到困难的同学，乐于参加各种志愿活动；有的同学虽然学习认真、遵规守纪，但是也有可能存在自私冷漠，不愿意帮助同学等问题。是优点就要表扬、发扬，不仅不能“一好代三好”，更不能因为违纪就抹杀其全部长处。我们应该批判和辩证地看待学生违纪，教学相长。因此，问责违纪学生时，我们要根据学生个性特点、违纪行为的特殊性开发有针对性的教育方式，不能搞问责“一刀切”。学生违纪后，问责主体不能一味地惩罚或苛责，应当引导学生辨明是非，理解规则背后的价值判断，进而使学生成为遵纪守法者的同时成为纪律的解读者、捍卫者和改革者。

### （二）合法性原则

“合法性意味着教育惩戒的法治化，是教育惩戒权行使的逻辑前提。”❷行政法中的合法性原则主要包括“法律优先原则”和“法律保留原则”。“法律优先原则”强调法律的效力高于一切行政行为的效力，一切行政行为要受到既有法律的约束；“法律保留原则”是指行政机关的行为必须要获得法律上的授权，行政行为才具有合法性。❸ 一方面，教育权具有“高权行政”的特征；另一方面，教育对象的特殊性要求“教无定法”，所以学生违纪问责所遵循的合法性原则主要指的是法律优先原则，即问责主体对学生违纪行为的问责要遵循既有法规规定。合法性的内涵主要包含实体合法性、程序合法性和目的合法性三个层面。❹ 由此，学生违纪问责所要遵循的合法性原则主要包括

---

❶ （西汉）戴圣．礼记［M］．张博，译．沈阳：万卷出版公司，2019：239.

❷ 马焕灵，曹丽萍．论教育惩戒的限度［J］．湖南师范大学教育科学学报，2020，19（04）：71-77.

❸ 申素平，郝盼盼．高校开除学籍处分规定的合法性与合理性审视——基于 8 所“985”大学校规的分析［J］．北京大学教育评论，2017，15（02）：53-62，188.

❹ 尹力．教育法学［M］．2 版．北京：人民教育出版社，2015：285-286.

问责形式、问责程序和问责目的三个层面的合法性。

1. 问责形式的合法性

问责形式的合法性是指教育问责主体在问责时的方式方法需要符合法规规定，至少是不违背禁止性规定。个别学校的学生违纪处分规定涉嫌违法，比如罚款、长时间逐出教室等。罚款是行政处罚的种类之一，根据我国《行政处罚法》的规定，只有具有行政处罚权的行政机关才可以依法实施行政处罚，否则行政处罚无效。[1] 学校在学生管教活动中并没有行政处罚的授权，罚款行为侵犯了学生的财产权利。在学生违纪问责实务中，有些教师会在告诫无效的情况下将学生逐出教室，使学生不能继续听课，甚至会要求学生停课。这些处理在合理范围内适当运用是可以的，但不宜过度使用。以罚代教的惩戒方式是不可取的。这不仅不会使学生认识错误，理解惩罚的积极意义；还可能使学生产生逆反心理，做出更恶劣的行为。

2. 问责程序的合法性

问责程序的合法性是指问责过程要遵守的方式、步骤、顺序与时限是合法的，应当遵循法规的规定。问责程序的合法性是保证正义实现的基本要求，如果问责程序的合法性没有得到实现，那么学生的程序性权益就很难得到充分的保障。田某诉北京某大学案[2]就是一个最好的例证，北京某大学因没有将处理决定向田某本人宣布、送达，也没有允许田某本人提出申辩意见，出现了问责程序上的瑕疵，没有充分保障田某的程序性权利，所以田某胜诉。问责程序的合法性要求教师和学校对学生违纪惩戒应做到以下几点：一是应将学生违纪事实和惩戒形式告知学生及其监护人，并告知学生享有陈述与申辩的权利；二是若学生受到对他们的利益有重大影响的处分，学校应以召开听证会等方式保障其程序性权益；三是应将学生违纪处分决定书送达学生，并告知其可以寻求的救济途径。

3. 问责目的的合法性

问责目的的合法性是指学生违纪问责的根本目的应合法，不得违背相关

---

[1] 《行政处罚法》第四条规定："公民、法人或者其他组织违反行政管理秩序的行为，应当给予行政处罚的，依照本法由法律、法规或者规章规定，并由行政机关依照本法规定的程序实施。"第十七条规定："行政处罚由具有行政处罚权的行政机关在法定职权范围内实施。"第三十八条规定："行政处罚没有依据或者实施主体不具有行政主体资格的，行政处罚无效。违反法定程序构成重大且明显违法的，行政处罚无效。"

[2] （1998）海行初字第142号。

法规。《中小学教育惩戒规则（试行）》第二条规定："教育惩戒，是指学校、教师基于教育目的，对违纪违规学生进行管理、训导或者以规定方式予以矫治，促使学生引以为戒、认识和改正错误的教育行为。"第三条规定"学校、教师应当遵循教育规律，依法履行职责，通过积极管教和教育惩戒的实施，及时纠正学生错误言行，培养学生的规则意识、责任意识。"可见，学生违纪问责目的的合法性与教育性原则紧密相关，其出发点是为了使学生反省自身问题，改正失范行为。问责目的的合法性要求问责主体对学生违纪惩戒做到以下几点：首先，对于学生违纪不能一味惩罚，而是选择合适的惩戒方式进行教育，使学生反思自己的行为，理解惩戒背后的价值意义；其次，问责过程中应尊重学生的人格，不得侵犯学生的合法权益；最后，问责应做到客观公正，针对学生的失范行为进行问责而不是针对某个学生。

### （三）正当程序原则

正当程序原则起源于英国古老的自然正义原则，包含两个规则：一个人不能在自己的案件中做法官；人们的抗辩必须被公正地听取。[1] 第一个规则要求任何人不能审理自己或与自己有利害关系的案件，案件的裁决者不能与该案件本身有直接的利害关系，以免影响公平公正。第二个规则意味着任何人在受到惩罚或者其他对其不利的干预措施时，应该享有陈述、申辩抑或听证的机会，即人人都有辩护和防卫的权利。在"田某案"中，学校的处理决定没有向田某本人宣布、送达（包括公告送达），田某本人自然没有陈述、申辩的机会，学校也未实际办理注销学籍、迁移户籍和档案等退学手续。学校因违背正当程序原则而败诉，学生的合法权益得以保障。因此，正当程序成为防止权力滥用、捍卫合法权益的重要武器。

坚持正当程序原则对规范学校的教育惩戒权具有重大意义。

第一，防止学校滥用教育惩戒权，特别是自由裁量权。在管教学生时，高校的自由裁量权比较宽泛。根据《普通高等学校学生管理规定》第六十七条[2]规定，各高校可以根据学校实际情况制定或修改学校的学生管理规定或者纪律处分规定。这为高校行使惩戒的自由裁量权提供了法规依据。然而，高

[1] 申素平．教育法学：原理、规范与应用［M］．北京：教育科学出版社，2009：153.

[2] 《普通高等学校学生管理规定》第六十七条："学校应当根据本规定制定或修改学校的学生管理规定或者纪律处分规定，报主管教育行政部门备案（中央部委属校同时抄报所在地省级教育行政部门），并及时向学生公布。"

校并非专业的立法机关，且各校具体的办学目标和办学水平存在差异，校本的学生管理规定或者纪律处分规定质量参差不齐实属正常。校规的规范性不足，少数高校的校规甚至会有违法规定的内容。加之高校内部职能分工较为分散，政出多门实属常见。如果不坚持正当程序原则，则学校滥用学生管教权的情形不易被规制。

第二，提升违纪处分决定的公正性和可接受性。学校作出违纪处分的决定之前，不仅要告知学生所受到的具体指控、处分依据的规定、相关支持证据，而且要允许学生陈述与申辩。处分决定作出后，还要通知学生，并告知学生寻求救济的途径，比如申诉、诉讼等。学生通过告知、陈述、申辩、申诉等方式参与到学校的处分决定程序，从而使学校教育惩戒权的行使具有更强的公正性和可接受性，各方更容易从心理上理解并接受学校的惩戒决定。

第三，保障学生的合法权益不受不法侵害。《普通高等学校学生管理规定》将对学生的违纪处分明确为“警告”“严重警告”“记过”“留校察看”和“开除学籍”五种类型❶。以对学生在学的学籍状态是否有颠覆性影响为标准，可以将这五种处分类型分为“开除学籍”和“其他”两类。其中，“开除学籍”会使学生丧失在籍身份，应当适用更为严格的程序审查标准，前四种则只需采用相对宽松的正当程序审查标准即可。❷

### （四）比例原则

比例原则起源于19世纪的德国警察法学，因契合法治理念及基本权利之本质，不断发展成为限制行政权的有效手段，最终提升到宪法位阶。❸ 比例原则是指行政主体在实施行政行为时，应兼顾行政目标的实现和相对人权益的保护，在作出行政处罚决定并可能对相对人的权益造成某种不利影响时，应将这种不利影响限制在尽可能小的范围内，使“目的”和“手段”之间处于适度的比例。❹ 比例原则是教育惩戒权作为公共权力必须遵守的法律原则。因为公共权力以暴力作后盾来确保公共利益的实现，对个体的自由意志和私人

❶ 《普通高等学校学生管理规定》第五十一条。

❷ 虽然开除学籍、撤销或者拒授学业证书会对违纪学生个人的教育利益造成重大影响，但是此举一来维护了学位竞争的公共秩序，二来并没有剥夺当事学生的受教育权，具体来讲是没有否定学生学业表现获得公正评价的权利。参见黄道主．论高校处分违纪学生之裁量权的行使偏差［J］．复旦教育论坛，2017，15（05）：35-41，112.

❸ 吴鹏．谈高校学生处分行为中比例原则的适用［J］．教育与职业，2007（20）：46-47.

❹ 申素平．教育法学：原理、规范与应用［M］．北京：教育科学出版社，2009：153.

利益而言具有强制性，所以比例原则是平衡权力与权利的必要条件。[1] 它具体可以分为三个子原则：适当性原则、必要性原则和狭义的比例原则。[2]

1. 适当性原则

适当性原则又称合目的性原则，是指法律所规定的手段和方式或行政主体行使行政权力所采取的措施和方法应有助于行政目的的实现，否则即为违反了适当性原则。该原则的内涵要求行政行为目的的适当性及手段对于达成目的的有效性。[3] 学生违纪问责必须以实现官方的教育目标为根本目的，具体表现为维护学制体系的正常教育秩序和促进学生个体行为符合社会主流规范。问责目的不能偏离教育本位。问责主体若出于其他目的，比如方便管理、伺机报复、发泄情绪等，均偏离了教育本位，将直接导致违纪问责的实质合法性丧失。也就是说，对学生的违纪行为进行问责必须要恪守教育本位，问责本身不是目的，根本目的是为了让学生反思自己的行为，认识错误，改正行为。

2. 必要性原则

必要性原则又称最少侵害原则，是指行政权力对私人权益的影响不得超越实现行政目的的必要程度。“必要”是指对不可避免的侵害，行政机关只能选择损害最小、为达成目的已无可避免的侵害手段，即最温和的手段来实施。[4] 即在满足适当性原则的要求后，行政机关在所有能够实现行政目的的方式中，必须选择对私人权益损害最小、影响最轻微的方法。该原则的适用前提是同时存在若干适于达成行政目的的手段。只有唯一手段可达成目的时，必要性原则无法适用。该原则的焦点在于各手段间的比较与取舍上。

必要性原则是比例原则的核心内容，源于1882年7月14日普鲁士高等法院的“十字架山案”[5] 判决。在柏林市郊有一座“十字架山”，该山上建有一个胜利纪念碑。为了让该区所有居民能看到这座纪念碑，便以警察有“促进社会福祉”的权力与职责为由，公布一条“建筑命令”，规定今后该山区附近居民建筑房屋的高度得有一定的限制，即不能防碍柏林市民眺望纪念碑的视

---

[1] 黄道主. 效率与公平：我国中小学惩戒的合法性研究［M］. 北京：知识产权出版社，2019：194.

[2] 申素平. 教育法学：原理、规范与应用［M］. 北京：教育科学出版社，2009：154.

[3] 万金店. 比例原则在高校学生处分中的适用研究［J］. 教育探索，2009（05）：51-53.

[4] 万金店. 比例原则在高校学生处分中的适用研究［J］. 教育探索，2009（05）：51-53.

[5] 王雅琴. 德国公法的比例原则［DB/OL］.（2014-11-03）［2021-10-31］. http://theory.people.com.cn/n/2014/1103/c40531-25961591.html.

线。法院认为，警察机关以促进社会福祉为由出台“建筑命令”，并未得到法律授权，不是必要措施，因此予以撤销，判决该命令无效。该判决宣示了行政权力必须依法律及在必要的范围内限制人权。必要性原则要求学校的问责活动合乎情理，需同时兼顾学校教育目标的实现和学生权益的保护。施加教育惩戒的不利影响更应得到限制，运用批判、辩证等方法实现消极向积极的转化，尽可能选择对学生权益损害小的方法，降低纠纷发生的可能性。

3. 狭义的比例原则

狭义的比例原则也称“法益衡量原则”“过度禁止原则”“相当性原则”“相称性原则”，是指公权力干预或限制公民自由所造成的损害必须小于能够实现的公共利益。这不仅要求公权力的行使手段与所要实现的公共利益之间的适当性和必要性，也要求公权力的行使需在社会公共利益的实现与公民自由权利的保护之间进行法益衡量。❶ 也就是说，行政手段对相对人权益的损害必须要小于行使该行政手段所能实现的社会公共利益。在学生违纪问责领域，狭义的比例原则主要是针对教育惩戒影响的利益而言的，指惩戒形式所侵害的受惩者利益与惩戒者欲维护的利益之间的权衡，即预期收益要大于可能的成本。对于问责主体而言，这是个主观衡量的过程；但是同一问责主体在不同的个案、规则之间，应坚持“一把尺子量到底”，尽量遵循相对稳定的外部可观察的标准。这主要通过形式合法化来实现。❷

一般来说，适当性原则是必要性原则的前提。某项措施只有符合了适当性原则，才能考察是否符合必要性原则。而狭义的比例原则相对于前两个原则来说则处于更高层次，适当性原则和必要性原则必须遵循立法目的，狭义的比例原则则允许在追求目的之手段造成过大副作用和严重侵犯社会主体主要利益时，可以放弃对立法目的的追求。也就是说，某项措施即使符合了前两个原则的要求，也不一定符合狭义的比例原则的要求，狭义的比例原则可以否定必要性原则和适当性原则所无法排除的不成比例的手段。❸

### （五）权利保障原则

权利保障原则是指问责主体在学生违纪问责过程中，不得侵犯学生的合法权利，应该保障被处分学生的合法权益。一方面，学生作为国家公民，享

❶ 黄厚明，徐环．基于比例原则的高校自主管理权行使研究［J］．高教探索，2020（05）：31-35.

❷ 黄道主．效率与公平：我国中小学惩戒的合法性研究［M］．北京：知识产权出版社，2019：196.

❸ 万金店．比例原则在高校学生处分中的适用研究［J］．教育探索，2009（05）：51-53.

有公民的基本权利；另一方面，学生作为受教育者，享有国家教育法规规定的受教育权利。这些权利被国家法律确认和保障，任何组织、个人都不得非法侵犯。

在违纪问责活动中，学生的合法权利亟须问责主体，特别是学校的重视和保障。现代法治要求学校树立权利保障理念。在学生违纪问责过程中，校方不应非法侵犯被问责学生的人身权、财产权，应当保障学生的知情权、参与权、寻求救济权等权利。落实权利保障原则，主要是完善问责的程序和实体，不断建立和完善学生权利的保障机制与救济制度。

### （六）公开公平公正原则

公开、公平、公正是现代行政程序法的重要原则，要求有关行政管理的所有信息，除涉及国家秘密、商业秘密和个人隐私外，都应当公开；行政管理过程必须充分反映公共利益和个体利益以及个体利益之间的均衡，实现公平、公正的目的价值。[1] 学校在对学生进行违纪问责的过程中，也应坚持公开、公平、公正的原则。

#### 1. 公开原则

公开原则是指行政机关在实施行政行为时，除涉及国家机密、商业秘密者、个人隐私外，相关信息应当一律向行政相对人和社会公开。[2] 公开原则要求问责主体在问责违纪学生时，所依据的规则、所掌握的证据以及作出违纪处分决定的程序和结果均要依法公开，确保被问责学生有获得权利救济的机会和相关利益主体有知情的可能。

首先，违纪问责所依的法规和其他规范性文件必须公开。学校依据法规制定的学生管理规定或违纪处分条例必须向学生公布。其次，问责程序需要公开，要允许学生参与到问责程序之中。学校在作出学生违纪处分决定之前应当告知当事人处分的事实、理由和法规依据以及当事人享有的权利。最后，学校作出的学生问责决定应当公开，让被问责学生明确知晓自己所受惩戒的内容。当然，惩戒决定涉及学生个人隐私的，问责主体应充分权衡利弊和合法性再做决定。

#### 2. 公平原则

天公平而无私，故美恶莫不覆；地公平而无私，故小大莫不载。公平意

---

[1] 姜明安．行政法与行政诉讼法［M］．7版．北京：北京大学出版社，2019：227.

[2] 牛凯．行政程序法基本原则探讨［J］．河北法学，2000（06）：111-114.

味着权责利一致，即每个参与社会合作的主体均应当承担责任，拥有权力享有利益，且责任与利益之间应保持大体平衡。公平也意味着作为权威的第三方平等地对待当事人，不歧视、不偏袒。我国《宪法》第三十三条规定："中华人民共和国公民在法律面前一律平等。"学生作为自然人，是国家的公民，其正当的权责利受到国家保护，且法律面前人人平等。在问责违纪学生时，坚持公平原则就是在问责所有违纪学生时都应力求一致和公平，避免发生对学生违纪行为类型情节较为严重的处罚反而较轻，而对学生违纪行为类型情节较为轻微的处罚反而较重的不公平的畸轻畸重现象。

3. 公正原则

办事公道、不徇私情是公正原则的基本精神，能够平等对待具有不同身份、民族、性别、信仰等背景信息的自然人。公正原则包括实体公正和程序公正两方面。实体公正要求依法办事，不偏私，合理考虑相关因素，不专断；程序公正要求自己不做自己的法官，不单方接触，不在事先未通知和听取相对人陈述、申辩意见的情况下作出对相对人不利的行为。[1] 公正原则要求教育问责主体在问责过程中依法问责，不带主观偏见。很多学校的违纪处分规定坚持公正原则，强调以事实为依据秉公处理的必要性。如《首都师范大学学生违纪处分规定》第二十四条规定："学校在处分学生时，要坚持公平、公正、公开的原则，做到程序正当、证据充分、依据明确、定性准确、处分恰当。"[2]《同济大学学生违反校纪校规处分规定》中规定了参与学生违纪处理的人员要求，与当事人是近亲属关系、与案件有利害关系、或者与当事人存在可能影响案件公正处理的其他关系的人员应当自行回避，当事人也可以申请这些人员进行回避以保证案件处理的客观公正。[3]

问责违纪学生，公开、公平、公正原则的具体落实应遵照邓小平同志提出的"有法可依，有法必依，执法必严，违法必究"的法治建设十六字方针，坚持以事实为依据，以法律为准绳。学校在执行惩戒规定时，应前后一贯，做到公开、公平、公正。此原则符合社会主义法制的要求，能规避不必要的惩戒纠纷，起到促进集体意识形成的教育效果。

---

[1] 姜明安．行政法与行政诉讼法［M］．7版．北京：北京大学出版社，2019：81.

[2] 首都师范大学学生违纪处分规定［EB/OL］．（2013-01-10）［2021-10-27］．https://www.cnu.edu.cn//xywh/glgd/26225.htm.

[3] 《同济大学学生违反校纪校规处分规定》第三十五条规定："参与违纪处理的人员有下列情形之一的，应当自行回避，当事人可以申请他们回避：1. 是当事人近亲属的；2. 与案件有利害关系的；3. 与当事人有其他关系的，可能影响案件公正处理的。"

### （七）及时性原则

迟来的正义非正义。及时性原则源于英国法谚，指司法判决要及时，否则，即使司法裁判是公正的，因为裁判过迟，或者告知当事人过迟，案件处置结果也将是非正义的。学生违纪行为的惩戒也应坚持及时性原则，及时调查清楚事实真相，及时做出裁决并告知当事人。这样有利于实现两个目标：一是尽快调查清楚学生是否违纪，弄清违纪的事实真相，从而尽早实现对违纪学生的惩戒，防止学生再次做出不当行为；二是避免“程序即惩罚”，即旷日持久的问责程序耗费问责活动参与者的时间、精力等各种资源，导致问责活动的社会效益变差。特别是对当事人，“违纪嫌疑人”处于被怀疑、被调查的不确定状态，长时间煎熬会影响到正常生活；权益受害者则处于期望公正裁决的期盼之中，时间过长会令其丧失对教育救济、行政救济、司法救济的信心，转而寻求自力救济；旁观者也会因“热度已过”而“反响全无”，形成对问责主体的刻板印象。

**案例　清华学姐污蔑学弟猥亵❶**

2020年11月17日中午，清华大学某食堂正在排队打饭的2020级男生蔡某在拿书包的过程中，书包带不小心打到了身旁一位2019级学姐的臀部。学姐回头发现蔡某，一口咬定其猥亵自己。蔡同学连忙解释是书包带不小心碰到了，并且向学姐道歉。但学姐坚持认为蔡同学是以书包作为遮挡，用手摸了自己的臀部，并记录了蔡同学的学生卡信息。当晚，学姐在自己的朋友圈发布了蔡同学的基本信息，表示出虽然自己不能把他怎么样，但是要让大家都知道他的行为。第二天，蔡同学在周围老师同学的帮助下调取了食堂的监控视频，监控显示确实是书包带碰到的。学姐当即又表示要和解，但需要互相道歉。

此案中，“清华学姐”在未经查证的情况下就在社交平台上擅自公开污蔑他人有不当行为并公开他人个人信息，引来“吃瓜群众”评价蔡同学的长相、身世，甚至给他发恐吓短信，这给蔡同学带来了极大的困扰。如果没有及时调取监控以查明事情真相，很难想象蔡同学会面临何种舆论暴力，并以何种

❶ 唐峋蕊．清华学姐事件：以暴制暴是对正义的践踏［DB/OL］．（2020-11-21）［2020-12-27］．https://news.sina.com.cn/o/2020-11-21/doc-iiznezxs2913359.shtml.

心态来面对此事。因此，学生违纪问责应坚持及时性原则。

（八）“罪刑法定”原则

1789年，法国《人权宣言》第五条规定：“法律仅有权禁止有害于社会的行为。凡未经法律禁止的行为即不得受到妨碍，而且任何人都不得被迫从事法律所未规定的行为。”罪刑法定原则得以据此依法确立。之后，罪刑法定原则在不同国家以不同形式确立，成为刑法中的一项最重要的原则。❶ 我国《刑法》第三条明确规定了罪刑法定原则，即“法律明文规定为犯罪行为的，依照法律定罪处刑；法律没有明文规定为犯罪行为的，不得定罪处刑。”学生违纪问责的“罪刑法定”原则是指学校或教师在问责违纪学生时，要依据法规、校规和具有约束力的其他规范性文件的规定处理。文件没有明确规定的不当行为、惩戒形式，学校在定性与问责时要十分谨慎。“罪刑法定”原则有利于防止权力的滥用。在教育实务中，学校、教师滥用惩戒权的现象并不少见。

**案例　江西抚州一小学生因畏惧罚站蹲马步跳楼自残❷**

2019年6月11日，江西省抚州市广昌县实验小学五年级学生小美（化名）跳楼自杀致残损害赔偿案在广昌县人民法院公开开庭审理。13岁的小美泣不成声，哽咽着说出去年跳楼自杀的原因：“我字写得不好，罚抄作业会被老师没收作业本、罚站、蹲马步，然后拍照片发到家长群里去，我受不了这样……”2018年9月，应某某担任小美所在班级的语文老师。2018年10月18日下午，应某某要求不能背诵课文的29名同学罚抄课文3遍。小美在课后写下遗书“我受不了应老师对学生的qi压，我说我早就不想活了”。放学后，小美大哭着跑到临时借宿的姑姑家，从六楼跳下。经抢救，虽保住生命，但造成身体一处二级伤残、一处七级伤残、一处八级伤残、两处十级伤残，终身瘫痪。

此案中，罚站、蹲马步等教育方法是否科学是争议的焦点。小美方认为教师行为是教育部明令禁止的体罚行为，教师在家长群里通报学生的受罚情

❶ 刘平. 法治与法治思维［M］. 上海：上海人民出版社，2013：84.

❷ 叶子悦，孝金波. 江西抚州一小学生因畏惧罚站蹲马步跳楼自残［DB/OL］.（2019-06-13）［2021-08-25］. http://legal.people.com.cn/n1/2019/0613/c42510-31134955.html.

况，这是在体罚学生之后，进一步对受罚学生实施人格罚。学校方坚称应某某的教育方法没有超过学生的承受范围，应当允许应某某这样教学。以往，我国法规并没有对罚站、蹲马步这类惩戒方式有具体细致的规定，教师在惩戒过程中容易滥用并引发惩戒纠纷。2021 年施行的《中小学教育惩戒规则（试行）》规定：教师在教育教学管理、实施教育惩戒过程中，不得对学生实施超过正常限度的罚站、反复抄写，不得强制学生做不适的动作或者姿势，不得做出刻意孤立等间接伤害学生身体、心理的变相体罚。[1] 至此，罚站、蹲马步这类惩戒方式终于在法规中有了相对明确的规定。

### （九）“有刑必罚”原则

所谓“有刑必罚”原则，是指学生的失范行为达到了法规、校规和相关规范性文件规定的惩戒标准，就必须惩戒。“有刑必罚”既是对学生违纪问责的相关规定的肯定，也是为了打消学生的侥幸心理。“有刑必罚”原则既有利于教育场域的相关利益者树立规则意识，彰显法治精神，使学生更好地约束言行，避免做出不当行为，也有利于督促校方的问责主体积极履行管教职责，在发现学生违纪后积极作为。

#### 案例 课堂上，同桌打架一人死亡[2]

2008 年 6 月 12 日上午 10 时许，安徽省长丰县某中学七年级二班的两个学生杨某和陈某在课堂上因座位纠纷发生冲突而相互推打到一起，持续时间约一分钟。正在上地理课的杨老师批评道：“你们要是有劲，下课到操场上去打。”随后两位同学把他们拉开，杨老师继续上课。但是，学生杨某随后病发并被送医，最终抢救无效死亡。

在此案中，学生杨某和陈某在课堂上因座位纠纷发生冲突而相互推打到一起，违背了《中学生日常行为规范》，理应立即被制止并受到教育惩戒；然而杨老师放任不管，不仅没有及时履职，比如批评教育，而且说出“你们要是有劲，下课到操场上去打”的话。可见，杨老师没有坚持“有刑必罚”原则和及时性原则。教育不仅是理性知识的灌输，更是对情感态度的熏陶。只“灌”书不育人的课堂教学不能称得上是好教育。《教师法》第八条明确规

---

[1] 参见《中小学教育惩戒规则（试行）》第十二条。

[2] 殷平，袁星红．课堂上，同桌打架一人死亡［DB/OL］．（2008-06-14）［2021-08-17］．http://news.sina.com.cn/o/2008-06-14/112314017549s.shtml.

定："制止有害于学生的行为和其他侵犯学生合法权益的行为，批评和抵制有害于学生健康成长的现象。"作为法定义务，教师在课堂上发现学生打架就应立即制止并加以管教，不应怠于履行管教义务。类似的"有刑不罚"的行为应当受到批判。

另外，"有刑必罚"并不意味着"以罚代教"。违纪惩戒的同时还要做好违纪学生的教育补救工作，使学生从认知、情感和价值观的层面理解并最终改正不良行为。

### （十）职权法定原则

职权法定是指在学生违纪问责活动中问责主体的职权由法规作出明确规定。也就是说，教育行政部门、学校、教师、监护人、司法部门等学生违纪问责主体需要在法规规定的职权范围内问责，超越职权范围的惩戒无法律效力。坚持职权法定原则有利于各违纪问责主体正当行使教育惩戒权，可以减少教育问责主体怠于履职和滥用职权的行为。

《中小学教育惩戒规则（试行）》中对教师和学校进行学生违纪惩戒的情形和方式作出了明确规定。教师在教育教学和日常管理的过程中，对于违纪情节较为轻微的学生，可以当场实施点名批评、责令赔礼道歉、做口头或者书面检讨等适当的教育惩戒，并在之后以适当的方式告知学生家长。而对于违纪情节较重、经当场教育惩戒拒不改正或者违纪情节严重、影响恶劣的学生的惩戒，已经超越了教师的职权范围，应由学校采取安排德育工作负责人予以训导、安排接受专门的校规校纪、行为规则教育等方式给予教育惩戒。学校根据学生违纪行为的严重程度，可以给予警告、严重警告、记过或者留校察看的纪律处分。对高中阶段学生，还可以给予开除学籍的纪律处分。[1] 这样明确的职权划分，可以使教师和学校在各自的职权范围内对违纪学生进行惩戒，从而有效减少怠于履职和滥用职权的行为。

根据《普通高等学校学生管理规定》，学校在对学生作出涉及学生重大权益的处理或者处分决定时，应当提交校长办公会或者校长授权的专门会议研究决定。[2] 依据职权法定原则，高校其他职能部门不能随意作出开除学籍的处

[1] 《中小学教育惩戒规则（试行）》第八条、第九条和第十条。

[2] 《普通高等学校学生管理规定》第五十六条规定："对学生作出取消入学资格、取消学籍、退学、开除学籍或者其他涉及学生重大利益的处理或者处分决定的，应当提交校长办公会或者校长授权的专门会议研究决定，并应当事先进行合法性审查。"

分决定。在高校，由于没有正式的法律法规对高校内部学生违纪问责各个主体的权责作出明确规定，在实际的学生教育问责实务中，高校内部各个职能部门权责混乱，极易导致在学生作出违纪行为后无人及时问责，各职能部门相互推诿的情形，进而使违纪学生继续为所欲为，给学校带来不良影响。因此，我国应完善相关法律法规明确高校内部的学生违纪管理相关职能部门的权责，另外，各个高校在制定学生违纪处分规定时，也应划分好校内各个职能部门的权责，防止权力滥用或者消极履职的行为发生。

# 第四章

# 学生违纪问责不当的救济

法定权利[1]可分为第一性权利和第二性权利。第一性权利又称原有权利，是直接由法律赋予的或由法律授权的主体通过依法活动创立的权利，如财产权、缔约权等。第二性权利则被称作补救权利或救济权利，是指在原有权利受到侵害时所产生的权利，如诉讼权、恢复合法权益的请求权等。[2] 可见，救济是指为了补救利益损失而采取的措施，即无侵害或损失即无救济。此处，利益必须是受害者的合法利益，即权利化的利益。[3] 学生权利救济就是指学生在其合法权益受到侵害后为补救利益损失而采取的措施。一般来说，当学生认为问责主体在问责过程中侵害自身合法利益，即学校、教师或家长等主体处置学生违纪问题时问责不当且有损法益时，学生为了补救自身利益会行使救济权。

## 一、问责不当的主要情形

学生因校方违纪问责不当而发起的司法诉讼较多。如何判定问责主体对学生违纪行为的问责是否得当？一般而言，违背具体法则规定的情形较容易辨别，而违背了教育原则、比例原则和正当程序原则等抽象共识的情形较难识别。

---

[1] 除了法规直接明文规定的权利之外，法定权利还包括“推定权利”，即“根据社会经济、政治和文化发展的水平，依照法律的精神和逻辑推定出来的权利”。参见李晓燕．学生权利和义务问题研究［M］．武汉：华中师范大学出版社，2008：7.

[2] 张文显．法理学［M］．5版．北京：高等教育出版社，2018：134.

[3] 陈焱光．公民权利救济基本理论与制度体系建构研究［M］．武汉：长江出版社，2013：21.

### （一）违背教育原则

违背教育原则，是指问责主体在问责时没有以学生个体和集体的长远发展为着眼点，没有把执法、守法、司法和法治教育结合起来。换言之，就是家长、学校或教师等主体在问责违纪学生时，没有以思想教育为主，而是过分强调行政和司法的强制手段，未能引导学生自觉学法、知法和守法。为了实现育人目的，教育法规政策必须从“以人为本”的教育立场出发，尽可能降低不良影响对人产生的不可逆的消极影响。根据“坚持教育与惩戒相结合”[1] 的要求，遵循教育原则是对学生进行违纪问责的基本原则，否则就会因为失去教育性而失去问责本身的意义。

惩戒的初衷应该是为实现教育目的而努力。问责主体希望借助问责让受惩者意识到自身行为偏离了社会规范，并主动地自省和纠正。学生违纪可以被视为学生在发展过程中“试误”而出现的结果。“惩者，以正其心也。”教育的本质在于“它那虔诚的宗教性”——“它谆谆教导受教育者要有责任感和崇敬感”[2]。

学校、教师和家长等主体在问责违纪学生时，要严格遵循“教育原则”，把握好问责的“度”。否则，就易出现问责不当的情况，比如不作为、滥作为（见案例）。问责的目的是让学生认识到自身过错所在，认识到问责主体合理行使惩戒权并不是为了为难学生，而是出于对学生的爱与尊重才施以惩戒，期望起到小惩大诫的作用。违纪问责是为了“诚意正心”，使学生成为“有责任感和崇敬感”的人。违背“教育原则”，是将“惩”作为对学生违纪问责的重点而忽略了“戒”，问责便偏离了惩戒本身的教育目的。

**案例　云南一中学多名老师连遭学生辱骂和殴打，老师害怕集体休假[3]**

12 月 16 日上午，云南昭通市鲁甸县某中学的教师，集体走上了操场，无人上课。鲁甸中学学生向澎湃新闻提供的校方通过校讯通总台发布的信息显示，前两周该校高中部学生当众羞辱班主任，而随后又有初中部学生殴打历史女教师。由于事件未得到妥善解决，

---

[1] 《普通高等学校学生管理规定》第五十四条。

[2] 阿尔弗雷德·怀特海．怀特海文集　教育的目的［M］．徐汝舟，译．北京：北京师范大学出版社，2018：18.

[3] 周宽玮．云南一中学多名老师连遭学生辱骂和殴打，老师害怕集体休假［DB/OL］．（2014-12-16）［2020-12-22］．https://www.thepaper.cn/newsDetail_forward_1286304.

导致该校教师人人自危，“集体休假”不敢上课。在鲁甸某中学的百度贴吧，多名网友发帖称，短信中提及的历史老师遭到四名学生的殴打，导致眼眶骨折。“现在好多班的学生都想老师集体回来上课。”

尊师重教是传统美德。该案例中学生殴打教师的行为十分恶劣。该行为不仅违反校规，涉嫌违法犯罪，还昭示着校园里充斥着领导层消极不作为和学生目无尊长、逞强斗狠的歪风邪气。冰冻三尺非一日之寒。教育行政部门、公安部门和学校应当联合起来“严打整风”，严格按照法规校纪对学生违纪行为进行问责。但令人遗憾的是，该学校对学生殴打教师的行为并未采取及时有效的行动，使得事件未得到妥善的解决。各方的不作为不仅纵容了涉事学生，未能及时有效地纠正不良行为，破坏了学校教育的正常秩序；还伤害了该校教师的从教感情，动摇职业信念，使得教师集体罢课。各方不作为，特别是学校不作为，不仅没有达到教育学生的目的，反而失去了教育权威。

### （二）违背比例原则

“比例原则”是判定问责主体的问责行为是否得当的重要标准。比例原则有三个子原则，即“适当性原则”“必要性原则”和“狭义的比例原则”。

#### 1. 违背适当性原则

违纪问责违背适当性原则是指问责主体采取的违纪问责措施不但没有推动学校教育目标的达成，反而在实质上出现了偏离乃至背离。在某种程度上，违背“适当性原则”意味着问责措施本身可能并不具备正当目的性，也不符合规范性文件的制定精神和具体规定，对达成教育目的没有帮助。在某些情况下，问责主体在形式上看似照章执行，似乎也是基于善良意愿，但实际上是“借题发挥”，“问责行为”和“问责目的”之间并不对应，问责效果可能适得其反（见案例）。

**案例　王某与衡水学院开除学籍处分案❶**

王某是衡水学院 2011 级学生，在校期间曾获得计算机一级证书、第八届全国大学生文学作品大赛等级证书等多项奖励。2014 年 1 月王某代替外语系杨某参加中国现当代文学史考试被学院发现。王某如实陈述了替考的事实并在事后书写了检查和具结悔过书。学院

❶（2015）衡行终字第 16 号。

根据规定给予王某开除学籍处分。王某不服，向衡水学院学生申诉处理委员会提出申诉。2014 年 4 月学院重新作出处分决定，依旧予以王某开除学籍处分。王某不服，又先后提出两次申诉，2014 年 5 月 16 日学生申诉处理委员会作出认定，决定维持对王某开除学籍的处分。王某仍不服，向河北省教育厅申诉。2014 年 6 月 12 日河北省教育厅作出维持衡水学院作出的开除王某学籍的处分决定。王某不服，将学院告上法庭。一审、二审王某均胜诉。

在此案中，虽然王某有替考的恶劣作弊行为，学校开除学籍本无可厚非，但是学校在处分时享有相当自主的裁量权，应当依照比例原则作出符合适当性、必要性要求的决定。学校可以采取其他对学生损害相对更小的纪律处分来督促学生认识和改正错误，以实现教育目的。我们认为，校方在处理方式上并未充分考虑王某的学生身份和学业表现。王某在校期间成绩优秀且学习刻苦，曾多次获得荣誉和奖励，加之所犯错误尚属首次，具有主动承认错误、悔过和主动劝阻、检举他人的情节。学校开除王某学籍令王某再无继续在该校完善品质和继续学业的余地，处分措施和教育目的之间不太相称。因此，法院撤销了该校对王某作出的处分，即使学校对此不服而上诉，二审法庭也依旧维持了一审的判决，维护了王某的受教育利益。

我国大量教育法规明确指出教育要以促进学生德智体美劳方面全面发展为目的。在某种程度上讲，“适当性”首先要求的是“合目的性”，即合教育目的。校方[1]违背“适当性原则”的违纪问责行为大致可分为两种情况。一种是学校行使惩戒权的目的错误。部分学校错误地认为学生违纪给学校办学带来了麻烦和负面影响，因此学校就借用自由裁量的处分权达到“报复”学生的目的。另一种是学校行使处分权时目的的混合。在很多情况下，学校陈述的处分目的并非全部具有适当性，学校可能在追求教育目的的同时谋求实

---

[1] 除校方之外，部分家长对违纪学生的惩戒行为也有违背“适当性原则”的情形。虽然父母教育权被认为是父母对其子女教育享有的自然权利，但是近些年来家长惩戒不当致子女伤致残甚至致死的新闻屡见不鲜。以体罚为例。一味体罚无疑是无效且不适当的，不会达到真正的教育目的。在行为主义看来，惩戒只是告诉被惩戒者不应该做什么，却没有告诉被惩戒者应该做什么。不知因果的惩戒无异于隔靴搔痒，并没有击中要害：它真正教会人们的只是尽量避免惩罚，却没有让人理解为什么会被惩罚。部分地方立法也对家长适当行使教育权提出了要求。如《浙江省家庭教育促进条例》第七条规定：“父母应当加强自身修养，注重言传身教，以健康的思想、良好的品行、适当的方法教育和影响未成年人。父母应当引导、陪伴未成年人参加有益身心健康的活动，保障未成年人的睡眠、娱乐和体育锻炼时间。”由此可见，“适当性”是家长教育孩子的必然要求。

现其他目的。较为典型的就是为实现“杀鸡儆猴”的目的而对违纪学生施以过重的处分。究其原因，“懒政”难脱干系，即学校通过处分一人来达到以一儆百的目的，以牺牲个别学生的应有权益来实现对其他人的“一般预防”。❶这些行为直接违背了“适当性原则”。

2. 违背必要性原则

在学生违纪问责中，“必要性原则”主要是指问责主体在问责时要采取尽可能小的干预措施，将对学生所犯错误的惩戒控制在“最小侵害”的范围内。“必要性原则”要求问责主体对学生违纪的问责要做到合乎情理，兼顾学校教育目标的实现和学生权益的保护，将对学生的不利影响限制在尽可能小的范围内，使“目的”和“手段”之间保持适度的比例。

违背必要性原则的主要情形是在同时有多种能达成目的的方法或方案时，问责主体未能选择对学生权益损害最小的方法或方案。比如，学生王某偷了同学10元钱，尽管班主任崔老师一再询问但仍然拒不承认是自己所为。崔老师想到该学生的平时表现不佳，为使王某记住不要再犯类似错误，一气之下用锥子在王某的脸上刻了一个“贼”字。为了加深印象，该教师又用红墨水钢笔在“贼”字上涂了颜色。❷ 在该事件中，班主任崔老师的问责手段也许可以起到惩戒的作用，但侵犯了王某的身体权、健康权和人格尊严，严重威胁王某的身心健康，违背了“必要性原则”。

保障学生合法权益是学校依法治校和教师依法从教的必然要求❸。问责主体为了维护公共利益而限制学生的部分合法权益是有必要的。《宪法》第五十一条规定：“中华人民共和国公民在行使自由和权利的时候，不得损害国家的、社会的、集体的利益和其他公民的合法的自由和权利。”贯彻“必要性原则”可防止问责主体过分夸大或轻视公共利益，滥用自由裁量权。在问责违纪学生时，问责主体探寻多种方法或方案并从中择优是十分必要的。这样操作可以尽可能地减少对学生正当利益的不当侵害（见案例）。

---

❶ 吴鹏. 谈高校学生处分行为中比例原则的适用［J］. 教育与职业，2007（20）：46-47.

❷ 姚云. 与学校对簿公堂：校园官司启示录［M］. 桂林：广西师范大学出版社，2003：3-8.

❸ 除了学校教育之外，家庭教育也时常出现违背必要性原则的情形。比如家长为了所谓的“解气”给孩子施加过多的惩罚和控制。当控制方式失败之后，许多家长选择更加严格的控制和更加严厉的惩罚措施。这样一来，孩子会伺机报复，因为他们看不到惩罚和所犯错误之间有什么联系；孩子会愤怒，因为他认为惩罚是源自大人对权力的使用。这不利于孩子心性的锻炼与成长，特别是自由意志的培养。家长的行为不仅没有达到教育的目的，反而给孩子做了不好的示范，令孩子身心受到伤害。

### 案例　郭某某诉烟台某大学教育行政管理案[1]

郭某某为烟台某大学海洋学院的学生。在2019年1月3日的《船舶原理》课程考试中，监考教师发现考生张某违规使用手机。监考教师查看该考生手机，发现手机微信群多人聊天内容为正在考试的《船舶原理》试卷图片和相关答案内容。在考试过程中，郭某某使用手机查看微信群内相关考试答案。根据《烟台某大学学生违纪处分条例》，学校给予郭某某开除学籍的处分。郭某某不服学校的处分，将学校告上法庭。一审判决驳回了郭某某的诉讼请求，郭某某不服原审判决，向山东省烟台市中级人民法院提起诉讼。二审法庭充分考虑适当性、必要性和公平性，撤销了被上诉人烟台某大学的学生处分。

在此案中，学生携带手机进考场使用是违反该校学生违纪处分条例的行为。该校处分违规学生前有没有警示教育呢？若学校希望借此“加大处理后果的警示教育及宣传力度”，那有没有“不教而罚”的嫌疑呢？校方未能在《普通高等学校学生管理规定》规定的范围内[2]充分考虑处分结果与学生违规情节及社会危害程度之间的比例关系，没有慎重选择对学生权益损害相对较小的处分形式，也没有关注到教育关系的特殊性，违背了“必要性原则”。因此，二审法庭判学生胜诉也并非全无道理。

3. 违背狭义的比例原则

狭义的比例原则是指某种干预措施是适当且必要的。“这一原则尤其在学校措施会影响学生考试或升学等有关前途的事项中更为重要”[3]。违背狭义的比例原则是指校方在违纪问责时对学生所造成的损害与想要达成的目的之间存在利益失衡，即校方问责不当导致问责结果弊大于利，造成了“得不偿失”的结果。

问责学生违纪时必须要贯彻“狭义的比例原则”。尽管有些学校、教师或者家长在对学生进行违纪问责时采取了自认为适当且必要的手段，但是“若该手段所侵害的学生个人利益与实现的目的所追求的公共利益相比较显然不适当”，那么该措施就违反了狭义的比例原则。甚至在决策造成的副作用过

---

[1] （2020）鲁06行终27号。

[2] 参见《普通高等学校学生管理规定》第五十四条。

[3] 申素平．教育法学：原理、规范与应用［M］．北京：教育科学出版社，2009：154.

大、严重侵害学生的重要权益时，可以放弃目的追求。[1] 比如田某诉北京某大学案[2]。田某在补考中随身携带纸条的行为属于违反考场纪律的行为，北京某大学依照有关法规及学校有关规定处理合理合法；但该校对田某作出退学处理决定的第 068 号通知并未送达，田某已经根据学校的要求在事实上完成了所学专业的人才培养方案。因此，待田某毕业之际才告知其被退学的做法形式上违背了“正常程序原则”，实质上违背的是“狭义的比例原则”。北京某大学所作出的退学处理决定违法，学校问责不当，败诉也是理所应当。

### （三）违背正当程序原则

遵循正当程序是公权力行使的普遍要求。违背“正当程序原则”是指行使国家公共教育权力的问责主体在问责违纪学生时未遵照正当程序的要求来操作。校方拥有法规赋予的针对学生违纪的惩戒权，而惩戒权是公权力，因此必须依照相关法规规定的程序来执行；没有具体规定的，则应根据立法精神构建正当程序。之所以如此，原因有三：一是问责会对受惩者构成不利影响；二是惩戒的公权力性质要求公平公正地对待所有潜在和显在的受惩戒者；三是惩戒需要赢得人们的理解和支持。惩戒所涉利益越重要，惩戒权的运行就越需要按照程序正义的要求进行。问责程序应当扩大到惩戒制度的建立、惩戒规则的执行、惩戒纠纷的化解等涉及惩戒权分配、运转和矫正的诸多环节[3]。“正当程序原则”要求惩戒活动的参与方，特别是被惩戒者应有程序性权利，问责主体也应当履行相应的程序性义务。通常来说，学校或教师在问责学生时出现的程序不当情形主要有三种。

#### 1. 侵犯学生“获得通知权”

获得通知权，其实就是知情权。“获得通知权是指行政相对人在符合参与行政程序的法定条件下，有要求行政机关通知其何时、以何种方式参与行政程序的权利。”[4] 因此，获得通知权是行政相对人的一项程序性权利，而通知则是行政机关应当履行的义务。[5]《普通高等学校学生管理规定》第五十五条对学生的奖励与处分的“获得通知”程序有清晰明确的规定：“在对学生作出

---

[1] 吴鹏. 谈高校学生处分行为中比例原则的适用［J］. 教育与职业，2007（20）：46-47.

[2] （1998）海行初字第 142 号；（1999）一中行终字第 73 号。

[3] 黄道主. 效率与公平：我国中小学惩戒的合法性研究［M］. 北京：知识产权出版社，2019：201.

[4] 姜明安. 行政法与行政诉讼法［M］. 7 版. 北京：北京大学出版社，2019：332-333.

[5] 应松年. 行政程序法［M］. 北京：法律出版社，2009：85.

处分或者其他不利决定之前，学校应当告知学生作出决定的事实、理由及依据，并告知学生享有陈述和申辩的权利，听取学生的陈述和申辩”；“处理、处分决定以及处分告知书等，应当直接送达学生本人，学生拒绝签收的，可以以留置方式送达；已离校的，可以采取邮寄方式送达；难以联系的，可以利用学校网站、新闻媒体等以公告方式送达。”《普通高等学校学生管理规定》严格规定了学生纪律处分的“告知”程序，学校在问责过程中一定要谨遵行政程序的参与原则，充分满足学生的“获得通知权”，并且给学生留下足够时间准备辩护，为充分保障学生陈述和申辩的权利提供支持，尽量保证此环节不出纰漏。

2. 侵犯学生“陈述权”和“抗辩权”

“陈述权是行政相对人就行政案件所涉及的事实向行政机关作陈述的权利”，“抗辩权是行政相对人针对行政机关提出的不合理指控，依据其掌握的事实和法律向行政机关提出反驳，旨在法律上消灭或者减轻行政机关对其提出的不合理指控的权利”❶。在学生违纪问责的过程中，保障学生的“陈述权”“抗辩权”主要是指学校要听取学生对违纪行为的陈述和申辩。《普通高等学校学生管理规定》第五十五条除了告知这一项之外，同时也规定了学生享有陈述和申辩的权利，学校必须听取学生的陈述和申辩，并必须保证这一程序公平公正地进行。实务中不乏反例（见案例）。

**案例　开除学生未听申辩，福建漳州一高校被判撤销处分❷**

2006 年 7 月 9 日，漳州某高校以该校学生林某在考试中指使他人替考为由，对林某做出开除学籍的处分决定。处分做出后，林某不服，向法院提起诉讼。法院认为，漳州某高校在对林某做出处分决定前，未履行告知程序、提供让林某及其代理人陈述和申辩的机关，也无法证明曾将处分决定书原件送交林某，其在法庭中提供的报备手续中未有省教育厅的盖章。因此，该高校做出的处分决定违反法定程序，依法予以撤销。

该案中，学校做出开除学籍的处分决定之前，应当听取学生或其代理人的陈述和申辩；学校对学生做出处分后，应当出具处分决定书送交本人。学

---

❶ 姜明安. 行政法与行政诉讼法［M］. 7 版. 北京：北京大学出版社，2019：333.

❷ 佚名. 开除学生未听申辩，福建漳州一高校被判撤销处分［DB/OL］.（2008-10-06）［2020-12-22］. https://www.chinanews.com/edu/xyztc/news/2008/10-06/1401946.shtml.

校既没有履行告知程序，也没有提供让林某及其代理人陈述和申辩的机关，更无法证明曾将处分决定书原件送交林某，明显违背了事中程序。在田某诉北京某大学案❶中，法院判学校败诉的主要原因也在于既没有将处分直接向田某宣布、送达，也没有给田某办理退学手续，包括注销学籍、迁移户籍、退回档案等。

3. 侵犯学生“申请权”

“申请权是行政相对人请求行政机关启动行政程序的权利”❷。从学生违纪问责的角度看，“申请权”通常指“复议请求权”；在时间流程上属于“事后程序”，即“行政行为最后处理结果的作出和为相对人提供相应的救济途径”❸。学生违纪问责的事后程序是指学生在受到违纪处分之后的救济❹。处分决定书中需载明救济的相关内容，告知相对人可能的救济途径及时效，比如申诉的途径和期限❺。同时，问责结果的相关文件要及时报教育主管部门备案等。

## 二、问责不当的追责

“追责”就是对问责不当的追究，包括但不限于法律责任、道德责任、伦理责任等。问责不当的追责由追责的发起和追责的类型两部分构成。

### （一）追责的发起

1. 举报

“举报”原意为上报❻，延伸为检举和报告，现今指“公民或者单位依法行使其民主权利，向司法机关或者其他有关国家机关和组织检举、控告违纪、违法或犯罪的行为”❼。《人民检察院举报工作规定》第七条规定：“任何公民、法人和其他组织依法向人民检察院举报职务犯罪行为”。在我国，任何公民、法人和其他组织还可以向纪委、人大等机关进行举报，举报的内容除了

❶ （1998）海行初字第142号；（1999）一中行终字第73号。

❷ 姜明安. 行政法与行政诉讼法［M］. 7版. 北京：北京大学出版社，2019：334.

❸ 许璐璐. 关于高校学生管理法治化的思考［J］. 教育探索，2012（09）：93-95.

❹ 关于学生权利救济制度，在本章第三节会系统讲述。

❺ 《普通高等学校学生管理规定》第五十三条关于处分决定书具体内容的规定。

❻ 清朝黄六鸿的《福惠全书·教养·礼耆德》：“择本乡年八十以上，素有德行，从公确实举报。”

❼ 肖振猛. 举报制度的法律行为和政治意义简析［J］. 武汉理工大学学报（社会科学版），2012，25（05）：732-735.

"犯罪行为"，也可能是没有构成犯罪的行为，例如违纪行为、与中央精神相违背的不检点言行、违背公德的行为等。因此，可以把举报定义为："举报人自愿向司法机关或其他具有相应职能的机关报告、揭发被举报人不当言行的行为"❶。

举报是对问责不当发起问责的重要形式。学生违纪问责的相关利益主体都有可能是举报者。比如，学生违纪，教师处置不当，家长会将教师举报到学校；学校未能妥善解决，家长则会向当地教育行政部门举报；同样，教育行政部门未能秉公依法处置，家长仍有可能向其他部门举报。教育部曾公开曝光了违反教师职业行为十项准则的典型案例❷，其中就有家长向教育局举报的情形。

2. 诉讼

"诉"指告诉、申诉、控告的意思和行为；"讼"指由人民法院裁决的法律行为。"诉讼"古称"斗讼""决讼""断狱"❸，俗称"打官司"，指法庭处理纠纷案件的活动或制度。广义的诉讼则包括起诉、审判和执行；而狭义的诉讼仅指起诉和审判活动❹。一般来说，诉讼是指国家司法机关主持并依照法定程序和方式解决纠纷案件的活动。依据调整争讼的法律部门，国内常见的诉讼形式有民事诉讼、刑事诉讼和行政诉讼。有关学生的问责纠纷，司法机关会从民事、行政和刑事等多个法律部门着手处置（见案例）。

**案例　教师体罚学生致重伤一审被判刑3年❺**

2015年1月5日12时许，宣恩县某中学教师梁某某在上课时，因怀疑学生董某某偷拿了其他学生的饭卡，便让其蹲在讲台旁写检讨。由于董某某未写偷饭卡的内容，梁某某遂用右脚踢向董某某，踢到左腹部并致其脾脏破裂。经鉴定，董某某所受损伤程度属重伤2级，残疾等级为6级残疾。检察机关认为，被告人梁某某故意伤害他人身体，致人重伤，其行为构成故意伤害罪，应依法惩处。经宣

---

❶ 徐玉生. 检举举报：人民有序监督的路径及其实现［J］. 河南社会科学，2019，27（01）：14-20.

❷ 教育部. 违反教师职业行为十项准则典型问题［DB/OL］.（2020-12-07）［2020-12-22］. http://www.moe.gov.cn/jyb_xwfb/gzdt_gzdt/s5987/202012/t20201207_503811.html.

❸ 张光杰. 中国法律概论［M］. 上海：复旦大学出版社，2005：284.

❹ 吴礼林. 诉讼法学［M］. 武汉：中国地质大学出版社，2001：1.

❺ 谭元斌. 教师体罚学生致重伤一审被判刑3年［DB/OL］.（2015-07-24）［2020-12-22］. http://edu.sina.com.cn/zxx/2015-07-24/0908479070.shtml.

恩县人民检察院提起公诉，被告人梁某某被一审法院以故意伤害罪判处有期徒刑3年，缓刑4年。

教师怀疑学生有小偷小摸的行为，本可以选择更加温和且有效的问责方式引导教育学生，却采取了偏激的暴力行为——不当体罚。该教师行为不当，不仅侵害了学生的生命健康，而且构成了故意伤害罪，受到刑事处罚。

3. 监督

“在中国宪法的语境中，监督具有双重含义：一方面是人民主权，一方面是公民权利”❶。监督权是宪法赋予人民监督国家机关及其工作人员活动的基本权利，是公民对抗国家机关及其工作人员违法失职行为的权利。对于公民来说，监督权是宪法赋予的基本权利，每一位公民都可以依法行使自己的监督权。

媒体对学生问责不当的追责即为公众行使监督权的体现。进入新媒体❷时代之后，网络成为生活中必不可少的一部分，以其反应的速度迅疾、方式直观、渠道开放、互动频率实时化等特点改变了社会的舆论监督风格。“围观”的特殊集聚效应使新媒体成为大众舆论监督的一个重要的组成部分，并显示出与传统舆论监督方式的不同之处。公民越来越频繁地使用新媒体来监督问责不当的情形，并追责失职的学校、教师或家长，体现了公民权利对行政权力或亲权的有效制约（见案例）。这种新型制约机制有效弥补了我国权力监督制约机制的不足❸。虽然媒体监督通常只是提供线索和道德谴责，但由于中国共产党以人为本、执政为民的施政追求使公众能够自主发声并引导事件进入问责进程，推动舆论监督转向司法追责。

**案例　河北沙河一幼儿园发生虐童事件，涉事教师已被开除❹**

针对网传视频“幼儿园教师虐童”一事，河北省沙河市教育局16日通报称，该视频引起教育部门高度重视，当日成立调查组展开调查。经查，视频内容情况属实。目前，沙河市教育局已责令该园

❶ 李洋. 中国宪法语境中的舆论监督含义探讨［J］. 南京社会科学，2013（05）：105-111.

❷ 简单来说，新媒体是指能够实现所有人对所有人互动传播信息的媒体。

❸ 邓蓉敬. 网络舆论与问责公正：网络舆论引发的行政问责现象探讨［J］. 中共浙江省委党校学报，2012，28（05）：44-49.

❹ 张鹏翔，李铁锤. 河北沙河一幼儿园发生虐童事件　涉事教师已被开除［DB/OL］.（2018-07-16）［2020-12-22］. https://baijiahao.baidu.com/s?id=1606140451913719684&wfr=spider&for=pc.

停业整改，涉事教师已被开除。

### （二）追责的类型

在学生违纪问责活动中，当问责不当发生后，无论采用何种追责原则，追责结果均将由一方或多方承担相应的民事、行政或刑事的法律责任，还有道德责任。因此，追责类型有民事追责、行政追责、刑事追责和道德追责四类。

1. 民事追责

当自然人或法人因为违反法规或合同所规定的民事义务，侵害了以财产权利和人身权利为主的民事权利时，应当承担相应的民事法律责任。校方问责不当，学生及其监护人或代理人可以追究民事法律责任（见案例）。

**案例　幼儿园儿童被教师打耳光，家长坚持起诉❶**

> 在天河区燕塘生活区的某幼儿园，5岁的小星（化名）因为午休时与同学发生矛盾躺在地上哭闹，被教师练某打耳光，导致脸部多处软组织挫伤。事发后，涉事幼师向家长道歉并希望协商解决，派出所曾组织家长、涉事教师及幼儿园调解，但家长坚持起诉教师和幼儿园。事件发生后，天河区教育行政部门通报批评了该幼儿园，对练某停职，并且将幼儿园降级。

在该案例中，涉事幼儿园和教师希望能够协商解决，但家长坚持起诉教师和幼儿园。该家长的做法正确吗？如若家长选择“私了”而不是起诉幼儿园和教师，涉事幼儿园和教师会改过自新吗？侵犯受教育者合法权益，造成损失、损害的，应当依法承担民事责任❷。民事责任通常以等价、补偿性质为主。民事责任的范围应与被害人被损害的形式和大小相适应❸。在现实生活中，学校或教师若因问责不当侵害了学生的生命健康权，严重程度达到致死致残的，则非金钱所能补偿。

相关教育主体问责不当，侵害了学生的人身、财产等重要权益，应当承担民事责任；同时，若教师履职不当造成损害的，学校可以根据具体过错情

❶ 佚名．幼儿园儿童被教师打耳光，家长坚持起诉［DB/OL］．（2013-04-25）［2020-12-22］．http://legal.china.com.cn/2013-04/25/content_28653110.htm.

❷《中华人民共和国教育法》第八十三条、《中华人民共和国未成年人保护法》第四十七条。

❸ 褚宏启．中小学生权利的法律保护［J］．中国教育学刊，2000（04）：50-53.

况向教师追偿。通常情况下，造成学生身体伤害的，问责主体应当赔偿医疗费、残疾人生活补助费等费用；造成学生死亡的，应当支付丧葬费等费用。当问责主体侵害到学生的名誉权时，学生有权要求学校或教师停止侵害，恢复名誉，并可要求学校或教师赔偿损失。同时，学生因此遭受其他重大损失的，学校或教师也应当一并进行赔偿。

2. 行政追责

决策责任的追究是行政决策制度中的重要内容。国务院2004年出台的《全面推进依法行政实施纲要》就提出“要按照‘谁决策、谁负责’的原则建立健全决策责任追究制度，实现决策权和决策责任相统一”。《中小学教育惩戒规则（试行）》第二条规定：“教育惩戒，是指学校、教师基于教育目的，对违规学生进行管理、训导或者以规定方式予以矫治，促使学生引以为戒、认识和改正错误的教育行为。”根据该规定，学校和教师基于教育目的实行教育惩戒。按照“决策责任追究制度”，一旦学校或教师的问责行为不当，学校、各教育行政部门、公安部门和检察院有权进行行政追责。

（1）学校

在以往案例中，学校对学生违纪问责不当的追责往往体现为对问责主体——教师的追责。《教师法》规定了“聘任制”的校师关系。教师的聘任应当遵循双方地位平等的原则，由学校和教师签订聘任合同，明确规定了双方的权利、义务和责任[1]。如若教师对学生的违纪问责超出应有的界限，那么学校必将对教师进行问责（见案例）。

**案例　因背不出乘法表，小学生遭老师集体体罚[2]**

因为在课堂上背不出乘法表，二年级小学生包括小珂（化名）在内的12名同学被老师叫上讲台，然后遭到焊条抽打大腿的体罚。案发当晚，学校接到学生家长的投诉后，多位负责人立即展开调查，发现体罚学生的情况基本属实。学校负责人立即与家长联系，并随即赶过去向学生及家长当面承认错误并表示歉意，表示愿意承担相关治疗费用。事后，学校处罚了当事教师，予以经济处罚并留校察看一个月，同时通报全校以此为戒。

[1] 《中华人民共和国教师法》第三十七条。

[2] 佚名. 广州：小学生背不出乘法表　老师电焊条抽打［DB/OL］.（2013-10-31）［2020-12-22］. https://www.eol.cn/guangdong/guangdongnews/201310/t20131031_1034274.shtml.

在本案例中，涉事教师是一位年轻教师，缺乏教育工作经验。因为班上多名学生未能背诵乘法表，一时气急做出了体罚的举动。尽管如此，体罚学生仍旧万万不可为。在教育实务中，新教师由于教育经验不足，对学生期待过高，不知如何教育学生的情形时有发生。这要求新教师应强化职后学习，做好相应知识技能和思想态度的准备，应对学生犯错要有耐心、关爱和技巧，一味惩罚学生，只会适得其反。

（2）教育行政部门

教育行政部门作为辖区内教育事业的业务管理者，职权范围较广❶，可在职权范围内追究问责行为不当的相关问责主体的法律责任，要求相关问责主体，特别是学校和教师为自身的不当问责行为负责（见案例）。

**案例　上海一小学班主任因学生调皮，要求全班互抽耳光❷**

上海青浦某民办小学四年级一班班主任因学生调皮，竟然不让学生到食堂吃中饭，并要求全班同学互扇耳光。记者从青浦区教育局获悉，该局在接到相关投诉后，派出人员与该民办小学组成专门调查小组开展了调查，并采取五项措施：一，学校对当事教师予以解聘；二，对校长及相关人员予以经济处罚并通报批评；三，学校及有关人员向家长当面道歉；四，区青少年心理健康教育中心组织相关专家志愿者对该校学生进行心理疏导与精神抚慰；五，教育部门将抓住这一事件，举一反三，加强教育防范，坚决杜绝类似事件发生。

在本案例中，教师因为学生调皮就不让学生吃中饭，让学生互扇耳光。这些做法对学生的人身权造成了较大的潜在威胁，在舆论上也造成了较为恶劣的社会影响。该区教育局反应迅速，果断采取了一系列相对周全的措施，不仅处罚了涉事教师和学校，还安抚了学生及其家长，及时挽回了学校的办

---

❶ 以武汉市教育局的工作职责为例。《中共武汉市教育局委员会、武汉市教育局工作职责》第四条规定：综合管理全市基础教育和市属职业教育、高等教育、成人教育，按权限管理民办教育。负责文化教育类民办培训机构的监督管理、日常检查和专项督导。第十三条规定：组织实施全市教育督导工作，制定全市教育督导评估标准，对下级政府及其教育行政部门、各级各类中等及中等以下学校全面贯彻落实教育方针、政策、法律和法规的工作进行监督、检查、指导和评估。参见武汉市教育局．中共武汉市教育局委员会、武汉市教育局工作职责［DB/OL］．［2020-12-22］．http://jyj.wuhan.gov.cn/zfxxgk/fdzdgknr/jgsz/gzzz/.

❷ 崔翼琴，俞陶然．上海一小学班主任因学生调皮，要求全班互抽耳光［DB/OL］．（2013-10-31）［2020-12-22］．https://news.qq.com/a/20131031/012053.htm.

学声誉。

(3) 公安部门

公安部门的行政处罚是公安机关依法对违反行政法规但尚不构成犯罪的公民、法人或其他社会组织实施的一种行政制裁。“治安管理处罚，是中国公安机关依照治安管理法规对扰乱社会秩序、妨害公共安全、侵犯公民人身权利、侵犯公私财产，情节轻微尚不够刑事处罚的违法行为所实施的行政处罚”❶。关于教师履职不当的职务行为是否属于公安部门治安管理的范畴，实务中出现了两种不同观点。

第一种观点认为，教师对学生违纪的不当问责，侵犯了学生的合法权益，违法但未犯罪时，由公安机关施以治安管理处罚❷。依此观点，教师兼具“公民”和“教育者”双重身份。法治社会中任何公民都不得肆意侵犯他人的权利，教师只是公民的一种职业身份，二者并不冲突。教师对学生问责不当时，教育行政部门对其“教育者”身份进行追责，公安部门对“公民”身份进行追责。法律部门不同，追究法律责任时并行不悖。在实务中，有教师在管教学生时长时间殴打多名未成年学生，法院认为其行为明显超过正常教育管理学生的限度，同时违反了《治安管理处罚法》和教育行政管理的规定，教育行政部门的行政处分和公安部门依照《治安管理处罚法》作出的行政处罚决定并不违反法律规定，也就不存在“一事二罚”的情形❸。

实务中也有法院认为教师履职不当的职务行为不属于公安部门治安管理范畴❹。支持此种做法的观点认为教师对学生问责不当造成侵权时，对教师的问责不适用《治安管理处罚法》，应适用《教师法》《未成年人保护法》。“行政机关工作人员执行职务时的侵权行为，不属于治安管理处罚条例规定的违反治安管理的行为，不应当给予治安管理处罚。”❺ 教师履职不当时，应当按照教师行为规范作出调整，由教育主管部门给予行政处分，而不应当由调整

---

❶ 邹瑜，顾明. 法学大辞典［M］. 北京：中国政法大学出版社，1991：1084.

❷ 1986 年 9 月 5 日第六届全国人民代表大会常务委员会第十七次会议通过的《中华人民共和国治安管理处罚条例》规定，治安管理处罚有三种：（1）警告；（2）罚款，1 元以上，200 元以下；（3）拘留，1 日以上，15 日以下。

❸ 参见（2019）闽 02 行终 241 号。

❹ 贵州省遵义市播州区人民法院认为，教师在履行教育教学职责的过程中，用教鞭惩戒学生，系教育教学方法不当的过失行为，按照《教师法》的规定，应当由所在学校或者教育行政部门给予行政处分，而不是由公安部门给予治安管理处罚。参见（2020）黔 0321 行初 193 号。

❺ 参见《国务院法制办公室行政司对〈关于对国家行政机关工作人员执行职务过程中的违法行为能否给予治安管理处罚的请示〉的复函》。

行政机关与行政相对人关系的治安法律规范调整。[1]

（4）检察院

根据《人民检察院检察建议工作规定》，检察院的检察建议是“检察机关依法履行法律监督职责，参与社会治理，维护司法公正，促进依法行政，预防和减少违法犯罪，保护国家利益和社会公共利益，维护个人和组织合法权益，保障法律统一正确实施的重要方式。”检察院也有权依法追究违纪问责不当的问责主体法律责任的职责，至少有建议的职责（见案例）。

**案例　湖南汉寿县检察院向学校发检察建议禁止教师体罚学生**[2]

2017年下学期，有家长在网上发帖称，在某校初中一年级就读的学生小鹏（化名）因在一次单元测试中成绩下滑，被其班主任当着全班同学的面抽打耳光。得知该情况后，该院民事行政检察部门和未检办检察官为查明事实真相，随即就网民反映事项展开调查。办案检察官除收集当事学生小鹏的医院检查报告单，还在当事学校进行实地调查。该院办案检察官了解到，小鹏的班主任杨老师因得知其上课存在讲小话、打瞌睡等情况，又见其近期学习成绩下滑严重，便在事发当日晚自习前，当着班上众多学生的面动手打了小鹏的耳光。事后，学校领导带领小鹏前往医院进行检查。承办检察官认为，当事学校教师打骂、体罚学生的行为，违反了法规规定，而学校负有对教师的监管责任。

为杜绝此类事件的发生，保护未成年人的身心健康，保障其健康、快乐成长，该院依法向当事学校发出一份《检察建议书》，建议学校强化教师的法律意识，尊重学生人格，切实保障未成年学生的合法权益；做好被体罚学生的教育和心理疏导，呵护未成年人身心

---

[1] 笔者认为，教师并不属于“行政机关工作人员”的范畴，用《国务院法制办公室行政司对〈关于对国家行政机关工作人员执行职务过程中的违法行为能否给予治安管理处罚的请示〉的复函》来解释教师的违法行为处理方案并不适用。2018年1月31日，中共中央、国务院公布的《关于全面深化新时代教师队伍建设改革的意见》第二十条提出，要“明确教师的特别重要地位，突显教师职业的公共属性，强化教师承担的国家使命和公共教育服务的职责，确立公办中小学教师作为国家公职人员特殊的法律地位”。因此，教师作为“特殊的国家公职人员”，不属于“行政机关工作人员”。当教师履职不当时，不仅应当按照教师行为规范作出调整，由教育主管部门给予行政处分，也应当由公安部门予以治安管理规范调整，追责的主体不同，不存在“一事二罚”的情形。

[2] 曾亮，王钢，游爱国．湖南汉寿县检察院向学校发检察建议禁止教师体罚学生［DB/OL］．（2017-12-08）［2020-12-22］．http://www.jcrb.com/procuratorate/jcpd/201712/t20171208_1823735.html.

健康；建立健全各项规章制度，加强对教师队伍的教育管理，杜绝体罚、变相体罚或者其他侮辱学生人格尊严的行为。

3. 刑事追责

根据我国现行法规，行政机关工作人员在执行职务时存在故意或者重大过失侵犯公民合法权益造成损害的，一是承担民事责任，即承担部分或者全部的赔偿费用；二是承担行政责任，即由有关行政机关依法给予行政处分；依照刑法规定，构成犯罪的，还应承担刑事责任。

我国刑事诉讼追诉主体主要是代表国家行使侦查权、起诉权、审判权、刑罚执行权的国家专门机关，包括公安机关、国家安全机关、军队保卫部门、监狱、人民检察院、人民法院等。[1] 当教师对学生问责不当构成犯罪时，相关部门将对涉事教师和相关责任人进行刑事追责。

（1）公安部门

除了行政追责，公安部门还是刑事追责的主体。当问责主体对学生违纪问责不当、侵犯了学生合法权益并且构成犯罪时，问责主体必须承担相应的刑事责任（见案例）。

**案例　男童遭亲父烟头烫伤双手面临截肢**[2]

2020 年 11 月初，广东 7 岁男童小伟豪（化名）因为调皮经常偷东西，遭父亲烟头烫致满身伤疤，双手感染坏死面临截肢。惠州警方立案，茂名警方控制其父。广州南方医院烧伤外科医生表示，孩子的双手已经没有一块好的皮肤，肌肉严重感染、甚至坏死，最坏的可能是双手要被截肢，“以后孩子面临的是双手、双前臂的部分截肢，广泛的肌肉软组织的感染坏死，就算是伤口封闭，治疗好了之后，有可能孩子双上肢的功能也会存在非常大的缺陷。”有律师表示，其父母涉嫌构成虐待罪。

孩子不是家长的附庸、物品或者工具，而是具有独立人格的公民。随着越来越多促进家庭教育的法规出台，政府越来越关注家庭教育。随着公权力

---

[1] 因我国的刑事诉讼以“公诉为主、自诉为辅”，且自然人运用法律武器的代价非常高昂，故此处暂不讨论刑事自诉。

[2] 佚名. 恶魔在身边，男童遭亲父烟头烫伤双手面临截肢［DB/OL］.（2020-11-05）［2020-12-22］. https://www.thepaper.cn/newsDetail_forward_9862884.

的介入，家庭教育不再是纯粹的私事，家长不应也不被允许随意惩戒孩子。在本案件中，小伟豪有小偷小摸的行为，的确需要父母教育引导。但是，父亲的惩戒手段太过残忍，已经远远超出了正常问责的范围，其行为的危害程度也超出了治安管理处罚的规定，有构成刑事犯罪的嫌疑❶。

除了上述公安部门对家长的刑事追责外，学校或教师等其他问责主体对学生违纪问责不当构成犯罪的，同样无法规避刑事责任。

（2）检察院

检察院是国家的法律监督机关，同时也是公诉案件的审查起诉机关。《宪法》第一百三十四条规定："中华人民共和国人民检察院是国家的法律监督机关。"在检察院进行公诉后，法院会根据本案的事实、证据及控辩双方的意见依法判决，如果犯罪证据确凿，则会追究犯罪嫌疑人的刑事责任。

4. 道德追责

通常情况下，道德追责的主体是教师自己。这里的追责并不是法律层面的追责，而是教师受到自身的道德良心谴责而表现出忏悔、自省、补偿等行为，属于道德伦理层面的追责。在很多情况下，教师并不是道德沦丧，只是在问责时情绪失控，用错了手段，造成问责不当的结果。事后，教师通常会表现出愧疚和歉意，作出自愿的补救行为，不仅在道德层面会自我谴责和反省，也会真诚道歉并赔偿。

**案例　老师打学生致耳朵撕裂，教师下跪道歉并赔偿❷**

2015 年 10 月 14 日下午，衡山县某小学四（4）班班主任兼语文老师郑某在本班上课过程中，发现学生宾某不认真听讲，遂对其提

❶ 尽管写书稿时法院还未判决此案，但可以肯定的是，等待小伟豪父亲的必定是法律的严惩，甚至会被剥夺和撤销其监护人的资格。《中华人民共和国民法典》第三十六条对“撤销监护人资格”作出了以下规定：“监护人有下列情形之一的，人民法院根据有关个人或者组织的申请，撤销其监护人资格，安排必要的临时监护措施，并按照最有利于被监护人的原则依法指定监护人：（一）实施严重损害被监护人身心健康的行为；（二）怠于履行监护职责，或者无法履行监护职责且拒绝将监护职责部分或者全部委托给他人，导致被监护人处于危困状态；（三）实施严重侵害被监护人合法权益的其他行为。本条规定的有关个人、组织包括：其他依法具有监护资格的人，居民委员会、村民委员会、学校、医疗机构、妇女联合会、残疾人联合会、未成年人保护组织、依法设立的老年人组织、民政部门等。”《中华人民共和国未成年人保护法》第一百零八条规定：未成年人的父母或者其他监护人不依法履行监护职责或者严重侵犯被监护的未成年人合法权益的，人民法院可以根据有关人员或者单位的申请，撤销监护人资格。被撤销监护人资格的父母或者其他监护人应当依法继续负担抚养费用。

❷ 佚名. 老师打学生致耳朵撕裂，教师下跪道歉并赔偿［DB/OL］.（2015-10-21）［2020-12-22］. https://www.sohu.com/a/36955617_118703.

问。宾某回答不出来。郑老师教育该生时遇到该生抵抗。郑老师遂揪其耳朵，因指甲过长将其耳朵划伤，造成左耳撕裂。随即，郑老师马上通知学生家长，并将宾某送至县人民医院治疗。县教育局分管安全副局长、城关派出所干警和全体班子成员第一时间赶到医院，负责做了安抚和调查取证的工作。郑老师当着众人的面，主动向学生家长下跪认错。10月15日，郑老师主动陪同学生做司法鉴定，鉴定结果为轻微伤。10月16日，县教育局纪检监察室立案并责成学校对郑老师停课接受调查。10月19日，县教育局会同城关派出所组织双方协调，达成一致协议：郑老师一次性支付治疗等各种费用3.5万元，学校负责对该生做好心理疏导和就读等工作。学生家长比较满意。

在本案例中，学生因为不认真听课而无法回答问题，教师揪其耳朵致伤的行为欠妥。划伤学生的耳朵虽是过失，但也造成了学生耳朵撕裂的事实。在学生受伤之后，该教师有明显的悔过和自省的行为，不仅下跪道歉，还主动一次性支付了学生治疗的医药费等各种费用，得到了学生和家长的谅解。这里可以看出该教师已经认识到了自己的过失和错误，并追究了自身的道德责任。

## 三、问责不当的合法性重拾

学生依法享有各种权利。学生权利的构成是由其特殊身份决定的，学生权利的复合性和多样性是由其普通公民和受教育者的双重身份决定的。大体而言，学生权利分为公民权利和受教育者权利两部分❶。但在现实生活中，学生在行使权利时可能会或多或少地遭遇来自不同方面的阻碍，以及对权利本身的侵犯。在这些情况下，只有寻求救济才能维护自己的合法权益。法律救济，就是“通过一定的程序和途径解决社会生活中各种各样的纠纷，从而使权益受到损害的一方当事人获得法律上的补救”❷。它在本质上是一种权利，是“当实体权利受到侵害时从法律上获得自行解决或请求司法机关及其他机关给予解决的权利”❸。当学生处于违纪问责不当的情境中时，可以通过救济

❶ 樊华强. 大学生权利救济制度及其完善［J］. 现代教育管理，2014（05）：62-65.

❷ 蔡劲松，李亚梅. 当代大学生法律意识构建：权利、救济、义务、责任［M］. 北京：北京航空航天大学出版社，2007：146.

❸ 尹力. 教育法学［M］. 北京：人民教育出版社，2012：81.

来保护自己的合法权益。

### （一）学生权利救济制度的学说

学生权利救济制度是随着有关学生权利观念的发展而发展的。到了20世纪中后期，学生权利才逐渐被普遍承认和尊重，权利救济制度才开始稳步发展。学生权利救济学说经历了特权理论、替代父母说、特别权利关系理论、基础关系与管理关系理论、重要性理论等理论，对问责事实的解释能力逐渐增强。

#### 1. 特权理论

所谓“特权”，是指个人没有事先存在的权利，利益经由官方分配或确认才取得“权利”的形式。这种利益完全得益于政府的馈赠，不构成个人既得权利，可以随时被政府取消，不受宪法上正当法律程序的限制。当事人对于特权利益所享有的保护，只以创设特权的法律中的规定为限[1]。“特权”理论认为，学生在学校接受教育是学校赋予学生的一种特权，并不是学生本身固有的权利，学校可以随时剥夺这个特权[2]。所以，该理论强调学校有权力制定各种规章制度来管理学生，也有权力惩罚违反规定的学生，且不需要遵循任何程序。

在20世纪60年代之前，“特权理论”一直是美国法院处理高校与学生之间关系的法理基础，美国司法界接受“高等教育是政府所创造的一种特权”这一说法。[3] 在该理论之下，高等学校对学生管理有充分的自由裁量权。相反的是，学生没有主张接受高等教育的权利，更不用提相应的权利救济制度。直到1961年，联邦第五上诉法院于“狄克逊案”中推翻了特权理论，认为“只要学生在学校有良好表现，便有权利留在公立高等教育机构之中”[4]。至此之后，学生在接受高等教育期间的各种权利才逐渐得到保障，学生权利救济制度开始日渐完善。

#### 2. 替代父母说

“替代父母”是指“代替父母的地位”。这一理念起源于19世纪末英国牛

---

[1] 申素平．教育法学：原理、规范与应用［M］．北京：教育科学出版社，2009：283.

[2] 韩兵．美国公立高校学生纪律处分程序制度及其启示：以加州大学伯克利分校为例［J］．行政法学研究，2012（03）：106-113.

[3] 刘艳琴．法治视野下美国顶尖高校惩戒违纪学生研究——以美国麻省理工学院为例［D］．武汉理工大学，2019.

[4] 申素平．教育法学：原理、规范与应用［M］．北京：教育科学出版社，2009：284.

津大学和剑桥大学的办学模式。当时，学生年龄偏小，学校像父母一样包办学生在校期间的一切，包括管教。❶ 根据“替代父母说”的基本观点，校方的惩戒权与父母的惩戒权应当具有同等的法律地位和适用范围。因此，“替代父母说”是一个对校方极为有利的调整理念。一方面，学校在对学生的管理方面有很大自主权，学校可以自主地制定各种规章管理学生的行为，范围极广。在这一理念的支持下，法庭不支持学生对学校规章制度发起的挑战。另一方面，学校对学生在学校内受到的伤害可以免于受到侵权诉讼。这是因为当时普通法中父母侵权行为是免责的，既然学校替代了父母的地位，学校对学生在校园内受到的伤害理所免责。❷

然而，随着实践的发展，“替代父母说”的天然不足慢慢显现。首先，学校与学生之间的关系不是亲缘关系，教职工不会视在校学生为自己的子女；其次，一旦家校之间在学生在校行为是否应受问责以及受何种问责的问题上存在意见分歧，在严重冲突的情况下，替代父母说就会陷入严重的合法性危机。自 1960 年以后，“替代父母说”这一理念渐渐走向衰亡。

3. 特别权力关系理论

所谓“特别权力关系”，指“在特定的行政领域内，行政主体为了实现特定的行政目的，对行政相对人具有不需要适用法律保留的概括命令权，而与之相应的是行政相对人则不享有一般情况下该拥有的基本权利，并无权对行政争议提起诉讼”❸。基于特别的法律原因，为了实现公法上的特定目的，行政主体在必要范围内对行政相对人具有概括的支配权力，而行政相对人负有服从义务❹。在 19 世纪，德国的传统公法学理论提出了特别权利关系理论，后来经日本传入中国，影响了我国的行政法理论。在这一理论的影响下，在特定的行政领域管辖范围内，行政主体对行政主体相对人有高度的强制性概括命令的权力。同时，其相对人有服从该概括性的强制权力的特殊关系。❺

特别权力关系曾经是大陆法系国家解释校生关系的主导理论。在这一理

❶ 卓光俊．美国高校与学生关系法律调整理念的转变及其启示［J］．重庆大学学报（社会科学版），2009，15（03）：93-97.

❷ 卓光俊．美国高校与学生关系法律调整理念的转变及其启示［J］．重庆大学学报（社会科学版），2009，15（03）：93-97.

❸ 黄学贤．特别权力关系理论研究与实践发展：兼谈特别权力关系理论在我国的未来方位［J］．苏州大学学报（哲学社会科学版），2019，40（05）：61-67，191.

❹ 王俊．高校特别权力关系与受教育权的法律保护［J］．高教探索，2005（06）：42-44.

❺ 秦涛，张旭东．高校教育惩戒权法理依据之反思与修正［J］．复旦教育论坛，2019，17（04）：41-47，63.

论的指导下，“学校与学生之间的特别管束关系是一类公法上的内部行政关系，受行政法的调整。”❶ 公立学校对处于特别权力关系中的学生有总括性的“命令支配权”。换句话说，学校只要是出于实现教育目的的需要，不需要特别的法律依据就可以自由地制定校规，对不服从学校命令的学生进行违纪问责。上述措施是特别权力关系内部的措施，即使学生对学校的问责表示不服，只要不涉及学生作为公民的地位，学生就无法向法院申请救济。在特别权力关系理论的支配下，学生的诉权在很大程度上被剥夺，更不用谈学生权利的救济了；特别是在开除学生学籍等方面，学校有相当大的权力。学生即使有异议，也无法寻求司法救济。

4. 基础关系与管理关系理论

德国法学家乌勒于 1956 年在德国行政法年会上提交了论述基础关系与管理关系理论的论文，在特别权力关系理论的基础上将特别权力关系区分为基础关系与管理关系。所谓基础关系，是指“凡是有关特别权力关系之产生、变更和消灭者，类似于形成权之作用者”❷。而管理关系则指不涉及相对人个人身份及法律地位的管理措施。前者如公立学校学生的入学、退学、毕业、授予学位等；后者如公立学校学生的考试模式等。

20 世纪 70 年代以来，学生的诉权逐渐得到认可，特别权力关系理论得到修正。基础关系与管理关系理论的提出，承认了涉及学生重要性事项或基础关系的事项，如公立学校作出的关于学生身份的取得、丧失、降级、学历或学位的获得等决定，以及影响学生基本权利的事项，涉及基础关系的行为，是发生外部效果的行政行为，属于可诉的行政行为，应当纳入司法救济的范围之内。这就从理论上承认了学生的诉权。❸

需要注意的是，修正后的特别权力关系仍然认为学校作为“特殊的培养人的场所”，具有一些不同于其他社会组织的特点：学校因为要教育管理学生和维持正常的教育秩序，有必要约束学生的行为，对学生的行为作出规范和限制。这些管理关系的行为属于行政主体职权内的自由裁量行为，不应该受到司法审查❹。因此，学校有制定和施行校规来规范学生行为的权力。管教措

❶ 劳凯声．教育变迁中学校与学生关系的重构［J］．教育研究，2019，40（07）：4-15.

❷ 黄道主．效率与公平：我国中小学惩戒的合法性研究［M］．北京：知识产权出版社，2019：67.

❸ 申素平．教育法学：原理、规范与应用［M］．北京：教育科学出版社，2009：284.

❹ 曾文远．论特别权力关系理论的否定：以德国法学家乌勒二分理论为视角［J］．广东广播电视大学学报，2012，21（04）：37-41.

施只要有合理且正当的理由，并不需要有明确的法律依据，也不属于可诉的行政行为；学生一般不能对这些管理措施提起行政诉讼。

5. 重要性理论

“重要性理论”是由德国联邦宪法法院于 1972 年通过司法判例提出的。依据联邦宪法法院的“重要性理论”，“立法者在基本的规范领域内必须自己做出所有重要的决定”[1]。“重要性”是指所规范事务的内容、范围、比例等是由是否对整体（人民或各权力关系）具有重要性来决定的[2]。而判断是否具有重要性的关键因素，则是是否有利于基本人权的保障[3]。

在我国，法院在受案时也大致确立了类似于“重要性理论”的衡量标准。该标准主张在特别权力关系中，只要行政相对人的基本权利受到重要影响，都应当赋予其司法救济权。[4] 按照我国目前司法实践的逻辑，法院承认教育管理中的特别权力关系，将学校的教育管理行为区分内部管理行为与外部管理行为。学校一般的日常管理行为属于学校自治的范畴，司法应当予以充分且必要的尊重，这些事项包括但不限于对学生的日常行为管理。但一旦涉及学生的重大权益事项，司法又以“重要性”为标准介入对受教育者的基本权利造成严重影响的管理行为，比如剥夺学生学籍等侵犯学生的受教育权的行为[5]。这在一定程度上保障了学生的正当权益，但也有了滥用司法审查的风险。

## （二）学生权利救济制度的途径

学生权利救济是指“学生认为其合法权益受到损害时请求救济的渠道和方式”[6]，其途径主要包括民事协商与调解、学生申诉与复议等非诉讼途径和司法诉讼途径。

---

[1] 张慰．“重要性理论”之梳理与批判：基于德国公法学理论的检视［J］．行政法学研究，2011（02）：113-125.

[2] 秦涛，张旭东．高校教育惩戒权法理依据之反思与修正［J］．复旦教育论坛，2019，17（04）：41-47，63.

[3] 这与上一章和本章中提到的比例原则是相适应的。

[4] 周慧蕾．再论大学自治权与学生权利的司法平衡：从我国司法实践切入［J］．法治研究，2018（06）：134-140.

[5] 由于教育的社会公益性质，私立学校的“契约自由”也受到一定的限制，同公立学校一样，也有接受司法审查的必要。

[6] 尹力．教育法学［M］．北京：人民教育出版社，2012：143.

1. 民事协商与民事调解

针对问责不当引发的民事纠纷，一般可通过民事协商与调解来解决。

（1）民事协商

民事协商，指有民事争议的各方当事人在自愿、互谅的基础上，按照有关法规规定，在不损害国家和集体正当权益、不损害社会公共利益的前提下，直接协商解决纠纷。当事人之间签订的协议是在意思自治的基础上执行的，如果有一方反悔并拒绝执行，那么另一方可以提请有关部门进行调解；如果不愿协商，当事人也可以直接向人民法院提起诉讼。

协商是解决校生纠纷的一种有效手段，不仅能及时解决争议，也能极大地节省社会成本。在现实生活中，用金钱赔偿的手段来达成和解的目的已经成为部分学校和问责不当的教师处理纠纷的常见手段。教师若是对学生采取的问责方式不当且后果轻微时，即使是刑事案件，法律也允许教师通过协商调解来解决问题，只要学生一方接受这样的方式即可❶。但是，一旦开了这样的口子，用钱解决学生违纪问责不当的事件就会越来越多。民事协商方式解决纠纷要规避“用孩子的命来换钱”“要钱不要原则”等陷阱。

（2）民事调解

调解是“在纠纷当事人以外第三者的主持下，对纠纷双方当事人进行调停说和，用一定法律规范和道德规范劝导纠纷双方，促使他们在互谅互让的基础上达成解决纠纷的活动”❷。根据《中华人民共和国人民调解法》的规定，民事调解是指“人民调解委员会通过说服、疏导等方法，促使当事人在平等协商基础上自愿达成调解协议，解决民间纠纷的活动”。“人民调解制度是具有中国特色的民事调解制度，是依法设立的群众性组织采用居间的调解方式解决民事纠纷的方式。”❸ 人民调解委员会是基层群众自治组织居民和村民委员会的常设工作机构之一，是在基层人民政府和基层人民法院指导下，

---

❶ 《最高人民检察院关于办理当事人达成和解的轻微刑事案件的若干意见》第二条规定：“对于依法可能判处三年以下有期徒刑、拘役、管制或者单处罚金的刑事公诉案件，可以适用本意见。上述范围内的刑事案件必须同时符合下列条件：1. 属于侵害特定被害人的故意犯罪或者有直接被害人的过失犯罪；2. 案件事实清楚，证据确实、充分；3. 犯罪嫌疑人、被告人真诚认罪，并且已经切实履行和解协议。对于和解协议不能即时履行的，已经提供有效担保或者调解协议经人民法院确认；4. 当事人双方就赔偿损失、恢复原状、赔礼道歉、精神抚慰等事项达成和解；5. 被害人及其法定代理人或者近亲属明确表示对犯罪嫌疑人、被告人予以谅解，要求或者同意对犯罪嫌疑人、被告人依法从宽处理。”

❷ 蔡劲松，李亚梅. 当代大学生法律意识构建：权利、救济、义务、责任［M］. 北京：北京航空航天大学出版社，2007：159.

❸ 武术霞. 完善我国民事调解制度之思考［J］. 法学杂志，2006（03）：153-155.

依法设立的调解民间纠纷的群众性组织。❶ 人民调解委员会依据相关的法规政策和道德规范，在当事人自愿、平等的基础上，居间主持调解；调解达成一致后，制作人民调解协议书。经人民调解委员会调解达成的、有民事权利义务内容，并由双方当事人签字或者盖章的调解协议，具有民事合同的性质。❷ 双方当事人都应当按照调解协议的约定履行，任何人不得擅自变更或者解除调解协议。

民事调解是一种非正式的解决渠道，主要是当事的各方协商解决违纪引发的纠纷或冲突。为节约成本，如果缺少支撑法律事实的合法证据，或违纪纠纷调解能够成功，而且违纪行为没有对学校正常的教育秩序和相关主体的合法权益造成严重损害，那么后续的惩戒处理程序就可以不启动。如果调解不成功，各方可以寻求其他纠纷解决程序。

调解是较低成本解决纠纷并且能取得良好社会效果的一种救济途径。双方一旦达成调解，调解方案履行起来会相对容易。学校范围内的民事调解是由教育活动或与教育有关的活动引起的校内纠纷，是解决纠纷的非诉讼活动，属于诉讼外的民间调解。当学生、家长认为学校或老师的问责不当时，各方当事人可以在协商的基础上达成协议。这主要是靠当事人自觉履行，不具有法律上的强制性。在校内调解时，若一方或双方当事人反悔，均有权向人民法院提起诉讼或根据双方约定向仲裁机构申请仲裁，调解委员会必须尊重当事人的选择。

民事协商和民事调解主要是纠纷双方面对面直接进行沟通，以此来达到解决争议的救济途径，属于“自力救济范畴”❸。民事调解与民事协商虽然都是在双方当事人自愿的原则下进行的活动，但也有不同的地方。民事协商可以请第三人从中斡旋，但必须以双方当事人的意思一致作为达成协议的根据，第三人并不实质参与当事人之间的协商；而民事调解则需要用居间的调解方式解决民事纠纷。同时，协商和调解应当与补救性教育措施❹结合使用。

❶ 张光杰. 中国法律概论［M］. 上海：复旦大学出版社，2005：294.

❷ 蔡劲松，李亚梅. 当代大学生法律意识构建：权利、救济、义务、责任［M］. 北京：北京航空航天大学出版社，2007：159.

❸ 蔡劲松，李亚梅. 当代大学生法律意识构建：权利、救济、义务、责任［M］. 北京：北京航空航天大学出版社，2007：158.

❹ 关于补救性措施，在本书第五章有系统论述。

2. 学生申诉与学生复议

在行政法中，有关非诉讼的法律救济的种类，按照法律救济性的严格程度，可以分为灵活程式化的法律救济和严格程式化的法律救济。前者有如申诉等基本没有程序限制的救济制度，后者有如行政复议等救济途径。

（1）学生申诉制度

行政法意义上的申诉，是指“受到行政机关违法或者不当处理的当事人，向有关国家机关陈述事实和理由并要求给予法律补救的意愿表达行为。”❶ 学生申诉制度，主要是指学校、教师在学生接受学校教育的过程中侵犯其受教育权、人身权、财产权等合法权益时，学生及其监护人依照法律规定向学校或者教育行政部门提出重新处理要求的法律制度❷。20 世纪 90 年代以来的一系列立法❸使学生申诉制度，特别是高校学生的申诉制度趋于规范，成为重要的学生权利救济制度。

根据相关教育法规的规定，学生申诉的范围主要是：

第一，学生对学校给予的处分不服。如果学生认定学校的处分不公正或侵害了其合法权益，可以提出申诉。

第二，学校或教师违反规定乱收费。学校乱收费、乱摊派，强迫或指定学生购买与教学无关的东西，学生可以提出申诉。

第三，学校或教师侵犯学生人身权。我国有关法律规定学校或教师不得体罚或变相体罚学生，不得侮辱学生人格尊严，否则学生有权提出申诉。

第四，学校或教师对学生的评价不公正。学生的评价涵盖从日常操行到学科考试成绩等诸多内容，校方评价必须坚持客观、公正的原则。如果学生认为评价不公正，影响到学生的学业、生活，可以提出申诉。

第五，学生的其他合法权益受到侵害的。其他合法权益包括侵犯学生的隐私权、知识产权、荣誉权、肖像权等。校方有侵犯上述权利的行为，学生可以提出申诉。

---

❶ 姜明安．行政法与行政诉讼法［M］．7 版．北京：北京大学出版社，2019：359.

❷ 周健．我国中小学学生申诉制度研究［D］．重庆大学，2012.

❸ 我国 1995 年《中华人民共和国教育法》第四十二条规定了学生的申诉权，允许学生在不服学校的处理决定，或是认为学校和教师侵犯其合法权益时，依照教育法及有关法律的规定，向主管的行政机关申诉理由，请求处理。1995 年原国家教委在《关于实施〈中华人民共和国教育法〉若干问题的意见》中指出：各级教育行政部门要按照《教育法》和《教师法》的规定，建立和健全教师、学生的行政申诉制度。……各级各类学校还应建立和健全校内的申诉制度，维护教师、学生的合法权益。2005 年，教育部修订《普通高等学校学生管理规定》，对高校学生申诉的程序、机构、受理与处理等内容进行了较详细的规定。

学生申诉分为校内申诉和不服学校复查决定而向有关行政部门提起的再申诉。在现实生活中，由于中小学校在学生申诉方面欠缺相关法律依据，虽在现阶段也存在校内申诉与再申诉两个阶段，但校内申诉并不是法定的必经程序，且没有相关时效的规定❶。在校内申诉阶段，学生对学校作出的取消入学资格、退学处理或者违规、违纪处分有异议的，建议在接到学校处分决定书之日起五个工作日内向学校学生申诉处理委员会提出书面申诉。学校申诉处理委员会在听取申诉人的申诉后，应对纠纷或冲突的性质进行审查，并在规定时间内作出受理、不予受理、移交有关部门处理或建议到有管辖权的部门去申诉等决定。对受理的申诉案件，学生申诉处理委员会负责复查，并建议在接到书面申诉之日起十五个工作日内，做出复查结论并告知申诉人。如果对学校的复查决定有异议，学生可以向学校的主管教育行政部门再申诉。学生在接到学校复查决定书之日起的十五个工作日内，向学校所在地的教育行政部门提出书面申诉。教育行政部门应当在接到学生书面申诉之日起三十个工作日内，对申诉人的问题给予处理并答复。

（2）学生复议制度

行政复议是“中国以立法的形式确立起来的功能较完备的非诉讼法律救济途径，也是主要的行政救济途径，属于行政系统内部的监督和纠错机制”❷。而教育行政复议是“学校及其他教育机构、教师或学生认为具有国家职权的机关、组织及其工作人员作出的行政行为侵犯其合法权益，依法向作出该行为的上一级行政机关或者法律法规规定的机关提出复议申请并由后者依法进行审查并作出复议决定的法律制度”❸。简单来说，行政复议受理的是对解除教育法律关系的违纪处分不服的案件。

一般来说，学校和学生之间的法律关系包含两大类：一是平等的民事法律关系，即教和学的合同关系；二是行政管理关系，主要体现在学籍管理、学位证书发放上，这是法律法规赋予高校作为行政主体的权力。作为行政法律关系的主体，学校享有管理学生的权力。如果学生认为学校（特别是高

---

❶ 申素平. 教育法学：原理、规范与应用［M］. 北京：教育科学出版社，2009：285.

❷ 李韧夫，李楠. 高校学生权利救济的法律分析［J］. 学习与探索，2011（01）：116-118.

❸ 李韧夫，李楠. 高校学生权利救济的法律分析［J］. 学习与探索，2011（01）：116-118.

校）的具体违纪问责行为侵害了其合法权益，可以申请教育行政复议[1]。根据《行政复议法》第七条的规定，当学生认为行政机关的具体行政行为所依据的规定不合法时，具体包括国务院部门的规定，县级以上地方各级人民政府及其工作部门的规定，以及乡、镇人民政府的规定，在对具体行政行为申请行政复议的同时，可以一并向行政复议机关提出对该规定的审查申请。

根据《行政复议法》第九条的规定，当学生认为学校具体行政行为侵犯其合法权益的，可以自知道该具体行政行为之日起六十日内提出行政复议申请；但是法律规定的申请期限超过六十日的除外。因不可抗力或者其他正当理由耽误法定申请期限的，申请期限自障碍消除之日起继续计算。

行政复议机关收到行政复议申请后，应当在五日内进行审查，审查结果有三种：符合法定条件的应当受理；不符合申请条件的不予受理，并书面告知申请人；对符合法律规定，但是不属于本机关受理的行政复议申请，应当告知申请人向有关行政复议机关提出。行政复议机关自复议申请受理之日起七日内，应将行政复议申请书副本或者行政复议申请笔录复印件发送至被申请人。被申请人应当自收到申请书副本或者申请笔录复印件之日起十日内，提出书面答复，并提交当初作出具体行政行为的证据、依据和其他有关材料。除法律的相关规定外，复议机关应当自受理申请之日起六十日内作出行政复议决定。情况复杂的经负责人批准，可以适当延长，但延长期限最多不超过三十日。

3. 司法诉讼

司法诉讼可以分为行政诉讼、民事诉讼和刑事诉讼。学生对解除教育法律关系的纪律处分经过行政申诉或行政复议之后仍旧不服的，学生及其监护人可以依法向法院提起行政诉讼；当然，学生也可以不经行政申诉或复议直接向法院提起行政诉讼。对于侵犯了学生的基本民事权利并且造成学生受损害，符合法律规定且经调解不成功的，学生及其监护人可以依法向法院提起

[1] 根据目前《行政复议法》的相关规定，学生遇有下列情形之一的，可以申请行政复议：对行政机关作出的警告、罚款、没收违法所得、没收非法财物、暂扣或者吊销许可证、暂扣或者吊销执照、行政拘留等行政处罚决定不服的；对行政机关作出的限制人身自由或者查封、扣押、冻结财产等行政强制措施决定不服的；对行政机关作出的有关许可证、执照、资质证、资格证等证书变更、中止、撤销的决定不服的；认为行政机关违法集资、征收财物、摊派费用或者违法要求履行其他义务的；认为符合法定条件，申请行政机关颁发许可证、执照、资质证、资格证等证书，或者申请行政机关审批、登记有关事项，行政机关没有依法办理的；申请行政机关履行保护人身权利、财产权利、受教育权利的法定职责，行政机关没有依法履行的；认为行政机关的其他具体行政行为侵犯其合法权益的。

民事诉讼。[1] 刑事诉讼一般分为公诉案件和自诉案件，相对较成熟，不再赘述。

(1) 教育行政诉讼

行政诉讼是“行政相对人与行政主体在行政法律关系中发生纠纷后，依法向人民法院提起诉讼，人民法院依法定程序审查行政主体行政行为的合法性，并判断行政相对人的主张是否有法律和事实依据，然后作出裁判的一种活动”[2]。从本质上看，行政诉讼本身就是行政相对人权利受到行政主体侵犯时的一种救济措施[3]。

教育行政诉讼是行政诉讼的一种。教育行政诉讼是指公民、法人或其他组织和个人认为行政机关的具体行政行为侵犯了其受教育法所保护的合法权益，而以行政机关为被告提起行政诉讼。人民法院在双方当事人和其他诉讼参与人的参加下，进行审理作出判决[4]。由于受到特别权力关系理论的影响，在过去相当长的一段时间里，教育行政诉讼这一最终救济制度被排斥在教育法治的框架之外，教育领域长期处于“无讼”的环境。[5] 随着教育法制不断发展，司法介入教育行政争议的解决中，回应了多年来权利保护的迫切需求，也渗透出了权力与权利平衡的精神。

根据教育行政行为主体的不同，教育行政诉讼可以分为三种类型：第一种，学校作为行政相对人，在接受教育行政部门的监督和管理时对教育行政部门的行政行为不服而提起的诉讼；第二种，学校作为法规授权组织作出的教育行政行为，侵犯了内部组织成员的合法权益，由其内部组织成员（主要是师生）提起的行政诉讼；第三种，学生、教师因为教育行政部门不依法履行职责或不服教育行政机关作出的行政行为等情况而提起的行政诉讼。学生对学校和教育行政部门提起行政诉讼，符合上述第二种和第三种类型。学生诉学校，要满足以下条件：原告合格；有明确的被告；有具体的诉讼请求和事实根据；属于人民法院的受理范围和受诉人民法院管辖；符合起诉的时间限定和法定形式要件。

---

[1] 黄道主．效率与公平：我国中小学惩戒的合法性研究［M］．北京：知识产权出版社，2019：228.

[2] 姜明安．行政法与行政诉讼法［M］．7版．北京：北京大学出版社，2019：398.

[3] 陈光中．证据法学［M］．4版．北京：法律出版社，2019：100.

[4] 李晓燕．教育法学［M］．2版．北京：高等教育出版社，2006：279.

[5] 湛中乐，靳澜涛．我国教育行政争议及其解决的回顾与前瞻——以“推动教育法治进程十大行政争议案件”为例［J］．华东师范大学学报（教育科学版），2020，38（02）：1-18.

法院要审查诉状，并在七日内作出是否受理的决定。案件受理后，人民法院对具体行政行为进行合法性审查并依法作出维持、撤销或部分撤销、变更原处罚决定以及要求被告在一定期限内履行等判决。行政诉讼当事人若是不服一审法院未生效的判决、裁定，可在法定期限内提起上诉，请求上一级法院进行审判。在第二审程序中，上级法院需对上诉案件进行全面的审查并作出维持原判、依法改判或者撤销原判发回重审等判决。而对于已经生效的判决、裁定或其他法律文书，若义务人拒不履行时，有关执行机关可以依法采取强制措施使其得以实现。

在学生权利受到教育行政部门或者学校侵犯，特别是学生在被学校处分涉及学生受教育权利的情形下，学生可否在诉讼中得到赔偿，是教育法需要加强研究的重要问题。一般来说，学生的人身权和财产权受到行政部门侵害时，可以依照国家赔偿制度[1]获得相应的赔偿。但对于涉及学生的受教育权和学校行政权的行使的情况，学生是否能够获得赔偿，则取决于国家相关赔偿制度的规定。

（2）教育民事诉讼

民事诉讼是指处于平等地位的法律关系主体之间因财产关系或人身关系产生纠纷，依法向人民法院起诉，请求给予法律救济；人民法院在双方当事人和其他诉讼参加人的参加下，依法审理和解决民事纠纷，保护当事人合法权益的法律救济活动[2]。因此，教育民事诉讼可以概括为教育民事纠纷法律关系中的当事人为解决人身权、财产权等民事纠纷，依法向人民法院提起民事诉讼，由人民法院进行审理并做出裁判的制度。在教育民事诉讼中，当事人双方处于平等的地位。

对于学生诉学校的教育民事诉讼，主要涉及学生在学校的学习过程中受到人身伤害而引发的赔偿纠纷；学校或教师有不当教育行为涉嫌侵犯学生财产权的纠纷；学校或教师侵犯学生著作权、专利权纠纷；等等。一般来说，学生的人身权和财产权受到学校或教师的侵害而产生的教育民事纠纷较多，学生可通过民事诉讼的途径来获取民事赔偿。

---

[1] 《国家赔偿法》第七条第三款规定："法律、法规授权的组织在行使授予的行政权力时侵犯公民、法人和其他组织的合法权益造成损害的，被授权的组织为赔偿义务机关。"第九条第二款规定："赔偿请求人要求赔偿，应当先向赔偿义务机关提出，也可以在申请行政复议或者提起行政诉讼时一并提出。"

[2] 蔡劲松，李亚梅. 当代大学生法律意识构建：权利、救济、义务、责任［M］. 北京：北京航空航天大学出版社，2007：161.

学生提起教育民事诉讼，特别需要注意以下几个方面。

第一，教育民事诉讼的起诉必须符合下列条件：①原告是与本案有直接利害关系的公民、法人和其他组织；②有明确的被告；③有具体的诉讼请求和事实、理由；④属于人民法院受理民事诉讼的范围和受诉人民法院管辖。

第二，民事诉讼的提起具有诉讼时效，需要在诉讼时效期内提起诉讼。普通诉讼时效为三年，从当事人知道或应当知道其权利受到侵害之日起计算。

第三，一旦民事判决、裁定发生法律效力，当事人必须履行。如若一方拒绝履行，对方当事人可以向人民法院申请执行，也可以由审判员移送执行员执行。同时，当事人必须履行调解书和其他应当由人民法院执行的法律文书。如果一方拒绝履行，对方当事人也可以向人民法院申请执行。

## 四、基于证据的法律责任证明

俗话说，“打官司就是打证据”“诉讼在某种意义上是证据的证明过程”。在学生违纪处分问责的教育纠纷中，一旦出现了校方证据不足、无法证明自己的处分是合理合法等问题，学校就可能会因证据举证不力而败诉。证据是“能够证明某事物的真实性的有关事实或材料”❶。在诉讼程序中，诉讼证据是审判人员、检察人员、侦查人员等依照法定的程序收集并审查核实，能够证明案件真实情况的材料，即理论界所主张的“材料说”❷。案件事实发生在过去，但办案人员有可能通过证据再现案件的基本事实，查明事实真相。“证据成为诉讼认识主体与诉讼认识客体的唯一链接纽带与桥梁。”❸ 这足可见证据在诉讼案件中的重要作用。因此，只有各方收集好证据，增强证据的证明力，并且做好证据的保全，才能在学生违纪问责的纠纷中处于有利地位。

### （一）证明责任

证明责任是指“诉讼中承担提出证据证明案件事实的法律上的义务”❹。在不同的诉讼类型中，证明责任承担的主体有所不同。

#### 1. 刑事诉讼中证明责任

在刑事诉讼案件中，不管是公诉案件还是自诉案件，证明责任均由起诉

---

❶ 陈光中. 证据法学［M］. 4版. 北京：法律出版社，2019：137.

❷ 樊崇义. 证据法学［M］. 6版. 北京：法律出版社，2017：125.

❸ 陈光中. 证据法学［M］. 4版. 北京：法律出版社，2019：87.

❹ 邹瑜，顾明. 法学大辞典［M］. 北京：中国政法大学出版社，1991：805.

方承担。《中华人民共和国刑事诉讼法》（以下简称《刑事诉讼法》）第五十一条规定："公诉案件中被告人有罪的举证责任由人民检察院承担，自诉案件中被告人有罪的举证责任由自诉人承担。"此法条是证明责任理论中"谁主张，谁举证"在刑事诉讼中的直接体现[1]。在刑事诉讼中，起诉一方的证明责任主要表现在提出诉讼证明的主张、提供证据责任、说服责任和不利后果承担的责任这四个方面。证据不足，达不到相应证明标准的，起诉将会被撤销或者驳回。其中，《刑事诉讼法》第二百一十一条第二款规定："缺乏罪证的自诉案件，如果自诉人提不出补充证据，应当说服自诉人撤回自诉，或者裁定驳回。"

2. 民事诉讼中证明责任

民事诉讼中证明责任的安排也是以"谁主张，谁举证"为原则。《中华人民共和国民事诉讼法》（以下简称《民事诉讼法》）第六十七条第一款规定："当事人对自己提出的主张，有责任提供证据。"根据此法条的规定，不管是哪一方当事人，也不管其主张的是什么事实，只要提出主张，主张者就有责任对主张的事实加以证明。此外，最高人民法院《关于民事诉讼证据的若干规定》第二条规定："当事人对自己提出的诉讼请求所依据的事实或者反驳对方诉讼请求所依据的事实有责任提供证据加以证明。没有证据或者证据不足以证明当事人的事实主张的，由负有举证责任的当事人承担不利后果。"因此，在学生违纪问责不当的民事诉讼中，提起诉讼的学生和家长应首先对自己提出的诉讼请求所主张的事实加以证明。在学生受到不当问责时，学生必须拿出证据证明自己有遭受到"不当问责"的主张，而不是空口无凭，认为自己的权利受到侵害却拿不出实质性的证据。一旦学生无法举证自己遭遇了不当问责，学生向问责主体追责将无法获得法律事实的支持。

3. 行政诉讼中证明责任

在学生诉学校不当问责的案件中，大多数案由为行政诉讼。在行政诉讼过程中，证据的收集、运用和审查判断无一不体现着行政诉讼证据制度的人权保障思想。行政诉讼中证明责任的分配与刑事诉讼和民事诉讼不同。它既不是由双方当事人分担，也不由原告负担，而是由被告承担。这在行政诉讼

[1] 卞建林，谭世贵．证据法学［M］．4版．北京：中国政法大学出版社，2019：472.

中被称为“证明责任倒置”[1]。

《行政诉讼法》第三十四条规定：“被告对作出的行政行为负有举证责任，应当提供作出该行政行为的证据和所依据的规范性文件。”最高人民法院《关于行政诉讼证据若干问题的规定》第一条也规定：“被告对作出的具体行政行为负有举证责任。”依法行政原则要求行政主体在作出行政决定尤其是作出不利行政决定时应当有充分的证据，在程序上遵循“先取证，后决定”的顺序规则。只有在收集到确实、充分的证据后，行政机关才能作出相应的行政决定。因此，行政机关向法院提交的证据应是行政决策前就已经收集到的证据。我国的行政诉讼是以被诉具体的行政行为进行合法性审查为核心的诉讼，被告主张的是一种行政权发生法律要件存在的事实[2]，因此被告对作出的具体行政行为负有证明责任。

在违纪学生不服校方的行政处分并提起行政诉讼的情况下，学校作为被诉方必须“自证清白”，证明对学生所作出的处分是合法的。学校一旦不能对此作出证明就会败诉，学校对学生所做纪律处分也会被法院撤销。

### （二）证据种类

证据的种类是指法律规定的证据的不同表现形式[3]。关于证据的种类，我国刑法、民法、行政法这三大基本法皆有相关法律条文对其进行具体阐述，同时，在学理上同样也有证据的相关分类。因此，证据的种类有法定种类和学理分类两个大类。

#### 1. 法定种类

我国证据种类的法律规定受苏联法律影响。苏联法学将证据种类称为“证据来源”。苏联法学界将“证据来源”分为两类：第一类是人的陈述，包括证人的证言、鉴定人的意见和被告人的辩解和供述；第二类是实物，包括物证、文件及其他书面证据[4]。

苏联“证据来源”的分类在我国关于证据法定种类的分类上有迹可循，三大基本诉讼法皆对证据的种类作出了规定。根据《刑事诉讼法》第五十条

---

[1] 尽管在行政诉讼中由被告承担证明责任，但并不等于原告就不能向法院提供任何证据。原告同样对有关的程序法事实负有证明责任。比如，在提起行政诉讼时，原告就应当提供证据对其起诉请求符合起诉条件进行证明。

[2] 叶青．诉讼证据法学［M］．2版．北京：北京大学出版社，2013：264.

[3] 陈光中．证据法学［M］．4版．北京：法律出版社，2019：152.

[4] 陈光中．证据法学［M］．4版．北京：法律出版社，2019：153.

的规定，证据包括物证，书证，证人证言，被害人陈述，犯罪嫌疑人、被告人供述和辩解，鉴定意见，勘验、检查、辨认、侦查实验等笔录，视听资料、电子数据。根据《行政诉讼法》第三十三条的规定，证据包括书证、物证、视听资料、电子数据、证人证言、当事人的陈述、鉴定意见、勘验笔录、现场笔录。根据《民事诉讼法》第六十六条的规定，证据包括当事人的陈述、书证、物证、视听资料、电子数据、证人证言、鉴定意见、勘验笔录。

由此可见，我国现行法律都对证据的种类作出了具体的划分。这一划分规范了诉讼证据的标准，并从法律上对证据的有效表现形式作出了强制性的界定。一旦超出这个界定，证据便不能成为有效的诉讼证据[1]。

2. 学理分类

证据的学理分类是对证据的学理划分，指“根据证据的来源、作用及其他特点，按照不同的标准将证据在理论上划分为不同的类别”[2]。根据不同标准，我国学界将诉讼证据种类划分为原始证据与传来证据、言词证据与实物证据、直接证据与间接证据、控诉证据与辩护证据、本证与反证、主证与旁证这六大类[3]。

根据证据是否来源于案件事实，可将证据分为原始证据与传来证据。原始证据又称“原生证据”，是指在案件事实的直接作用或影响下形成的，直接来源于案件事实或从原始出处获得的第一手证明材料，比如目击者提供的证言、书证原本等。传来证据又称“派生证据”，是指不是直接来源于案件事实或原始出处，而是经过复制、转抄、转述等中间环节的证据[4]。常见的派生证据有各种物证和视听资料的复制品等。

根据证据的表现形式不同，可以将证据分为言词证据和实物证据，也就是人们通常所说的“人证”与“物证”。凡是表现为人的陈述，即以言词作为表现形式的证据，是言词证据；凡是表现为客观存在的物体，即以物品或痕迹作为表现形式的证据，是实物证据。

根据证据与案件主要事实[5]的证明关系，证据可以分为直接证据和间接证据。凡是能够单独地、直接地证明案件主要事实的证据，称为直接证据；凡

[1] 叶青. 诉讼证据法学［M］. 2版. 北京：北京大学出版社，2013：63.
[2] 陈光中. 证据法学［M］. 4版. 北京：法律出版社，2019：209.
[3] 叶青. 诉讼证据法学［M］. 2版. 北京：北京大学出版社，2013：110.
[4] 叶青. 诉讼证据法学［M］. 2版. 北京：北京大学出版社，2013：110.
[5] 案件主要事实，是对确定案件争议具有关键意义的事实。三大诉讼案件主要事实侧重不同。

是不能单独、直接进行证明，且需要与其他证据相结合才能证明案件主要事实的证据，称为间接证据[1]。在司法实践中，直接证据为数不多，主要有当事人的陈述、证人证言、书证和视听资料。

在刑事诉讼中，以证据的证明作用为划分标准，可以把证据分为控诉证据与辩护证据。能够证明犯罪事实存在，证明犯罪嫌疑人、被告人有罪或者罪重、加重刑事责任的证据，是控诉证据；能够否定犯罪事实存在，证明犯罪嫌疑人、被告人无罪或者罪轻、减轻刑事责任的证据，属于辩护证据。[2]

### （三）证据证明力

证明力是证据的自然属性，它取决于证据与待证事实之间的逻辑关系，由证据的属性所决定的，即“客观性”“关联性”和“合法性”，不同于证据能力[3]。

#### 1. 证据的属性

（1）客观性

证据的客观性是指证据事实必须是“伴随着案件发生、发展的过程而遗留下来的，不以人们的主观意志为转移而存在的事实”[4]。证据的客观性不足则不能作为定案依据（见案例）。

**案例　周某诉北华大学教育行政纠纷案**[5]

原告周某因对被告北华大学对其作出撤销其学士学位的行政处分感到不满而提起诉讼。被告北华大学向原审法庭提供如下两则证据：2008 年 7 月 16 日的学生考试违纪、作弊处理记录单；2008 年 7 月 16 日的北华大学学生考试考场记录单。校方认为提交的这两则证据能够有效证明原告周某有考试作弊行为，违反了校规，对周某作出撤销其学士学位的处分有证据可循。而周某则认为这两项物证“均有涂改痕迹且无本人签字，形成时间不清楚”。二审法庭认为上述的两则证据均属间接证据，且存在明显瑕疵，在周某否认或者提出质疑的情况下不能对其真实性予以认定。基于此情况，法院判定

---

[1] 高家伟．证据法基本范畴研究［M］．北京：中国人民公安大学出版社，2018：168.

[2] 何家弘，张卫平．简明证据法学［M］．4 版．北京：中国人民大学出版社，2016：46.

[3] 证据能力是证据的法律属性，取决于证据是否被法律许可用来作为待证事实的依据。

[4] 樊崇义．证据法学［M］．6 版．北京：法律出版社，2017：126.

[5] （2013）吉中行终字第 96 号。

这两则证据因缺乏客观性而不能作为定案依据。

(2) 关联性

证据的关联性是指“作为证据内容的事实与案件事实之间存在某种联系”❶。《最高人民法院关于行政诉讼证据若干问题的规定》第四十九条规定：“法庭在质证过程中，对与案件没有关联的证据材料，应予排除并说明理由。”该规定表明，即使高校能提供一些与案件当事双方有关的证据，但该证据与案件本身并没有任何实质性的联系，则此证据为无效证据（见案例）。

**案例　谢某与太原某大学开除学籍决定案❷**

原告谢某不服被告太原某大学因其为他人替考而开除学籍的决定，向太原市万柏林区人民法院提起行政诉讼。被告太原某大学提供的证据中有三项为：《太原某大学学生入学指南》、2012级机械学院新生入学教育考试成绩单、太原某大学学生中文成绩单。校方主张这三项证据能够证明原告谢某在入学时已经接受了校纪教育，本人对违反校纪的性质及后果是明白的，应当承担违规以后的相应责任；二是能证明原告谢某的学习成绩较好是为他人替考的原因之一。而法院则认为，这些证据与此案审查的具体行政行为并没有关联性，因此不予采纳。此案中高校未能建立所提供的证据与案件事实之间的实质性联系，即使提供的证据与原告谢某相关，也不具备有相应的证明力。

一般来说，不具有关联性的证据有：类似行为、品格证据、特定的诉讼行为、特定的事实行为、被害人过去的行为等。

(3) 合法性

证据的合法性是指“证据的形式、收集的方法要符合法律的要求，证据材料转化为证据必须经过法律规定的程序”❸。换言之，证据的合法性就是指证据的取证和制作主体合法、形式合法、取证程序和方法合法，并且经过法定程序的查证属实。

《最高人民法院关于行政诉讼证据若干问题的规定》第五十五条规定：

❶ 樊崇义．证据法学［M］．6版．北京：法律出版社，2017：127.

❷ （2015）万行初字第00003号。

❸ 樊崇义．证据法学［M］．6版．北京：法律出版社，2017：128.

“法庭应当根据案件的具体情况，从以下方面审查证据的合法性：（一）证据是否符合法定形式；（二）证据的取得是否符合法律、法规、司法解释和规章的要求；（三）是否有影响证据效力的其他违法情形。”在具体的司法实践中，学生违纪引发的诉讼中，校方败诉的绝大部分原因都是因为证据不具有合法性而不被法院采纳。

一般来说，在学生诉学校的司法案件中，学校出现证据不具有合法性的情形大致有两种。

第一种是指证据形成的程序违法。《行政诉讼法》第三十五条规定；“在诉讼过程中，被告及其诉讼代理人不得自行向原告、第三人和证人收集证据。”依法行政原则要求行政机关在作出行政决定尤其是作出不利行政决定时应当有充分的证据。如果允许行政机关在诉讼过程中再去收集证据，就违背了“先取证，后决定”的规则。行政机关向法院提交的证据必须是在行政决策前收集的证据[1]。这也是为什么行政机关在行政诉讼中不仅承担举证责任，而且这种举证责任的履行也要受到严格的时间限制。如果超过了法定履行期限，即使其提交的证据实体上能够证明其行为的合法性，法院也将认定该证据无合法性。如石河子大学诉郭某某教育行政处理二审案[2]。该案中，原审被告石河子大学提交了《关于对郭某某、贾某某、连某某 3 位同学考试作弊的处理决定》作为开除学籍的证据，并提交了郭某某在考试作弊当天书写的《情况说明》和证人证言作为证明其考试作弊的证据。但法院审查后认为后两项证据并不能充分证明学校在作出开除学籍决定之前已向郭某某告知了其享有陈述和申辩权，并且听取了其陈述及申辩。学校在保障学生程序性权利时出现纰漏，因此二审法院仍维持一审判决，认为石河子大学发的《处理决定》这一证据违反程序正确，因此不予采纳。

第二种是证据适用法律有误。以林某某诉西北民族大学[3]为例。林某某因不服其打架斗殴被学校开除学籍的处分提起行政诉讼。法院认为西北民族大学对林某某作出的开除学籍的处分不属于《普通高等学校学生管理规定》第五十四条中规定的开除学生学籍的情形，并且西北民族大学提交的《西北民族大学学生违纪处理办法》第十五条规定——“持械打人者”开除学籍——并无上位法支持，因此法院也就不予认同。

---

[1] 陈光中. 证据法学［M］. 4 版. 北京：法律出版社，2019：420.

[2] （2016）兵 08 行终 4 号。

[3] （2016）甘行终 133 号。

### 2. 证据的证明力

证据的证明力是“证据对案件事实的证明的价值和功能，亦即证据的可靠性、可信性和可采性”❶。关于证据的证明力，在《最高人民法院关于行政诉讼证据若干问题的规定》第六十三条中进行了规定，证明同一事实的数个证据，其证明效力一般可以按照下列情形分别认定：

“（一）国家机关以及其他职能部门依职权制作的公文文书优于其他书证；

（二）鉴定结论、现场笔录、勘验笔录、档案材料以及经过公证或者登记的书证优于其他书证、视听资料和证人证言；

（三）原件、原物优于复制件、复制品；

（四）法定鉴定部门的鉴定结论优于其他鉴定部门的鉴定结论；

（五）法庭主持勘验所制作的勘验笔录优于其他部门主持勘验所制作的勘验笔录；

（六）原始证据优于传来证据；

（七）其他证人证言优于与当事人有亲属关系或者其他密切关系的证人提供的对该当事人有利的证言；

（八）出庭作证的证人证言优于未出庭作证的证人证言；

（九）数个种类不同、内容一致的证据优于一个孤立的证据。”

值得一提的是，虽然现阶段我国关于刑事诉讼证据和行政诉讼证据的证明力的相关法律还未完善，但由于证据的种类相同，可以参照《最高人民法院关于民事诉讼证据的若干规定》来提高证据的证明力。

## （四）证据保全

证据保全是指“对证据进行保存和固定的行为”❷。换言之，证据的保全是指为了防止特定证据的自然泯灭、人为毁灭或者以后难以取得，因而在收集时、诉讼前或诉讼中用一定的形式将证据固定下来，加以妥善保管，以便公安司法人员或律师在分析、认定案件事实时使用❸。通常来说，证据保全的

---

❶ 樊崇义. 证据法学［M］. 6版. 北京：法律出版社，2017：3.

❷ 段文波，李凌. 证据保全的性质重识与功能再造［J］. 南京社会科学，2017（05）：81-88.

❸ 《中华人民共和国民事诉讼法》第八十四条规定：“在证据可能灭失或者以后难以取得的情况下，当事人可以在诉讼过程中向人民法院申请保全证据，人民法院也可以主动采取保全措施。”最高人民法院《关于民事诉讼证据的若干规定》第二十四条规定：“人民法院进行证据保全，可以根据具体情况，采取查封、扣押、拍照、录音、录像、复制、鉴定、勘验、制作笔录等方法。”《中华人民共

主体是行政机关和司法机关[1]。校方要证明对违纪学生的处分得当，需保证对该问责事件有全局性的把控。在学生诉学校问责不当的行政诉讼中，学校作为行政主体需“自证清白”，需在作出处分决策前完成对证据进行收集、保存和固定。此处的证据保全专指校方对证据的保全。

1. 证据保全的措施

证据若得不到妥善的保全，就容易造成证据的流失与损毁。法规未明确规定证据保全的措施，在实操时应根据具体问题具体分析，根据不同情况采取相应的措施。证据有许多种类，在证据保全上必须依据诉讼法的规定，针对不同种类的证据采取不同的方法。校方要做好证据的保全工作，就需要有健全的证据保管手续，形成完整的证据保全程序。在校生发生违纪问责的行政行为时，学校保全证据应当注意以下几点：第一，对于陈述类的证据，学校应当采用笔录的方法固定，如实地记载陈述内容，并且应经陈述人仔细核对无误后由其本人签名或盖章。对记载有遗漏或者差错的还应当予以补充或改正，并对改正、补充处由陈述人签名或盖章[2]。为防备陈述人拒不签字的，可以用录音、录像或见证人签字的形式予以确认。第二，当某些物证或书证有可能丢失或被毁损时，学校行政人员应当尽快采取办法，合理保存。第三，对于书证而言，学校行政人员可以进行拍照和复制。在实务中，学校因证据保全不佳而败诉的情形并不少见（见案例）。

（接上注）

和国行政诉讼法》第四十二条规定：“在证据可能灭失或者以后难以取得的情况下，诉讼参加人可以向人民法院申请保全证据，人民法院也可以主动采取保全措施。”《中华人民共和国行政处罚法》第五十六条规定：“行政机关在收集证据时，可以采取抽样取证的方法；在证据可能灭失或者以后难以取得的情况下，经行政机关负责人批准，可以先行登记保存，并应当在七日内及时作出处理决定，在此期间，当事人或者有关人员不得销毁或者转移证据。”最高人民法院《关于行政诉讼证据若干问题的规定》的要求，当事人根据《行政诉讼法》的规定向人民法院申请保全证据的，应当在举证期限届满前以书面形式提出，并说明证据的名称和地点、保全的内容和范围、申请保全的理由等事项。当事人申请保全证据的，人民法院可以要求其提供相应的担保。法律、司法解释规定诉前保全证据的，依照其规定办理。人民法院依照《行政诉讼法》之规定保全证据的，可以根据具体情况，采取查封、扣押、拍照、录音、录像、复制、鉴定、勘验、制作询问笔录等保全措施。人民法院保全证据时，可以要求当事人或者其诉讼代理人到场。

[1] 樊崇义. 证据法学［M］. 6版. 北京：法律出版社，2017：247.

[2] 樊崇义. 证据法学［M］. 6版. 北京：法律出版社，2017：250.

**案例 吕某某与惠州学院教育行政管理二审行政案❶**

体育系再次通知两名学生到系办签名，学生声称已和任课教师黄某老师说明当时作弊情况，便将检讨书从教学秘书处骗回，使作弊证据无法确认……

在该案中，检讨书作为证明学生作弊的重要书证，学校应当妥善保存。遗憾的是，学生轻而易举就将检讨书从教学秘书处骗回，使得此项重要的证据流失。这样一来，即使学生作弊是客观事实，但因缺少检讨书这一关键证据使学生作弊的法律事实无法得到确认。

2. 证据保全的要求

证据的收集和保全对学校来说是一项十分重要的诉讼活动，也是正确处理诉讼案件的前提。学校要在法律上证明自己问责得当，必须要保证证据的客观性、关联性和合法性。通常，“合法要求、主动及时、客观全面、深入细致、妥善保全”❷ 是证据调查与收集必须遵循的要求。因此，学校在保全证据时，需要注意以下几点：

第一，学校应当在尽可能的情况下提取原始证据。只有在原物损毁、灭失或者无法搬动等特殊情况下，才可以退而求其次提取该物证的照片或副本。比如，在学生考试作弊的事件中，学生作弊所使用的工具、电子设备、试卷、监控视频等，应及时保存。

第二，学校提取、固定证据的过程应当制作笔录，笔录中应当载明发现、提取、固定证据的时间、地点等具体的内容❸。比如，在大学生替考的案件中，校方应当及时地将学生替考的经过用笔录或录音录像的形式记录下来，特别是学生所作出的检讨书或替考认定书等，一定要妥善保存和固定，并由当事人签署姓名和日期。

第三，证据在收集后需专门保管，任何人不得调换、损毁或者自行处理。对于已收集到的证据，学校应当由专人专项保存，而不是将证据随意摆放和处置，以免证据流失或损毁。比如，在上文所述的案例中，由于学校未能妥善保全证据，学生将书证骗回，使证据损毁，便是典型的反面教材。

---

❶ （2015）惠中法行终字第 61 号。

❷ 叶青．诉讼证据法学［M］．2 版．北京：北京大学出版社，2013：398.

❸ 樊崇义．证据法学［M］．6 版．北京：法律出版社，2017：251.

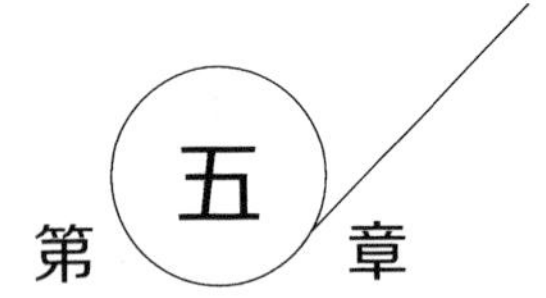

# 第五章 学生违纪的防范与补救

学生违纪不是偶发性孤立事件，而是特定因果链条的产物。行为主义的违纪管教模式难以杜绝学生违纪行为，并不适合在建构主义和后现代主义影响下成长的学生。违纪案件并不是单一、偶然、孤立的，行为主义的问责模式较难统筹考虑学生违纪的影响因素。教育必须从思想观念着手，引导学生重新理解和表达意义。这需要问责主体在系统性、整体性、建构性的思维下协调合作，通过形成教育合力来共同防范和补救学生的违纪行为。

## 一、防范与补救基本思想

“惩是手段，戒是目的”。受社会分工、流水线式作业和责任心等主客观因素的影响，事后问责的实践越来越流于形式，逐渐沦为学校履行管教职责的“秀场”。违纪问责只是问责主体履行管教职责的外在表现，属于事中环节。为了确保教育目的实现，扎根教育的事前防范与事后补救必不可少。

### （一）违纪是从量变到质变的结果

学生违纪行为是各种原因不断累积和作用的结果。海恩法则指出，每起严重事故的背后有 29 次轻微事故、300 起未遂先兆以及 1000 起事故隐患。[1]该法则说明了事故的发生是从量变到质变的积累结果，加强事前防范是有效应对举措。事故发生后，除了处理好事故本身，还要“举一反三”地排查征兆或苗头，及时处置潜在事故隐患，把问题消灭在萌芽状态。同理，学生违

[1] 石国亮. 管理学的智慧［M］. 北京：国防大学出版社，2013：188.

纪是从量变到质变的结果，有其发展变化的规律和征兆。不良行为往往是从细微过错开始的，开始貌似不痛不痒，但等到“习以为常”之后，就容易恶化为不良行为，发展到难以纠正的地步。

因此，加强事前防范是基础性、前提性的工作。教育系统既有应对办法失灵，使违纪管教成为一个棘手问题。我们可以通过提高防范意识和改善技术手段来应对。首先，及时发现和处置违纪先兆的信号。违纪行为从量变到质变的过程中，未能发现和放任不管是两个主要外因。任由学生的失范行为肆意发展，只会将学生推向违法乱纪的快车道。其次，充分重视学生表现出的看似不起眼的细节性问题，防止其不断积累导致质变。对于学生违纪行为及其征兆，要及时汇报、排查和处置。最后，针对可能引发学生违纪行为的情形和可能出现违纪行为的学生要有检查机制，及早发现问题征兆。在实操中，人的知识技能和责任心能够有效弥补技术和制度的不足。

### （二）未被禁止之事几乎必然发生

根据数理统计原理，假设某意外事件在一次实验（活动）中发生的概率为 p（p>0），则在 n 次实验（活动）中至少有一次发生的概率为 P＝1－（1－p）n。无论概率 p 多么小（即小概率事件），当 n 越来越大时，P 越来越接近 1。也就是说，因主体活动的次数不断增加，某一特定事件发生的概率会无限接近于 1。这就是著名的墨菲定律：如果坏事有可能发生，不管这种可能性有多小，它总会发生，并有可能造成极大破坏。由此可知，无论学生出现违纪行为的概率有多小，只要 p>0，违纪行为发生的概率终会无限趋近于 1，直至最后发生。

根据墨菲定律，学生违纪几乎必然发生。那么，事后补救不可或缺。当然，事后补救要谨防无所作为的“破窗效应”❶。具体环境承载并传递着某些特殊信息。一旦某种失范行为被容忍，这种现象就可能被放大和扩散。因事后补救可以防范事故继续发生，故我们必须理性看待防范与补救之间的辩证关系，积极制定应对方案。墨菲定律和破窗效应揭示了人们不应忽视小概率事件的管理学原理，提出了学生违纪事件必须坚持预防和补救并重的重要意

---

❶　所谓破窗效应，是指楼栋窗户破了之后，若未及时修补，则其他窗户也会被莫名其妙地打破；墙面涂鸦若未及时清洗，则墙面很快就会有更多不堪入目的涂鸦；很干净的地方一旦出现垃圾，就会有人乱扔东西且不觉羞愧。最初的破窗户、涂鸦与垃圾暗示着无序与纵容，成为“繁衍”失范行为的温床。参见刘儒德．班主任工作中的心理效应［M］．北京：中国轻工业出版社，2012：88.

义。小概率事件也许会酿成大祸患，我们能做的就是尽力防范和补救。

### (三) 防范与补救违纪有其限度

尽管学生违纪行为可防可控，但是人的有限理性和环境的复杂性导致防范与补救有其限度。具体来说，主要有以下几点。

其一，世界处于不断运动变化的混沌之中。主体及其所处的环境会因影响因素的变化而不断变化，既定的防范与补救措施是对既往经验的总结归纳，并不能完全保证可以适应不断变化的环境。

其二，教育系统里管教学生的人员在认知、意志、情感等方面差别较大，综合能力参差不齐。这些因素导致相关人员对规范的领会程度不一，对学生的外部表现和对潜在违纪信号的甄别能力也难以做到相对统一。

其三，违纪学生在问责过程中的配合十分重要。教育活动的参与者必须高度配合才能充分发挥防范与补救的教育效力。在某一特定的社会历史阶段，人的能力相对稳定，人主观能动性的发挥空间受到具体社会历史条件的限制。作为社会子部门，教育也出于同样的境地。

目前，各类规范性文件中的禁止性规定居多，旨在约束出现频率较高、破坏性较强的失范行为。但是，规定总会有疏漏[1]，需要我们采取迭代策略加以完善。

### (四) 但行好事，莫问前程

尽管防范与补救有其限度，但是育人工作如逆水行舟，教育主体必须有所作为。作为学生社会化的重要场所，学校更要勇担教育使命。学校及其教职工不能对学生在校期间的违纪行为视而不见，更不能敷衍塞责。否则，国家的教育目标和个人的教育诉求都会大打折扣直至落空。这要求教育主体，特别是教师要在日常的学生管教活动中主动积累实践经验，生成教育智慧，提高应对学生违纪行为的处置能力。

教育主体要尽可能积极地防范与补救。首先，学生违纪行为可防可控的信念不能动摇。我们要在信念指导下探索构建行之有效的处置办法，在推进

---

[1] 以恋爱为例。未成年学生恋爱，禁或不禁？禁止恋爱曾是中小学阶段家校生之间的普遍共识。很多学校校规都有如“禁止男女生在校内交往过密、言行举止亲昵等恋爱行为”的类似规定。但是，若将恋爱视为私事则“法无禁止即可行”。如今，未成年学生的恋爱行为似乎只能依靠刑法和道德才能干预了。未来，学校还会获得禁止未成年人谈恋爱的权威吗？如果会，那么权威从何而来呢？

制度化的过程中理顺体制机制。其次，学生违纪的防范与补救可构成循环迭代的闭环。做好防范工作可以有效规避违纪后的补救工作，而做好补救工作本身就是下一轮防范工作的开端。我们要通过防范与补救让违纪学生的思想意识与行为习惯重回正轨。

## 二、违纪征兆的信号识别

学生违纪行为在发生前会有各种信号或征兆。社会生态理论认为，影响个体发展的环境是一个层层镶嵌的多元系统，个体和组织也会反过来影响所处的社会系统。[1] 学生的成长环境也是由多个社会环境层层叠加才组成的一个社会系统，包括家庭、学校、社区和网络等多个人际子系统。学生作为各个系统中的成员，其观念和行为必定会受到社会系统的影响，也会反过来影响社会系统。通过考察学生所处的社会系统，特别是该系统呈现出来的异常现象，我们可以观测和辨别学生的违纪征兆，进而推断学生出现行为偏差的原因。

### （一）违纪征兆的信号内容

学生违纪征兆的信号识别是干预学生违纪的逻辑起点，是构筑学生违纪问责防线的第一步。学生违纪行为发生前会有某些征兆出现。一般情况下，学生形成违纪行为的时间越长，被发觉的可能性也就越大，正面引导学生也会更有利。及时准确地甄别学生违纪征兆的信号是育人的应有之义，也是现代学校制度建设的必然要求。在大量田野观察和个案调查的基础上，我们依据学生日常行为的类型将学生违纪征兆的信号内容大致分为三大类型。

#### 1. 学生个体日常行为异常

学生个体日常行为包括言语交谈、肢体行为、面部表情、日常着装等主要内容。人们可以通过观察发现一些可以作为违纪征兆信号的异常行为。

（1）言语交谈

语言交流是人们常用的交流方式，也是相对容易验证的观察渠道。我们在观察学生的日常言语交流时，要格外注意以下情形。

---

[1] 谷禹，王玲，秦金亮．布朗芬布伦纳从襁褓走向成熟的人类发展观［J］．心理学探新，2012，32（02）：104-109.

出口成“脏”[1]。脏话客观存在于社会交往的语库中，是社会“下水道文化”的阴暗表征。脏话因其简洁明了、表达精确、饶有趣味和直击要害等特点很容易传播。学生起初学说脏话时可能并没有真正理解话语的阴暗意义，但语境会帮助学生给脏话赋予意义，比如欺凌。学生，尤其是未成年学生习惯性地说脏话表明其所处的社会微环境默认甚至支持讲“脏话”。这种异常现象值得警惕。“说脏话”既可以是学生遭遇不顺之后的言语宣泄手段，也可以是对外表达个性特质的社交工具。不过，脏话的粗鄙、庸俗会影响到学生为人处世的风格。由于脏话本身是对公共秩序和公共道德的破坏，所以要及时规范和引导说脏话的行为，借此培养良好道德和维护身心健康。否则，说脏话容易变为违纪行为。

说话嗓音突然变化。也许有人会认为学生说话嗓音突然变化没什么可大惊小怪的，但访谈结果表明学生（特别是未成年人）嗓音突然变化与失范行为关系密切，常常表现为言语暴力。学生嗓音突然变化的常见原因包括但不限于以下几点：一是引起别人关注，比如为了吸引教师、同学的注意；二是宣示自己的权威，通过嗓音突变来“发号施令”；三是“目中无人”“自我中心”导致的失礼表达。之所以是违纪征兆的信号，是因为学生通过嗓音突然变化没有达到预期目的时，可能会激发其他形式来表达诉求，并进一步发展成为失范行为。教师在管教学生时需注意这种现象，并分析现象的成因。比如，学生用言语顶撞乃至谩骂教师，可能是对学校的一些管理措施或制度不满意，转而发泄到教师身上以示不满；也可能是对教师的一些具体做法不满，直接发泄自己的怨气，等等。

(2) 肢体行为

最为明显的信号当属携带易燃易爆、管制器具等危险物品到校。危险物品会对自己或者他人的生命健康和财产安全构成威胁。学生携带危险物品到校的主要原因是自我防卫、恐吓或威胁他人，仅有极少情况是炫耀。如果不及时预警和干预，该行为极有可能发展成为严重的违纪行为。

暴力侵犯他人身体健康的肢体行为。绝大多数学生血气方刚，自尊心强，

---

[1] 当发现学生有辱骂、讥讽、嘲弄、挖苦、起侮辱性绰号等方式侵犯他人人格尊严的行为，教师工应该及时制止。详见教育部. 未成年人学校保护规定［EB/OL］.（2021-06-01）［2021-11-04］. http://www.moe.gov.cn/srcsite/A02/s5911/moe_621/202106/t20210601_534640.html..

好胜心强，肢体冲突行为易引发严重违纪行为，如打架斗殴[1]。暴力行为会严重破坏校园安全，进而冲击学校秩序。恶性校园欺凌产生的重要原因之一就是没有制止初期的肢体暴力。经验表明，学生的一些打闹现象有发展成恶性伤害的潜质。

男女同学之间的暧昧接触。青春期的学生身心会发生巨大变化。不少学生热切希望在倾慕的异性面前展现自我，而且情感丰富，内心敏感。为了赢得认可而逞能，心智不成熟的学生容易做出过激行为。在此过程中，少数学生会把失范行为视为"英雄个性"，比如与家长、教师唱反调，把轻率当情重，把鲁莽当仗义，把幼稚当成熟，把冒险当勇敢。

（3）面部表情

面部表情能展现人的心理活动。学生城府尚浅，面部表情承载着内心世界喜怒哀乐的细微变化。观察学生的面部表情有助于了解学生的个性差异，推动师生间积极且真诚的互动沟通，进而达到因材施教的目的。既然面部表情展现着学生的内心世界，那么也能观察出学生是否有违纪倾向。与违纪相关度较高的面部表情主要有：

双眼发愣或眉头紧锁。此种表现说明学生心事重重，可能遭遇了自身难以解决的问题或无法打开的心结。一般情况下，人们会将此解读为心情不佳。事实上，学生的这类表情已经是内心持续挣扎的结果，情绪往往掺杂憎恨、懊悔和气恼，迫切需要释放压力。部分学生可能会实施危险行为，比如伤害他人或者破坏财物等。

其他反常的面部表情。反常的面部表情就是指与学生惯常的日常表情不同的面部表情。例如，活泼开朗的人突然变得沉默寡言，恬静内敛的人突然话多嘴碎或热情异常。学生有可能通过反常的表情来掩饰自己的真实想法，为实现真实目的打掩护。

（4）日常装扮

学生的日常装扮通常与学生身份相匹配。因为学生的主要任务是完成学业，其主要精力投放在课业学习，所以在校装扮较为简单实用，与已经非在校的成年人装扮有较大差异。然而，在求异、攀比、炫耀等心理作祟之下，一些学生在装扮上乐于彰显个性，与学生身份不相称的"辣眼睛"装扮时常

---

[1] 教师工应当及时制止学生殴打、脚踢、掌掴等侵犯他人身体或者恐吓威胁他人的行为。详见教育部. 未成年人学校保护规定［EB/OL］.（2021-06-01）［2021-11-04］. http://www.moe.gov.cn/srcsite/A02/s5911/moe_621/202106/t20210601_534640.html.

出现，比如烫发、染发、文身、佩戴首饰、穿薄透露的衣服（如超短裙、低腰裤等）、染指甲、穿高跟鞋等装扮。这些装扮与学生的价值判断和心理活动紧密联系，如对“酷”“帅”“时髦”“美丽”“漂亮”的理解。学生在思想不成熟的情况下很容易被误导并跟风，严重者会游荡于灰色地带，久而久之就会出现夜不归宿、抽烟酗酒、打架斗殴等社会失范行为。在复杂繁芜的社会环境中，老师们要言传身教，不仅要向学生传达社会居于主导地位的规范，特别是国家政权期待的主流价值判断，更要以身作则，行为世范。

2. 学生社会支持网络异常

“蓬生麻中，不扶自直。”良好的社会支持网络可以帮助学生避免大量成长过程中可能遭遇的危险。学生的社会支持网络主要由家庭、社区、学校、大众传媒以及同辈群体等构成，形成“重要他人”的集合体。

（1）家庭状况

家庭是人生的第一个课堂，其重要性不言而喻。家庭状况主要是指监护人情况、家庭氛围和家庭结构。

①监护人情况。

作为学生的监护人，父母是孩子的首任教师。父母的一言一行都会潜移默化地影响子女成长，包括行为习惯、个人性格、遗传性的生理特征等因素。比如，一些有智力障碍的父母无法辨别孩子的行为正确与否，导致孩子的失范行为在习得阶段无法得到及时纠正，蔓延到学校就演变成令学校头疼的违纪行为。监护人的不良嗜好和不正“三观”会大大增加孩子在校期间出现违纪行为的概率。再如，监护人有抽烟、酗酒和赌博的不良生活习性，在子女面前根本不收敛，导致辨识能力不足的孩子轻易染上这些不良习惯。恰好这些行为又是校规明令禁止的失范行为，直接导致学生视为“正常行为”的不良行为与学校的确立行为准则相冲突，进而导致违纪行为的发生。

②家庭氛围。

所谓家庭氛围，就是指家风。家庭氛围对学生的人格塑造、习惯养成和学业表现有重要影响。研究显示，“在和谐氛围下学习的学生，其成绩和品行均优于家庭和睦程度一般和紧张氛围的家庭的学生”[1]。一般说来，和谐型的家庭氛围最有利于孩子养成良好品行，取得优异学习成绩。在家庭不和睦氛围下成长的孩子容易形成行为怪癖、偏执任性、我行我素的性格特征；亲子

[1] 李娜. 小学生家庭环境与行为习惯养成的相关性研究［J］. 教育理论与实践，2011，31（17）：40-42.

关系不佳也会令他们对周围人群甚至对社会的信任度不足，对他人的好心劝诫持有抵触情绪。“放养型”的家庭氛围也不利于孩子养成良好品行和取得良好学业成绩。在该种氛围下成长的孩子长期处于被监护人忽视的状态，容易沾惹一些不良习性，若得不到及时发现与纠正，日积月累会导致积重难返。

③家庭结构。

家庭结构是特指家庭中成员的构成及其相互作用、相互影响的状态，以及由于家庭成员的不同配合和组织的关系而形成的联系模式。❶ 不同家庭结构下的父母及其子女在个性特征方面有显著性差异。具体而言，主干家庭中的父亲个性比核心家庭的父亲外向，善于人际交往，情绪较为稳定，不易暴躁发脾气。这对缓解家庭矛盾、维持主干家庭结构有一定影响。单亲家庭中的父母个性比核心家庭及主干家庭中的父母冷漠、孤僻、更有敌意、好攻击、是非感差，情绪不稳定。与核心家庭和主干家庭相比，单亲家庭的儿童情绪不够稳定、易出现冲动行为。核心家庭与主干家庭父母及儿童的个性均优于单亲家庭父母及儿童的个性，主干家庭的父亲个性优于核心家庭。❷ 上述结果表明家庭结构对子女的个性发展有重要影响。学校要针对不同的家庭结构开展研究，归纳总结不同家庭结构背景的学生的个性特征，然后有针对性地采取管教措施，尤其是来自单亲家庭的学生。家庭结构不良的学生容易受到来自监护人和社会其他人员的不良影响，容易触发失范行为且得不到及时矫正。学校可以就学生的家庭结构展开调研，在觉察家庭结构不良后积极采取应对措施。

（2）社区环境

社区是未成年人接触的第二个社会环境，对未成年人的品行养成具有重要影响。“孟母三迁”的故事能流传至今，足以说明社区环境的重要性。所谓社区，主要是指因地缘、亲缘等为主要社会关系将自然人在生活上相互关联在一起的社会群体。社区环境是未成年人活动范围超出家庭之后接触的社会环境，其他社会系统通过社区渗透自身的影响力。对于未成年人来说，社区环境是其接触社会的前沿。未成年人心智越不成熟，则其可塑性越强，社区环境潜移默化施加的影响力就越强，育人效果越明显。学生（尤其是小学生）的识别能力差，他们往往不自觉地接受了社区的影响。当然，社区环境

---

❶ 邓伟志，徐新．家庭社会学导论［M］．上海：上海大学出版社，2006：41-42.

❷ 何思忠，刘苓．不同结构家庭及精神环境下儿童个性特征与父母个性的关系［J］．中国心理卫生杂志，2008（08）：553-556，563.

是一个相对开放的社会生活环境，虽然缺少有目的、有计划的育人规划，不可避免地面临泥沙俱下的育人处境，但也是可以控制或干预的。这既是机遇也是挑战，如何辩证地看待和利用社区影响力的正反作用尤为重要。我们要引导未成年人批判地看待社区环境的各种现象，及时发现并纠正不良观念蔓延的苗头。

（3）学校氛围

对于学生而言，学校氛围主要由校风、班风构成。学校氛围既是学校“软实力”的表征，承载着办学声誉；也是学校的“隐性课程”，可以潜移默化地教导学生。多数家长将学校氛围作为择校时的首选依据。校园氛围的好坏与学生违纪频率和严重程度密切相关。有研究显示，对学生而言，教职工怠于履职的消极行为比学生自身的不良行为影响更恶劣。❶ 当学生在校期间出现违反校规的行为时，如果没有被及时规制，那么消极影响会迅速扩散，如逃学、旷课、不尊重教师、饮酒、滥用药物、校园欺凌等。换言之，“冰冻三尺非一日之寒”，校园氛围是监控学生纪律情况的重要维度，氛围不佳值得高度警惕。

（4）同辈群体

“物以类聚，人以群分。”同辈群体是判定学生是否容易出现违纪信号的重点考察对象。学生团体可以分为正式团体和非正式团体。其中，非正式团体大多以个人的喜好为基础建立，是学生可以相对自由选择的少数交往形式之一。同辈群体的亚文化对团体成员影响颇大，非常符合“近朱者赤，近墨者黑”的特征。研究显示，在排名越靠前的学校就读，或同班同学的学业表现越好，此人的学习成绩越好❷。近年来，学霸寝室“全保研”的新闻❸屡屡出现。这些情况表明与学业表现良好的同伴在一起，学生自己的学习成绩大

❶ 黄亮，高威．校风对中国学生学习的影响有多大?：基于 PISA2015 中国四省（市）师生行为数据分析［J］．中小学管理，2017（10）：16-18.

❷ 吴愈晓，张帆．“近朱者赤”的健康代价：同辈影响与青少年的学业成绩和心理健康［J］．教育研究，2020，41（07）：123-142.

❸ 扬州大学学霸宿舍全保研。参见腾讯网．牛！学霸宿舍 4 人全保研……［EB/OL］．（2020-10-17）［2021-08-23］．https://new.qq.com/omn/20201017/20201017A0274X00.html.

重庆大学一男生宿舍全体保研。参见重庆晨报．同寝 4 人全保研！传说中的“学霸寝室”再现重大！［EB/OL］．（2020-11-27）［2021-08-23］．https://www.cqcb.com/hot/2020-11-27/3337248_pc.html.

中南大学学霸宿舍全体保研。参见腾讯网．实力！颜值！中南大学这个学霸寝室全部保研名校！［EB/OL］．（2021-06-03）［2021-08-23］．https://new.qq.com/rain/a/20210603A0AAMK00.

概率不会差；也从侧面证明了人际交往微环境的重要作用。因此，当同辈群体有成员出现不良行为时，教育主体应果断预警并追踪，防止不良行为扩散和恶化。

（5）大众传媒

大众传媒是信息大众传播的主要平台，也是学生在人际传播、群体传播和组织传播之外获取信息的最主要渠道。大众传播是指专业化的媒介组织以普通社会成员为对象，运用先进的传播技术和产业化手段开展的大规模信息生产与传播。现今，自媒体、新媒体已经令信息传播蜕变为网络传播，加上大数据和人工智能的发展，“信息茧房”能够将人淹没在信息的海洋之中。研究表明，“在其他社会条件相同的情况下，观看暴力电影的学生比其他学生表现出了更多的攻击性行为”❶；暴力视频游戏不仅能够增加个体的攻击性，还会增强个体的暴力态度❷。例如，2G游戏（一种关于个体从青春期受枪伤后到死亡的娱乐游戏）就能够非常有效地改变被试青少年的暴力态度❸。大众传媒传播的信息鱼龙混杂。因此，各教育主体不仅要监管学生接触到的信息，还要培养学生独立思考与判断的能力。当各方教育主体发现不良信息出现在学生的现实生活情境时，要提高警惕。

3. 学生自身智力水平异常

智力水平直接影响学生的判断能力，间接影响其品行发展。研究者曾对500名有法庭记录的青少年罪犯做了智商测量❹。测量发现：青少年罪犯的智商分布与随机抽样的参照样本（无犯罪记录的青少年）相比，整体分布很相似，但平均智商低了8～10分；青少年罪犯中智商低的比较多，智商高的较少；不过，在智商全距的各个水平上都有青少年罪犯（也就是说，犯罪的青少年中既有智力超常者，也有智力低下者）。这表明青少年罪犯的智力相对较低，但并不排除高智商者。尽管智力高低与遵纪守法之间没有必然的正相关性，但教职工在履职过程中发现学生普遍不太聪明时，要提高警惕。一方面，

---

❶ 陈琦，刘儒德. 当代教育心理学（修订版）［M］. 北京：北京师范大学出版社，2007：421.

❷ Anderson, C. A. Causal Effects of Violent Sports Video Games on Aggression: Is It Competitiveness or Violent Content [J]. Journal of Experimental Social Psychology, 2009, 45, 731-739.

❸ Chen, J. K., &Astor, R. A. School Violence in Taiwan: Examining How Western Risk Factors Predict School Violence in an Asian Culture [J]. Journal of Interpersonal Violence, 2010, 25, 1388～1410. 也有研究指出暴力态度是指个体有关暴力的认知、情感和意向的结合体，详见雷浩，刘衍玲. 国外青少年学生暴力态度研究评析［J］. 比较教育研究，2013（01）：72-79.

❹ 陈琦，刘儒德. 当代教育心理学（修订版）［M］. 北京：北京师范大学出版社，2007：421-422.

教师要针对智商测量的原理检视测量工具本身是否有问题；另一方面，教师要尝试探寻学生违纪在认知层面的原因，究竟是理解不了规范还是有意违背规范。

### （二）违纪征兆的信号识别

违纪征兆信号的识别方法多种多样。多管齐下有助于构建相对稳健可靠的信息抓取渠道，为科学合理地推进防范与救济工作打下坚实基础。按获取手段的性质来分，学生违纪征兆信号的识别方法可分为人工识别、设备识别和技术识别三大类。[1]

#### 1. 基于业务经验的人工识别

业务经验可为运用自身的专业技能技巧处理和解决问题提供支持。基于业务经验的人工识别虽带有一定的主观性和片面性，但这种人工识别途径有利于迅疾反应学生违纪事件的发生，并为其他识别工作提供一定参考依据。学校是青少年学生社会化的主要场所，校方应切实履行及时发现和遏制青少年学生不良行为的教育功能。人工识别以教职工、家长、学生等为主，以其他主体为辅，以实名或匿名为途径。

教师作为重要的学生管教人员之一，对学生在校表现有比较清晰和深入的了解。教师的经验识别是识别学生违纪征兆信号的主要途径。教师可在课前、课上、课后诸多时间段留意班级内学生的具体情况，如情绪低落、学业成绩波动大、易与其他同学产生冲突等。

学校管理人员是负责校园安全的专职人员，在发现学生违纪的问题上也具有丰富的实操经验。学校管理人员应该不定期地检查校园公共设备设施是否完好，是否有学生聚集做出反常行为，比如打架斗殴、聚众滋事等。此外，学校管理人员还可以主动与学生交谈，通过一些纪律宣传活动，例如讲座活动、趣味运动会等，进一步加深学生与教育管理人员的亲密度。这也有助于日后更精准地识别学生违纪信号。

学校安保人员的经验识别也能起到及时发现的预防作用。具体来说，学校安保人员可实行轮换值班制度；建立校园巡逻制度，尤其是监控死角等隐蔽区域；建立定期检修制度，检查校园基础设施是否损坏并及时维修；建立访客登记制度，等等。校方要对安保人员进行学校安全管理以及管理育人的

---

[1] 黄道主，陈金玉．论校园暴力之风险识别［J］．三峡大学学报（人文社会科学版），2020，42（02）：21-27.

专门培训。

家长抓取学生违纪征兆信号的主要途径是日常的交谈与观察。首先，家长应时常检查孩子的物品，看是否有与学习无关的物品，特别是突然新增的危险品。其次，家长应积极询问孩子在校的学习生活，包括学习内容、人际交往、学业压力等。最后，家长可以察言观色，仔细观察孩子在情绪和行为上的反常变化[1]，比如孩子在家举动是否反常，是否愿意谈论校园故事等。家长与学生共处时间长，对学生熟悉程度高，相对更容易觉察反常现象。

同学是有效识别学生违纪征兆的重要角色。开展针对全体学生的纪律教育，强化学生对违纪征兆的识别能力和自我保护能力。随着年龄的增长，同辈群体相处时间更长，互动细节更丰富，更易发现违纪苗头。学生在教室、走廊、阳台、宿舍、体育场所等地点活动时，应注意观察身边同学的异常举动。

其他教辅人员也须关注学生在校表现，如是否存在辱骂、冲撞、打闹、推搡等异常行为。

此外，信号识别还可通过实名与匿名的途径向校方举报。在我国，学校安保人员力量缺乏、学生人数众多、教师数量有限。采用群众举报的方式可提高信号识别的效率，减少人力物力的投入。全体师生、教职工人员和学生家长可将实名或匿名的举报信息发送至校方规定的接收地址。

2. 基于基础设施的设备识别

基础设施的设备识别主要包含监控设备、校园建筑物的设计和心理诊疗。

监控设备已在学校大规模普及。尽管我国部分偏远贫穷地区的条件相对有限，但是学校的信息化建设程度已经大规模提升。为了强化学校的安保工作，大范围安装电子监控设备已成常态，部分已经与公安部门的安保系统联网。我国绝大部分学校的重要位置均设有电子监控设施，但金属探测仪的使用尚不普遍，主要在考场和突击检查时使用。

校园建筑物的设计是指通过专门设计校园内的建筑和设施来达到有效监测学生违纪征兆信号的目的。这需要校方在设计环节就整体考量布局和结构，比如“全景敞视主义”的技术运用。设计的主要目标是尽量减少私密角落或者难以巡查的空间，这样可以尽可能地减少学生违纪行为的隐秘性。

---

[1] 比如：是否情绪低沉，是否愿意与父母交谈，是否易怒易躁，是否经常放声大哭或低声啜泣，是否紧张不安或焦虑，是否害怕或恐惧，是否多疑或出现幻觉，是否有衣物损坏，是否经常与一些来路不明的社会人士或者是一些不太正经的同学朋友往来，等等。

心理诊疗是通过心理诊断来识别违纪征兆的信号和干预违纪行为。心理诊疗手段是从数理统计的角度推测学生内心的潜在违纪倾向。校方每年可通过采用专业的测评系统对在校学生进行心理测评。目前，我国很多学校均配备了专门的心理医生和配套的心理诊疗设施，比如心理咨询室。通过心理测评发现了有违纪倾向的学生，心理辅导人员可以跟进了解学生违纪行为的动因，为下一步干预做好准备。不过，如何实现心理健康教育活动与学生违纪征兆信号识别的有机统一尚需探索。

3. 基于数据挖掘的技术识别

技术识别是人工识别和设备识别难以代替的识别途径。计算机技术、数据处理技术、网络技术和通信技术已在各类技术识别工程中广泛运用。基于大数据挖掘的技术识别在学生违纪征兆信号的识别活动中日趋重要，具有极为广阔的应用前景。数据挖掘技术能扩大学生违纪征兆信号的有效识别范围，提高识别的精度。

建立违纪行为监测数据库是强化技术识别的当务之急。目前，我国缺乏监测学生违纪行为的体制机制，故实际发生的学生违纪案件难以详细统计，数据挖掘工作难以推进。据查，我国类似工作仅有最高人民法院于2018年发布的《司法大数据专题报告之校园暴力》[1]，尚缺少更为细致、全面和权威的数据搜集与整理的渠道。司法大数据的专题报告涉及的校园暴力事件是性质恶劣的刑事诉讼案件，对于常见的校园暴力事件类型未进行统计，更不用提其他类型的违纪案件。因此，该数据虽具权威性但缺少代表性。现有各方数据来源通常是地区性调查问卷、主流媒体上曝光的个别学生违纪案件，以此为依据得出的结论难具普遍适用性。另外，基层教育部门和一线的学校对大数据的重视程度不高，未关注学生违纪行为的相关数据的搜集与整理，难以形成权威的数据分析报告。

因此，政府可以探索建立学生违纪行为案件的数据库。鉴于各级各类学校的样本数量有限，建议综合各学校自身的技术水平等现实情况，采取由省级教育行政部门统筹主管，各学校配合支持，数据资源挖掘结果共享的策略建立数据库。同时，政府可以聘请一批能熟练操作数据库平台的专兼职人员，在信息保密的前提下，定期录入、检查和分析学生违纪案件的基本数据。

在学生管教实务中，前述三种违纪征兆的识别类型可以依据实际情况灵

[1] 中华人民共和国最高人民法院. 司法大数据专题报告之校园暴力［EB/OL］.（2018-09-19）［2020-07-10］. http://www.court.gov.cn/fabu-xiangqing-119881.html.

活运用。校方要加强相关人员的专业培训，提高识别学生违纪征兆信号的业务能力。综合权衡识别途径和识别内容，以此来判定学生出现违纪行为的概率。总之，学生违纪征兆的识别工作离不开管教人员的职业操守，打造一支专业过硬、责任心够强的管教队伍是学校防范学生违纪工作的重要内容。

## 三、违纪征兆的早期预警

学生违纪的早期预警是指当教育主体发现学生存在消极的思想和行为，甚至程度轻微的违纪行为时，通过警示、规劝等方式，引导学生重新回归社会主流规范。在此，教育主体（如学校、家庭和社区等）要合力构建方向一致、彼此协调、互为补充的预警机制。构建预警机制的目的在于通过对学生的思想引导、心理干预、纪律约束等教育方式，使学生能够端正态度、规范行为，进而帮助学生形成积极向上的精神风貌和良好的道德品质，营造和谐融洽的教育氛围，有效地预防或减少违纪行为的发生。

### （一）预警信号

依据学生违纪信号可能造成的危害程度、紧急情况和发展势态的差异，可以将预警类型分为一般预警、重点预警和退学预警三类。教育主体应对不同类型的预警有对应的处理方式。

一般预警是违纪信号预警的较轻等级，是指学生出现了一些个别且轻微的违纪征兆的信号，简单判断就能预测其发展态势的提示性预警类型。在此，征兆信号所反映的违纪行为在危害程度和紧急程度方面均较轻，比如无故不参加教育活动、情绪消极、打扮怪异、抽烟酗酒、打牌赌博、学习成绩波动大等。值得说明的是，这些行为表现很容易被教育人员定性为正常现象，熟视无睹乃至刻意忽视。然而，绝大多数违纪行为不是偶然发生的，其背后有更深层次的因果链条。该因果链条在学生言谈举止中释放出多种信号，并且形成一个不断发展演变的轨迹。我们应当警惕并及时介入。一般预警通常只需要教育人员多加留意即可实现，谨防学生的行为恶化为违纪行为。

重点预警相对于一般预警，违纪的征兆信号在危害程度和紧急程度更为明显和强烈。这一级别的预警所对应的行为表现是：经常性地夜不归宿，长时间逃课，同学关系紧张，学习成绩剧烈下滑，偶有打架斗殴，等等。出现此类违纪征兆时，全体教育人员要重点留意。对于学校而言，班主任一方面要着手调查，向科任教师、家长、学生搜集该生的行为表现，或者找学生当面了解情况；另一方面应该拟定或启动紧急处理方案，及时上报政教处、德育处、学工处等学校有关职能部门。重点预警需要教育人员重点关注的，有可能会进一步升级为退学预警。

退学预警是学生违纪预警中的最高等级，对应的紧急程度和危害程度达到了值得警惕的极值。退学预警并不是即将对学生作开除学籍、劝退或者勒令退学的处理，而是在注意级别上要提高警惕。触发退学预警的学生违纪信号包括但不限于：携带管制器械、易燃易爆等危险品到校，打架斗殴致人伤残甚至死亡，旷课次数接近退学标准，个人私生活混乱影响恶劣，等等。其中，危害性大是这些行为的共同点，紧急与否则要分情况讨论。对于退学预警，全体教育人员应密切注意其最新动向，相互沟通协作形成齐抓共管的合力。

### （二）预警决策

清晰的决策层级有助于及时准确地作出预警决策。构建预警决策层级既要体现决策的科学性和民主性，又要在学生个体和集体的正当利益之间找到平衡点。这需要我们设计一个符合多方面利益且能够长期有效发挥教育效果的决策系统。

首先，构建内容充实、真实可靠的信息网络。学校提前做好学生信息采集工作，通过班级、党团组织、宿舍成员、家庭以及社区等渠道大范围地采集学生信息。采集内容包括在校表现、在家表现和其他场合的表现。信息的采集、整合、加工要确保真实、可靠、有效。常见的信息载体有学生成长手册、家校联系手册等。这些手册是家、校、生共同完成的。

其次，由学校主导建立预警决策委员会。该委员会成员由校方代表、家长委员会成员、公安部门、社区工作人员代表等组成，主要负责评估违纪信号的危害性和紧急性，提出预警建议。在讨论过程中，当事学生的家长可以旁听，涉及学生切身利益时可表达观点。预警决策会议由校方根据实际需要不定期召开。校方代表需要向参会人员介绍法规校纪，对照学生的具体行为表现，向委员会说明学生存在哪些违纪风险，阐明判定理由和决策理由，让参会成员对学生的实际情况和消防立场有清晰认识。有些违纪征兆信号危险且强烈，公安人员要协助学校做好处理工作。预警决策委员会也可以听取学生本人的陈述和申辩，体现决策的民主性和程序的正当性。

### （三）预警送达

预警决策会议做出预警决策后，需要将预警告知书以书面形式当面送达学生本人及其家长（监护人）。不能当面送达的，宜采取邮递、电子邮箱、公告或直系亲属代为转达等方式送达。学生违纪预警告知书宜一式三份，一份存入学生成长记录袋，一份由学生自己或监护人保留，一份由校方保存。决策文件要记载清楚预警原因、等级和教育期待。决策文件的目的是要让学生及其监护人知晓失范行为的风险，以及日后需要遵循的行为规范。

除了送达预警告知书之外，学校还需要做好预警信息的反馈和跟踪工作。此举是为了确保及时纠正当事学生有偏差的思想与行为，帮助教育人员及时总结反思预警策略，优化预防学生违纪的工作方案，进而提高育人效率。学校还可以在宣传平台以日志和公告等形式为大众提供警示教育的平台。日志和公告须载明违纪行为的类型、时间、地点以及违纪行为性质等关键信息。如果涉及当事人或者相关主体的隐私或可能招致更多伤害或报复的信息，则不必公开。

## 四、违纪征兆的适当干预

放任学生违纪会直接动摇学校教育的根基。学生违纪征兆出现后的干预是指人为介入引发违纪预警的学生的生活，帮助其打消违纪的念头，规避违纪行为的教育措施。除了前文已经提到的“早期预警”这种特殊的干预举措外，调查清楚学生的违纪原因是更为基础的工作。要有效发挥干预措施的教育效果，就得坚持正确的干预原则，建立科学有效的干预机制。违纪征兆的适当干预是学生管教的重要内容。

### （一）干预原则

为确保干预措施的有效性，保障干预活动有序开展，学生违纪预警后的适当干预需要遵循无歧视原则、及时性原则、一致性原则、针对性原则等原则。

#### 1. 无歧视原则

面对学业表现不佳的学生，一线教师有“差生”“问题学生”“后进生”“刺头”等多种提法。而违纪学生违背了校纪班规的相关规定，更容易被贴上上述标签。仅仅是贴标签并不能解决违纪问题，违纪学生迫切需要有效的帮助与引导，尽可能避免堕入自暴自弃的轨道。在学生管教实务中，相关教育人员不能因为学生有违纪征兆或犯了错误就对他们持歧视态度，更不能对违纪学生有“打入死牢”的做法。因为学生要成长为具有独立人格的人，所以在教育上需要帮助学生树立自尊自信，并明白他人的尊重源自自己的贡献而非破坏。教育人员要做到“对事不对人”，对学生的进步要肯定和表扬，对学生的错误要批评和指正。这有助于避免学业表现不佳的学生陷入绝望境地，以为无法得到师长认可。

2. 及时性原则

一旦发现有违纪征兆，教育人员就应该及时介入。“问题具有生长性和发展性，问题一经产生，如不及时解决，它就会日益严重甚至固化。”❶ 在违纪信号产生之初就应帮助当事学生及时改正或解决问题，特别是学生在完成了观念和心态的调整与适应之前。“心理学家斯金纳曾指出，惩罚一定要在不良反应发生后立即给予，延迟的惩罚可能是无效的。”❷ 虽然干预措施包括但不限于惩戒，但是迟来的干预会令教育效果大打折扣。如果未能及时干预学生的违纪征兆，那么不仅针对违纪学生的思想观念的教育工作会受阻，而且针对其他学生的教育作用也会减弱。

3. 一致性原则

一致性原则是指学校、教师、家长和社区等教育主体要给予学生一致的教育导向，从而形成教育合力，共同引导学生建立错误行为和消极后果之间的有机连接，并在各方的教育影响中强化该连接。在教育实务中，教育主体的教育期待不可避免会出现差别甚至分歧，干预措施也会因为某些具体原因未能及时做出或彼此矛盾，比如当事学生情绪不稳定或者家长抵制学校的建议。这时，教育主体之间必须以强力为后盾排个先后秩序，再以“求同存异”为标准寻求最大公约数。“一致性原则并不意味着所有的教育者必须对所有学生的所有犯错行为给予同样的惩戒，但应该尽可能地避免系统性偏差的出现，而把握这一原则可能首先需要调整自身的观念”❸。也就是说，相关教育主体要在整体上保持基本一致的教育立场，尽可能避免“差别对待”。比如，同样的失范情形，“优等生”因学业表现好就可以减轻或者免于处罚，而“差等

---

❶ 金鹏，林强，林畅．构建大学生“特殊群体”援助体系的思考［J］．思想政治教育研究，2010，26（02）：120-122.

❷ 赵国瑞．有效的教育惩戒：从管理活动到教育艺术［J］．中国教育学刊，2020（02）：87-92.

❸ 赵国瑞．有效的教育惩戒：从管理活动到教育艺术［J］．中国教育学刊，2020（02）：87-92.

生”却要承受更为严厉的处罚。这种现象在学校的教育管理中并不少见，而一致性原则就是要尽力避免差别性对待的类似行为。

4. 针对性原则

思想本身具有内隐性和复杂性，而行为是思想的外显。我们只能通过学生的行为表征来判断其是否有违纪倾向。追根溯源，每名学生违纪均有其内因，且内因多种多样。当我们抓取到违纪征兆的信号时，应当坚持具体问题具体分析，有针对性地开展教育工作，切不可千篇一律、一成不变。针对性原则至少包含以下内容：第一，要尽可能了解学情，对学生的个性、主要重要他人（监护人、同辈敌友、偶像或榜样等）有较为清楚的了解；第二，要善于发现出现违纪信号学生的优缺点，多加呵护与培育，切不可“一好代三好”，也不可因犯错就被全盘否定。第三，对自身能力要有客观理性的估计，对力所不及的情况要及时寻求其他教育主体的支持；第四，针对有违纪苗头的学生要对症下药，制定专门的应对方案；第五，要给每个犯错的学生留下自主发展、自我更正的成长空间。知错能改，善莫大焉。学生若能具备自我反省并改正错误的能力，那么将会为其人生打下进步的基础。

### （二）干预机制

学生违纪征兆出现后的干预不仅是静态的系统性工程，也是动态的循序渐进过程。“系统是指由若干相互联系、相互作用的部分组成，在一定环境中具有特定功能的有机整体。就其本质来说，系统是过程的复合体。”❶ 学生及其活动也处于社会大系统之中，并且会受到其他个体或集体的影响。因此，干预潜在的可能违纪行为时，要齐抓共管，发挥好教育主体的联动作用，引导各主体积极有序地参与到干预活动中。根据干预的任务及其特征，大致可以将干预过程划分为三个阶段。

1. 前期教育阶段：重在了解事实，帮助认识错误

前期教育阶段是指从学生违纪征兆显现到干预介入前的时间区间。这一阶段的主要任务是查清事实真相，厘清违纪征兆出现的缘由，为帮助学生认识到自身错误做好调研环节的准备。该阶段大致可以分以下三步：

第一，调查主体全面收集事实资料。资料包括学生出现违纪征兆的时间、地点、人物、情节、表征、物证以及证人证言。收集资料的过程中应始终秉

---

❶ 周三多，陈传明，鲁明泓．管理学——原理与方法［M］．上海：复旦大学出版社，2003：123.

持着客观、全面的原则。通过走访、询问、勘验和辨认等方式，收集与案情有关的证据材料，做好有关资料的搜集、整理和保存，帮助我们了解事件的来龙去脉。

第二，分析违纪征兆出现的原因。全面深入了解学生的实际情况是分析学生出现违纪征兆的必要举措。为此，调查者需要通过学生本人和知情人了解学生在校的具体情况，包括学业表现、生活状况和思想动向，尤其是学生的重大变故和情绪波动。同时，校方应与家长积极联系，通过家长了解学生在家的生活处境，包括家庭变故、经济条件，家庭教养方式、家庭结构等。只有全面清晰地了解学情才能令以后教育决策有据可循且周全稳妥，从而提高学生教育工作的质量和效率。

第三，在尊重事实和深入细致地分析学生违纪征兆的基础上，进一步帮助学生在思想观念层面上认识到错误。寄希望于学生自觉意识到行为偏差和观念错误比较难。教育者要做到以理服人，摆证据，讲事实，切不可以命令的口吻居高临下地与学生对话。这是前期工作的重点。

在此阶段要特别注意干预工作开展的方式方法。既要尊重学生人格尊严，又要表明主要教育主体（特别是国家）的教育立场。教育人员要尽可能尊重学生及其监护人，与学生处于相对轻松顺畅的对话语境中。此举有助于让学生信任教育者，在心理上有基本的安全感，有信心和勇气面对违纪征兆带来的痛苦与不安。这些工作可以为进一步了解学生出现违纪征兆的深层次原因做铺垫。

2. 中期处理阶段：重在化解矛盾，积极解决问题

中期处理阶段是整个干预机制的重点环节，是集中解决学生违纪征兆问题的关键期。在事实清楚、证据确凿的情况下，教育者要依据学生违纪征兆的性质、紧急程度以及校纪班规对学生采取一定措施。在这一阶段，“惩前毖后，治病救人”才是惩戒学生的目的，要令学生感受到被处罚并不是出于敌意，而是出于长远发展，让学生内心真正认同校方的管教，认识到自己的错误所在。该阶段要避免产生不必要的误会，具体来说要注意以下两点。

第一，处理学生违纪征兆时应充分论证处理决定的合法性与合理性。在程序上，教育人员要恪守公平、公正、公开的原则，让事实和规范的信息传达到当事人；保障学生陈述和申辩的权利，积极听取学生的诉求；作出处理决定时要严格根据学生管教工作的相关规定，坚持比例原则，确保惩戒的轻重程度和过错程度相适应；告知学生，如果不满处理结果，有申诉等寻求救

济的权利。

第二，教育人员要及时了解受处理学生的思想动向与情绪变化。必要时，校方和学生均可寻求心理辅导，缓解干预过程中可能产生的自卑、焦虑和抵触等不良情绪。校方需要做好正向引导，防范其他学生对有违纪征兆的学生有歧视，避免违纪学生受到不必要的排挤。同时，相关教育主体要关心爱护有违纪征兆的学生，向其解释和宣传学校的相关管理规定，助其分析现状和发展前景，帮助其树立对未来的信心，化解其对学校处理决定的敌对情绪。

3. 后期关爱阶段：重在人文关怀，引导学生成长

关爱阶段是学生违纪征兆干预的末尾阶段，也是容易被忽视的一个阶段。处理决定传达到当事人之后，即使档案工作已完成也并不意味着干预完全结束，对违纪学生的后期跟踪与反馈仍然十分必要。绝大多数学生被处理之后的内心想法是错综复杂的，学校的处理结果并不代表事件的终结，学生内心的斗争仍在继续。❶

按受处理后，学生的心理大致可分为以下几类：一是懊悔型。学生对曾经的失范行为追悔莫及，陷入深深的自责之中，觉得前途暗淡。二是自卑型。因为被学校处理过，总觉得人生从此有了污点，以后就低人一等，难以在别人面前抬起头做人，自我归类为“坏学生”。三是抵制型。该类学生受到处理后并没有从内心真正地认识到错误所在，口服心不服。虽然口头上保证不会再犯，但是难保以后不会继续违反校纪班规，更或许想着日后如何进行报复。四是侥幸型。此类学生将违纪行为被发现并被处理归因为外部偶然因素，认为是自己运气不好，下次“改进做法”就不会被学校发现了。五是奋进型。该类学生受到违纪处分后，认为受到纪律处分是一种不光彩的事，痛定思痛，端正态度，改正错误。前四种类型是学生受到违纪惩戒后较为常见的反应类型，属于需要矫正引导的类型。在后期关爱阶段，学校管理者需要突出对学生关怀，干预学生时关注其心理和行动上的变化，引导学生健康发展。

## 五、学生违纪的教育补救

“从教只是一份工作而非一份事业”的观念在教师群体中较为流行。在学生管教问题上，有些一线教育人员力求面对外部问责时的“无过错”，而非反躬自问时的“问心无愧”。在学校教育“流水线作业”的影响下，一部分教

❶ 马子雯. 高校特殊群体学生违纪的预防干预机制研究［D］. 西安：西安科技大学，2012.

师在履职时沦落为形式主义，而教育评估的复杂性和教育效果的滞后性让这种“形式主义”较难被及时发现。“重处罚，轻教育”——按“规定”完成本职工作，在被问责时“无过错”就行。此直接导致人们对学生违纪的教育补救缺少应有的重视。这种“照本宣科”的形式主义做法危害深远且有前车之鉴。有针对美国学生违纪惩戒的研究[1]发现，接受停学或开除处分的七至十二年级学生中有约15%曾经涉入青少年司法事件，其中受惩戒次数超过十次的学生有一半曾涉案，而没有惩戒记录的学生仅有2%曾涉案；在被停学或开除后的一年内，学生涉案的可能性增加了三倍。可见，单凭“强力”的形式主义惩戒并不能让学生真正认识错误，反而会将被惩戒学生推入从学校到监狱的“快车道”，戒掉恶习重回正轨难上加难。

“惩前毖后，治病救人”是学生违纪惩戒的起点和归宿。教育补救是引导违纪学生在受到违纪处理之后能在思想上重新认识失范行为，帮助违纪学生克服在改过自新的过程中遇到的各种困难，从而戒除失范行为，重归社会正常秩序的挽回性的教育活动。教育只有扎根于心，才能外塑于行。正如有的学者所言，“对教育的内在尺度的探讨区别于从实现外在的目的或功能看教育，而是基于对人之成长发展的关注，即关注教育如何改进学生的经验品质并促进内在精神的觉醒”[2]。这要求我们尊重学生的主体地位，从感化着手帮助学生真正意识到自己行为的偏差，帮助学生完成经验的归纳与总结、思想精神的觉醒与升华。教育补救希望借助恢复性纪律重构个人的观念体系和人际生态，修复学生违纪时破坏的社会关系，帮助违纪学生与他人建立良好的合作关系，重新融入正常的社会生活。教育补救尊重以人为本的教育理念，尽可能尊重学生的自主性和正当权益，注重发挥教育对人格的塑造作用。

### （一）教育补救的理论渊源

教育补救的理论渊源主要是习近平总书记提出的人类命运共同体理念和法国社会学家涂尔干提出的恢复性秩序。人类命运共同体要求我们不能放弃任何一个学生，努力打造一个同呼吸共命运的社会共同体，坚持每位学生皆

---

[1] 刘长海. 学生管理育人本位的复归：美国学生惩戒研究最新进展及其启示［J］. 比较教育研究，2015，37（11）：107-112.

[2] 王有升. 论教育的内在尺度：对“什么是真正的教育”的追问［J］. 南京师大学报（社会科学版），2017（06）：76-83.

可因材施教的教育理念。恢复性秩序建立在社会有机团结❶的基础之上，为学生的具体转化工作提供了有益启示。有机团结说揭示了社会分工高度细化的现代社会对团结协作的要求。这启示我们要摆脱使用强力简单粗暴地压制违纪行为的操作模式，改为以塑造思想观念为手段引导违纪学生融入社会主流的操作模式。

1. 命运共同体

人类命运共同体是指每个民族和国家的前途命运都紧紧联系在一起，应该风雨同舟，荣辱与共，努力把我们生于斯、长于斯的这个星球建成一个和睦的大家庭，把世界各国人民对美好生活的向往变成现实❷。作为内涵丰富的思想体系，构建人类命运共同体不仅具有重大的国际政治意义，也具有重要的思想文化意义，是思想政治教育立论的时代根据。对于违纪学生的教育补救，就是将学生视为社会成员，尽可能挽救每一位曾经犯过错误的学生，让每一位违纪学生都有改过自新的机会。

习近平在纪念五四运动 100 周年大会上强调："青年要顺利成长成才，就像幼苗需要精心培育，该培土时就要培土，该浇水时就要浇水，该施肥时就要施肥，该打药时就要打药，该整枝时就要整枝。要坚持关心厚爱和严格要求相统一、尊重规律和积极引领相统一……当青年思想认识陷入困惑彷徨、人生抉择处于十字路口时要鼓励他们振奋精神、勇往直前，当青年在工作上取得进步时要给予他们热情鼓励，当青年在事业上遇到困难时要帮助他们重拾信心，当青年犯了错误、做了错事时要及时指出并帮助他们纠正，对一些青年思想上的一时冲动或偏激要多教育引导，能包容要包容，多给他们一点提高自我认识的时间和空间，不要过于苛责。"❸ 这要求我们尽力帮助犯错的青少年学生，坚持严格要求与宽容关爱相结合，帮助他们走出困境，为他们提供人生出彩的机会。

---

❶ 有机团结不同于机械团结。机械团结是指以社会成员共有的宗教取向作为社会整合或群体联系的纽带，其根本特征是社会成员在情感、意愿、信仰上的高度同质性，机械团结存在于分工不够发达的传统社会。有机团结形成于现代工业社会中，以社会高度分化、社会成员充分分工为基础，表现为社会成员不可超越的相互依赖关系。涂尔干认为社会团结模式从机械团结向有机团结转变，根本原因是社会分工程度不断加深。涂尔干关于有机团结的深刻见解对调整社会成员关系以及违纪学生教育补救工作给予了很大启发。参见埃米尔·涂尔干. 社会分工论［M］. 渠东，译. 北京：生活·读书·新知三联书店，2013：89-92.

❷ 习近平. 论坚持推动构建人类命运共同体［M］. 北京：中央文献出版社，2018：510.

❸ 习近平：在纪念五四运动 100 周年大会上的讲话［EB/OL］.（2019-04-30）［2020-12-08］. http://www.12371.cn/2019/04/30/ARTI1556627564195443.shtml.

依据人类命运共同体理念，“教育共同体”是我们在学生管教工作中需要贯彻落实的理念。所谓“教育共同体”，指的是教育并不是单独一方的责任，而是与学生有关的多方主体都需要参与到教育活动中来，包括学生自己，多方一起协助学生完成个体的社会化历程。只要对学生发展产生了明显影响的组织和个人都应视为教育主体。没有意识到自身影响力的，党和国家要引导其自觉认识到自身的教育责任。教育主体是开放性的，包括但不限于教师、监护人、学生、学校其他工作人员、教育行政人员、社区人员等。

2. 恢复性秩序

在实际操作时，教育补救秉持恢复性秩序倡导的有机团结思想。学生通过社会化融入社会生产生活，在社会分工中建构出某些角色。这要求教育者在学生完成学业的过程中努力帮助学生完成个体的社会化过程，从思想观念到言行举止都与特定社会角色或身份所承载的社会规范相协调。秩序是人类一切活动的必要前提，是人类文明发展过程中自我立法的结果。“秩序总是意味着某种程度的关系的稳定性、结构的一致性、行为的规则性、进程的连续性、事件的可预测性以及人身财产的安全性”❶。“恢复性司法制度是一种通过恢复性程序实现恢复性结果的犯罪处理方法，恢复性程序是指通过犯罪人与被害人之间面对面的接触，并经过专业人士充当第三者的调解，促进当事人的沟通与交流，解决犯罪发生后的实际问题。恢复性结果是指道歉、赔偿、社区服务、生活帮助等使被害人因犯罪所造成的特质精神损失得到补偿，使被害人因犯罪所受到的生活恢复常态，使犯罪人通过积极的行为重新融入社区”。❷ 由此可见，恢复性纪律旨在通过一系列努力以修复因施害人行为而受到损害的社会关系，在使得被害人在物质和精神均得到补偿的同时，施害人也能通过一系列自救行为和他者指导重新融入社会主流，从而最终构建起和谐的社会秩序。这种旨在修复受损的社会关系的恢复性纪律在效果上远好于报复性纪律，其基本理念在于：犯罪不应当被认为是对公共规则的违反或者对抽象的法道德秩序的侵犯，而应当被认为是对被害人的损害、对社区和平与安全的威胁以及对公共秩序的挑战。对犯罪的反应应当致力于减轻这种损害、威胁和挑战。❸

---

❶ 张文显. 法哲学范畴研究［M］. 北京：中国政法大学出版社，2001：196.

❷ 徐岱，王军明. 刑法谦抑理念下的刑事和解法律规制［J］. 吉林大学社会科学学报，2007，47（05）：96-103.

❸ 梁根林. 刑事政策：立场与范畴［M］. 北京：法律出版社，2005：34.

做好违纪学生的教育补救工作具有重要的实践价值和理论意义。具体而言，通过教育补救转化问题学生，有利于促成良好的校风校纪，树立良好的同辈榜样，提高学校教育质量，维护和谐的社会关系和家校关系，真正贯彻落实培育时代新人的政策要求。随着教育补救工作的深化与拓展，在实践中形成、检验和发展体系化的教育惩戒理论，为后期总结、反思和推广教育补救经验提供理论和实践的双重支撑。违纪学生的教育补救是学校教育中的一项重要工作，应当促进教育补救活动的系统化和规范化。违纪学生可教，教育补救所承担的功能就是通过一切可能的办法帮助违纪学生从思想到行为实现符合社会主流规范的转变，帮助学生积极主动地改正过错，让学生明确自我发展方向。

### （二）教育补救的平台建设

在学生违纪惩戒活动中，教育补救涉及的主要利益相关者是学生、家长、学校教职工；此外，保障学校履行教育职责的其他社会组织和自然人也非常重要。家庭、学校和其他社会组织以学生为中心，构成通过学生向外扩散的社会网络。

#### 1. 家庭

家庭是孩子的第一所学校，父母是孩子的第一任老师。当学生在学校出现违纪行为时，许多家长觉得学校和教师应该负全部责任，然而十之八九是家庭教育严重失误造成的[1]。家长对于晚辈的教育极其重要。因此，在违纪学生的教育补救中，家长对晚辈的教育职责首当其冲。家庭教育的展开是对违纪学生开展教育补救的重要内容。学生违纪行为虽然出现在学校或社会中，但大概率是家庭教育出了问题。当孩子出现了违纪行为，身为监护人的家长应该主动检视自身言行对子女教育的影响，承担起家长应当担起的教育责任，在教养方式和家庭氛围中寻找原因，加强与子女、教师的沟通与合作，共商解决策略。

#### 2. 学校

学校是学生求学期间主要的活动场域。根据我国学制，学生在校求学时间相当长（义务教育九年）。学校承担着“教书育人”的职责。通过学校提供的教育平台，教师可以详细了解学生的在校表现甚至校外表现，对学生的

---

[1] 王晓春. 问题学生诊疗手册［M］. 上海：华东师范大学出版社，2006：15.

学业情况、思想状况和社会交往等重要信息有较大程度的把握。可以说，教师借助学校平台享有了作为科层制下的专业人员的管理权威、专业权威；若个人的外貌、学识、性格等因素较为出众，则其个人魅力权威会大大增强。因此，教师在教育补救中可以发挥重要作用。同辈群体也是教育补救中的重要力量。同辈群体在教室、宿舍、操场、食堂等个人活动的微环境中互动频率极高，能够对学生个体的发展形成重大影响。若引导得当，同辈群体在教育补救活动中也能产生积极影响。党团组织也可以针对具有党团身份的学生开展教育补救。党团组织可以根据组织内部的规章对违纪学生进行一些行为和思想的规范。家长委员会可以集家长的群体智慧开展教育补救工作。不少家长在长期的教养实践过程中积累了一些行之有效的经验和做法。在为学生的转化工作出谋划策时，家长委员会可以集思广益。

3. 社会

社会是共同生活的个体通过各种社会关系联合起来的集合体。当学生出现偏离社会主流规范的行为时，其他社会成员可以主动开展教育活动。

（1）教育行政部门

教育行政部门是法律授权的管理教育事业的行政机构，有权力也有责任对违纪学生实施教育补救。《高等学校学生管理规定》第六十五条规定："学生认为学校及其工作人员违反本规定，侵害其合法权益；或者学校制定的规章制度与法律法规和本规定相抵触的，可以向学校所在地省级教育行政部门投诉。"教育行政部门在学生正当权益受到侵害时可以提供行政救济。教育行政部门作为政府的业务部门，可以通过行政手段让学校切实履行教育补救的职责，或直接为学生提供教育补救的条件。当学生的社会支持系统较为薄弱时，教育行政部门可以调动和组织以学校为主的相关社会力量来加强教育补救的力度。

（2）基层自治组织

通常来讲，社区是指具有一定数量人口且人际交往相对稳定的人类聚居生活之地。基层自治组织是指居委会和村委会，是社区自治的管理、服务机构，可以充分调动邻里互助，为违纪学生改过自新提供帮助。社区矫正主要依托基层自治组织展开。所谓社区矫正，"是指依法在社区中对犯罪人实施惩罚和提供帮助，以促进其过守法生活的刑罚执行活动。"[1] 社区矫正对违纪学

[1] 吴宗宪. 社区矫正比较研究（上）[M]. 北京：中国人民大学出版社，2011：1.

生的教育补救具有重大价值。以社区作为融入社会的试验场地，帮助学生改正失范行为并重新融入社会。依照相关规定❶，社区矫正人员必须按时学习公共道德、法律常识等内容，有劳动能力的还要做一些社区服务工作。通过在社区接受教育和为社区提供服务，社区矫正人员将更易于被社区其他群众所知悉。这有利于缓和罪犯与社会人群的冲突，有利于重建社区群众对其的信任和关怀，有利于修复社会关系，恢复社区的和谐稳定，为其社区矫正期间及期满后回归社会奠定基础。❷

（3）公安机关

公安机关有教育引导有失范行为的青少年学生的职责。公安机关是维护社会治安的国家暴力机器，工作的基本方针是专门工作与依靠群众相结合。一般来说，自然人在我国有违法犯罪行为的，公安机关皆可干预处置。对于学生的违法犯罪行为，无论是国家预防还是群众预防，治安预防应都贯穿其中。公安机关是预防自然人违法犯罪，特别是未成年人违法犯罪的强力机关，相对于学校、家庭、社区而言震慑能力要强得多。从事前预防的角度来看，公安机关是连结一般预防、重点预防和特殊预防的枢纽。尽管青少年学生的大多数违纪行为并没有违法或犯罪，不一定非要公安机关介入，但是对违纪学生的教育补救本身就是对违法犯罪的预防。违纪行为若一开始没有被有效抑制和引导，那么进一步演变成违法犯罪行为的概率会大大增加。针对未成年人违法犯罪的治安预防在社会治安综合治理中的地位极为重要。公安工作贯穿于社会治安综合治理“打、防、教、管、建、改”等六个方面，公安派出所又处于第一线，工作优势是其他职能部门所无法比拟的，社会治安综合治理的主要目标应该而且必须成为公安工作的主要目标。因此，对未成年人犯罪治安预防在社会治安综合治理中的独特地位也就不难理解❸。

（4）各类场馆

在文化传承的过程中，场馆的教育功能不可忽视，况且文化传承本就是文化育人的过程。“场馆作为社会教育的重要组成部分，根据不同的主题和类型承担着相应的文化责任。”❹ 场馆可开设违纪学生的转化主题活动，创新违

❶ 中华人民共和国司法部．社区矫正实施办法（征求意见稿）［EB/OL］．（2020-04-10）［2021-11-02］．http://www.moj.gov.cn/news/content/2020-04/10/zlk_3245978.html.

❷ 刘雪梅．社区矫正效率与现实功用［J］．重庆社会科学，2016（05）：66-73.

❸ 赵树强，沈富康．试论公安机关对未成年人犯罪的治安预防［J］．公安研究，1999（05）：52-56.

❹ 王乐，涂艳国．场馆教育引论［J］．教育研究，2015，36（04）：26-32.

纪学生的教育补救模式，比如禁毒、禁赌等。“场馆的开放性特点决定了教师身份不再局限于某一类人或群体，它是多样的、全域的。同时，但凡走进场馆与展品进行互动，发生经验改变的人都将获得学生身份”❶。通过场馆教育，教师可以获得学生身份，站在学生的立场上思考问题。这在一定程度上可增强师生间话语的融通性，同时也为家校共建形成教育补救合力开辟了一个新的途径。

（5）新闻媒体

“新闻媒体作为连接公众与‘事实’的重要桥梁，承担着重要的价值引导功能。公众对于新闻事件价值、意义的‘共识’是在‘事实’认同上的认同进阶。”❷ 舆论导向影响公众对热点事件的解读，从而引发民众对某一社会事件的观念认同甚至行为模仿。如今，网络的一些角落充斥着粗鄙低俗、阴暗肮脏的信息，难免成为误导青少年的源头，诱发青少年学生作出违纪行为。对此，新闻媒体可以做到正面引导和舆论约束相结合，充分发挥其导人向善的社会功能，为青少年学生建立起可靠的媒体屏障（见图 1）。

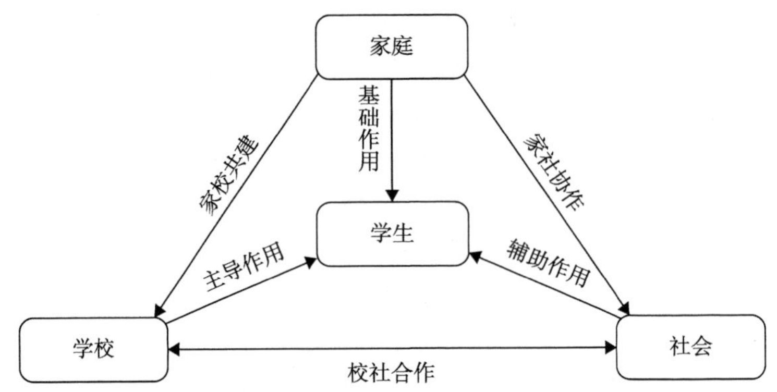


**图 1　学校、家庭和社会三者教育补救协同示意**

综上所述，教育补救的支持系统主要由学校、家庭和社会三个部分组成。这三者并不是孤立存在的个体，而是环环相扣的统一整体。家庭是孩子的第一所学校，家庭教育对学生违纪行为的教育补救有奠基性作用。学校是有目的、有计划地培养人的专门场所，对人的思想引领具有主导作用。社会对学生的

❶ 王乐．场馆教育中的师生身份及其关系构建——基于第一人称的叙事分析［J］．基础教育，2017，14（04）：11-18，38.

❷ 李舒，宋守山．新闻媒体引导力的内涵、现状与实现层次——一种基于认同理论的分析［J］．现代传播，2021，43（03）：27-32.

影响无处不在，可以为违纪学生的教育补救起到外围支援的作用。当然，教育补救需通过家校共建、家社协作和校社合作形成教育合力，挖掘教育潜力。

### （三）教育补救的实践方式

行为主义范式下的学生违纪惩戒并不能从心智层面改变学生对违纪行为的理解，反而容易激发对抗心理。围绕观念转变探寻合理有效的教育补救方式十分迫切。事实上，不少组织已经围绕家校社三方合作开展了有益的实践探索，形成了行之有效的实施方案，如新教育实验“家校合作共育”❶的理论与实践。教育补救的实践方式大致有四大类，有各自的适用条件和操作程序，可以基本满足不同情形下违纪学生的教育需要。

#### 1. 联席会议

联席会议是国内外教育补救实践方式中的首选。通过多方参与的联席会议，各主体可以充分交流违纪学生的相关信息，查找可能的成因并可通过协商达成问题解决方案，寻求切实解决问题。此举看似耗时费力，但客观上是终南捷径，可以节约各方的时间精力，进一步提高教育补救的效率。联席会议的主要种类有：

（1）家校联席会议

家校联席会议是在我国中小学校已经得到了广泛实践并且效果显著的教育补救形式。联席会议给家长和教师共同参与学生管教提供了平台和机会，有助于针对违纪学生的具体实际情况共同制定切实可行的方案，如“四方会议”❷。四方会议是指由学生、教师、学校领导和家长四方共同参加的家校联席会议，旨在以会议为载体，促成四方教育信息的多边交流互通，充分实现信息的资源共享。“四方会议”可形成强大的教育合力，为违纪学生的教育补救服务。家校联席会议不仅是会议形式，更是一个相对完整的教育过程，由前期准备、会议进行和后期反馈三个环节共同构成。

①前期准备阶段。班主任牵头搜集、整理和分析学生的个体信息，总结归纳个体和集体两个层面的特点、问题和可能成因。在全面分析整理学生信

---

❶ 新教育实验的探索表明，实现家校共育需要特定的载体或平台，良好的家校合作关系依赖于家校之间坦率真诚的沟通交流和充分对称的信息分享。家校沟通的渠道主要有：家校读物、微信和QQ群、家校互访、家校叙事等。详见朱永新．家校合作激活教育磁场：新教育实验“家校合作共育”的理论与实践［J］．教育研究，2017，38（11）：75-80.

❷ 李宏亮．四方会议：有效整合家、校教育资源［J］．中国教育学刊，2009（04）：37-39.

息的基础上，班主任与其他各方完成初步的信息交换，明确会议的主题和任务。这是会议能否取得教育补救实效的前提和关键。首先，关于违纪学生的信息采集和信息分析要全面、客观。不能只看学业成绩和名次，而是要结合学生平时的表现，开展德智体美劳的多维度评价。其次，班主任要在与各方沟通交流的基础上，明确家校联席会议中违纪学生的主要问题，会议的流程和目的等。受主客观因素的影响，任课教师对学生个体情况的了解相对零散。这就需要班主任先行与任课教师沟通情况，在学生的班级生活表现里融入各学科的学习表现；在此基础上，明确会议的主要任务和流程。该阶段要注意两个问题：其一，家校联席会议决不能开成批判大会，不能让学生感受到自己是在接受“审判”，不然会加大学生的抵触乃至敌对情绪；其二，让学生在会议中检视自己优缺点并就各方的意见发表观点。通过了解自己在其他人眼中的形象，结合自我反思，学生可以逐渐形成较为全面、客观、整体的自我印象。

②会议进行阶段。此阶段是家校联席会议的主干环节。

首先，会议要充分发挥学校教育的主导作用。学校领导和班主任接触的教育信息较多，积累了丰富的教育实践经验，可以为整个教育补救工作提供一些合理的前瞻性建议。同时，学校领导和班主任组织对教育补救方案的讨论，让学生和家长意识到判定违纪的缘由和学校严肃、认真和真诚的工作态度，由此引起学生和家长对教育补救工作的重视。这不仅可以增强学生和家长的信心，也可以激励违纪学生自我监督和努力。

其次，会议要发挥教师在教育补救中的指导、帮助和督促作用。会议可安排任课教师就违纪学生的学习表现、存在问题及其成因做一个详细分析。通过各科教师的各自分析，让家长和学生对学业期待有较为清晰的整体认识，避免就同样问题作重复回答。学生和家长对教师的陈述和判断有觉得需要讨论的地方，可允许任课教师与学生、家长单独交流。

再次，会议必须充分发挥学生的主体作用。学生的教育转化是家校联席会议的起点和归宿。各方良性互动是实现会议教育功效的必要条件。学生在会议过程中应积极主动地参与，勇于剖析自己，表达内心真实想法，向会议提供准确信息，做到不隐瞒、不夸大。信息主要包括违纪原因、心理感受、所需帮助等。

最后，家长要高度重视并发挥家校合作的教育功效。教育补救是一项系统工程，家庭教育与学校教育可相互促进，也可相互掣肘。家校联席会议就是要创设条件以实现学校和家庭之间教育信息的资源共享，形成教育合力。一方面，家长输出学生在家学习、生活的基本情况等重要信息，为其他各方协商教育补救方案提供更多决策依据，增强教育补救的科学性；另一方面，学校领导、教师要在尊重家长教育期待的前提下，向家长传播相对先进的教育观念、教育方法等信息，提高家长教育能力，为提升家庭教育的效果创设条件。

③后期反馈阶段。作为一个相对完整的教育过程，家校联席会议还必须做好后期反馈工作。这是会议取得教育补救实效的重要保障。首先，教师要指导违纪学生完善自我小结，制订相应的改进计划。改进计划的制订不能急于求成，而要循序渐进，并具有可操作性。其次，要遵循惩戒教育的干预原则，追踪他们改进计划的贯彻实施。教师要加强与家长、学生的再沟通，发现了问题，要及时帮助他们做出调整；发现了进步，哪怕是很小的进步，也要给予及时且适当的肯定。最后，在取得阶段性成效时应有一定形式的总结，强化家校联席会议的教育功效。总结可以在整理会议记录的基础上进行。

（2）同辈调解

同辈调解是解决青少年人际冲突以实现恢复性纪律的教育补救方式。在美国、德国等国家，同辈调解被应用于解决学生之间的校内纠纷❶。在美国，同辈调解是由受过训练的学生担任调解员，解决发生在其他同学即他们的同伴之间的纠纷。当纠纷发生后，校方可以将纠纷的化解事宜交给同辈调解员，而非按照传统的纪律处分制度操作。这一方式一般存在于基础教育阶段，不过高等教育阶段的同辈调解项目也开始越来越多。适用同辈调解的学生需具备符合社会主流的是非善恶观念。一般来讲，当未成年人受同龄人的影响不断增大，而权威人物（如教师、父母等）的影响不断降低时，校方可以开始着手同辈调解的实践探索。由学生担任调解员，可以用学生群体更容易理解的语言促进沟通，也可以增强纠纷解决方案的可接受程度，避免纠纷进一步

---

❶ 美国明尼苏达州南圣保罗市是较早将同辈调节制度化用以解决学校纪律问题的地区。1996年，南圣保罗市成立了一个由社区成员、政府官员和学校管理者组成的南圣保罗司法管理委员会，并选取三个学校试点同辈调解项目，分别是卡波西亚小学、林肯中心小学和南圣保罗初中，项目为期三年。项目主要运用同辈调解的方式解决学生间的校内纠纷。纠纷发生后，学校不再采取排他性纪律进行规制，比如将学生停学或开除，也没有将案子移交给检察院等司法部门，而是临时成立朋辈调解小组。小组成员包括涉案的当事人、教师、当事人所在班级的两位同辈调解员。这些项目积累的一些实践经验为我们提供了参考。在不涉及违法犯罪时，为纠正违纪行为，校方邀请当事人的朋辈人员参与调解不失为解决冲突的又一重要方式。参见 Division of Student Life. Violence Prevention & Response [EB/OL]. [2021-08-23]. http://studentlife.mit.edu/vpr.

恶化。

“被害人—加害人”调解小组模式[1]是美国早期处理青少年犯罪等刑事案件的主要模式。该模式通常由调解人负责召集，安排双方在安全的环境中洽谈，寻求加害人承担责任并对被害人给予支持和补偿的过程。被害人的权利包括要求加害人为其造成的损害进行赔偿，也可以直接参与拟定赔偿的协议内容。该模式适用于财产破坏、暴力攻击、欺凌侮辱、盗窃纵火等违规违法甚至是犯罪的案件。

该调解模式的主要特点有：一是它关注的是施害行为对被害人的伤害，最终需要拟定赔偿协议。二是社区的参与较少。调解小组的主要参与者是过错少年、被害人与调解员。调解员一般由经过培训的志愿者和职业调解员担任。在整个调解过程中，调解员需秉持中立公正的立场。调解员应做好以下几个方面的工作：前期的准备工作，比如在正式会谈前征求参会者的意见，确保其自愿参加；整理双方争议焦点；向参会各方传达会议目的；保持中立态度。更重要的是，会议达成的成果要注意保密，尊重与会者的隐私。美国科罗拉多州采取不同方式应对不同情形[2]，倾向于从随意的课堂会议转移到正式的受害者影响小组。例如，教师会召集一个临时小组来讨论学生的失范行为。受害者影响小组中，过错学生会从受害者那里了解他们失范行为的消极影响。受害者影响小组更适用于严重程度更高的伤害案件，比如持有毒品、破坏公物、盗窃和攻击性行为。

值得注意的是，州或者学校在具体运用恢复性措施时存在差异。有的学校对具体的操作程序和步骤要求说明较为详细。例如，丹佛学区就对不同层次的恢复性措施制定了详细的适用范围，并且每个措施的实施都必须具备以下内容：“发生了什么、产生了什么影响，在这个事件中你的责任是什么、谁应该负责任，你准备怎么修复这个损失”；也列举了一些恢复性措施，包括私下道歉、公开道歉、承诺要礼貌、尊重、重建友谊、私下解决、社区服务等[3]。此外，一些学校对教职工进行了专门的恢复性纪律的培训，有的还设立了专职的“调解员”岗位。

我国国内的社团矫正模式也是值得总结推广的实践模式。“所谓社团矫

---

[1] 刘永方. 美国中小学恢复性纪律研究［D］. 武汉：武汉理工大学，2020.

[2] Thalia Gonzilez. Keeping Kids in Schools：Restorative Justice，Punitive Discipline［J］. Journal of Law & Education，2012，41（02）：281-335.

[3] Thalia Gonzilez. Keeping Kids in Schools：Restorative Justice，Punitive Discipline［J］. Journal of Law & Education，2012，41（02）：281-335.

正，就是对符合社团矫正条件的违纪学生（可暂缓处分也可直接处分），在自愿的前提下，通过制度安排参加学校社团或其他学生组织的活动，并指定社团、学生组织负责人或导师为其考察联系人，对其在社团的工作和学习情况进行帮助和指导，在一定的期限内，矫正学生不良行为习惯和心理，促进其迅速融入集体。矫正期满后，应当根据矫正效果及学生违纪的性质、情节，做出处分或不予处分、从轻或减轻处分、从重处分、提前或延期解除处分、不予解除处分等相应处理决定。”❶ 学生社团是由部分学生基于共同兴趣爱好自发形成的学生团体。违纪学生虽然有过违纪行为，但自身的兴趣爱好无法被掩盖，仍然会受到社团内其他个体的影响。学生社团的多样化特征正好满足了利用学生社团开展违纪学生个性化教育的要求，体现了对违纪学生的兴趣爱好、认知水准、成长规律的充分尊重，实现教育违纪学生的生动实践。

作为校园文化的重要载体，学生社团是开展学生思想政治教育的重要平台。学生社团因其群众性、民主性和时代性的特点，在促进学校文化建设、提高学生思想政治素质方面发挥着独特作用。利用社团开展校园精神文明建设，在我国高等教育史上也有先例。我国近代著名教育家蔡元培先生担任北京大学校长期间，亲自发起组织“进德会”，并积极利用“进德会”等社团的作用整肃校风、倡导新文化❷。利用学生社团开展违纪学生教育，也契合了中共中央、国务院在《关于进一步加强和改进大学生思想政治教育的意见》（中发〔2004〕16号）中提出的“依托班级、社团等组织形式，开展大学生思想政治教育”的要求。随着社会发展进步，学生社团也被赋予了新的时代使命，努力实现违纪学生个性化教育与社团类型多样化的对接，学生违纪心理和行为恶习矫正与社团矫正功能多样化的对接。

社团矫正工作的健康持续发展，需要完善严密的操作程序作保障。

首先，确定矫正社团与矫正期限。社团指导教师应当根据违纪学生的实际情况，指导违纪学生选择参加合适的社团。矫正期限和矫正工作量应当依据学生违纪性质、情节、学生的平时表现及社团日常工作安排综合确定。例如，违纪性质较轻微、平时表现较良好的学生可考虑适当缩短矫正期限。违纪学生矫正期间怠于履行社团或学生组织的工作职责的，该时段不计入矫正期限。

其次，明确监督和指导社团矫正的责任。教师或社团负责人作为违纪学

---

❶ 苏跃飞，童卫军．高校违纪学生社团矫正研究［J］．社会科学战线，2011（03）：274-276.

❷ 梁柱．蔡元培与北京大学［M］．北京：北京大学出版社，1996：197.

生的考察联系人，帮助指导违纪学生积极参加社团等各项矫正活动，考察、监督违纪学生在活动中的表现。参加社团矫正的违纪学生需定期向指导教师汇报工作情况及实践体会。设立矫正终止制度。被矫正学生如有不服从管教、多次无故不参加各类社团矫正活动或者矫正期间又发生严重违纪行为等情形的，应当取消其矫正资格，并按照学生违纪处分条例之相关规定予以处分。

最后，最终处理决定。矫正期满后，由违纪学生的指导教师出具学生在矫正期间的综合表现的鉴定材料。学生管理部门应当参考该鉴定材料作出相应的处分。具体而言，可视矫正效果作出处分或不予处分、从轻或减轻处分、从重处分等处理决定。不予处分的处理决定适用于原应受警告或严重警告处分但矫正效果良好的违纪学生；对原应受记过或留校察看处分但矫正效果良好的违纪学生，应当从轻或减轻处分。学生管理部门认为学生违纪情况十分严重，矫正效果仍不足以令其减轻处分的，可直接作出处分决定。

（3）圆桌会谈模式

“圆桌会谈”又称“圈形会议”，因违纪事件的利益相关者会围坐成一个“圈”而得名。该模式的流程是：控诉人首先介绍整个事件的来龙去脉，参会者依顺时针方向依次发言，可以充分表达自己的观点并展开讨论，但最终要达成一致意见。会谈地点可随机性选择，例如教室或会议室。部分学校将“圆桌会谈”列为必修课程，目的是为学生创造一个宣泄负面情绪的平台，预防校园冲突的发生。

美国斯蒂尔沃特高中（Stillwater High School）的副校长曾对一起案件有详细描述[1]：

> 一名青少年女生蒂西乌被怀疑在校园里吸食大麻。学校对此事的最初反应是接触这名学生，验证这一消息的准确性。很明显，这名学生一开始并没有完全坦白，因此学校管理人员有理由进一步怀疑关于她吸食大麻的传言是真的。就在那时，管理人员问这位学生是否同意进行一次非正式的搜查，结果只发现了一小堆文件，没有发现任何非法物品。

该副校长指出，此事件为纳入恢复性纪律政策提供了一个理想场景。学校的卫生检测人员、对学生管教有影响力的群体及部分教职工与有违纪嫌疑

[1] Children Msdo，Learning A，Paul S. A Provider's Guide to Transporting Students with Disabilities in Minnesota［J］. Nursing for Women's Health，1998，14（03）：65.

的学生一起组织了一次恢复性纪律的会议。此举不是为惩罚这名女生，也不是威胁学生的权利，而是为主要利益相关者创造一个相互学习的环境。这名违规学生首先被允许讲述自己的故事，并向整个社区说明行为原因。蒂西乌说，她也借此机会向周围的人寻求原谅。会议的所有其他成员都被允许提出与他们关切的问题。最终，学生意识到行为的消极影响，同意接受周期性检查，以证明她是否真正意识到自身错误并且愿意改正。

（4）家庭团体会议

"家庭团体会议"又称"小组交流会"或"问题解决会谈"。家庭团体会议的目的在于创造家长作为主力参与的学生违纪处置平台，探索违纪事件的建设性处理方案，在源头上改正违纪学生的不当行为，最大限度挽回受害者的损失。家庭团体会议的参与者较为广泛，具体包括施害者和被害者双方的家庭成员、同伴成员及学校领导等。

具体操作程序是：首先，由社区负责人召集家庭团体会议；其次，施害者和被害者双方就失范行为的全过程展开交流；再次，失范行为者需就失范行为赔礼道歉并提出和解方案；最后，在双方一致同意的基础上，与会人员共同签署协议，宣告会议结束。如果失范行为者否认其造成的损害事实，案件将移交警方处理。该模式的运行过程很好地体现了恢复性纪律在实践中社会参与的广泛性特征。恢复性纪律实践带来的积极效果不仅体现在统计数据上，还体现在参与人对实践效果的认可上。为解决伤害事故的家庭团体会议曾被一位参与者如此描述❶：

> 我在过去两年里与学生家长一起工作。加害人在参与家庭团体会议的过程中，用积极的语言与同学、教师和学校其他人员交流。当我的学生思考他们行为的影响时，我看到教室和操场上的暴力行为减少了。加害人似乎对接待他人的方式有更大的控制力，而这反过来会让他们受到更好的对待。邀请家长参与家庭团体会议是有一定的优势的。家长既可以感受到孩子在学校的学业表现以及潜在问题，又可以给子女做好表率，引导子女树立健康的价值观。

2. 心理辅导

学生外显的违纪行为与内在的心理状态有紧密联系。调查发现，不少违

---

❶ Hope Witmer，Jonas Johansson. Disciplinary Action for Academic Dishonesty：Does the Student's Gender Matter?［J］. International Journal for Educational Integrity，2015，11（01）：1-10.

纪学生面临成长的家庭困境，比如父母离异、留守、家庭暴力等。不理想的家庭环境或家庭氛围不利于子女养成健康的心理状态，长此以往容易引发心理问题。同时，父辈的一些不良生活习性（如抽烟、酗酒、赌博等）也容易传递给下一代，进而滋生违纪行为，给教育补救带来阻碍。研究表明❶，心理辅导在大学生行为失范的教育补救中效果明显。心理辅导可以提高违纪大学生的心理健康水平，促进违纪大学生人格的完善，缓解不良心理的主要症状。

违纪学生的心理辅导须注意以下两点。首先，给予违纪学生必要的信心，避免触发学生的逆反心理，给心理辅导工作带来不必要的障碍。其次，心理辅导有两方面的任务。一方面，通过心理辅导发现违纪学生外显的或潜在的心理问题；另一方面，采取科学恰当的心理辅导对其存在的心理问题进行疏导，进一步疏通教育补救工作。值得注意的是，焦虑、紧张、害怕和懊悔（甚至是愤怒）等情绪是学生受到学校纪律处分后的主要情绪状态。这些状态在学生内心具有持续性，需要帮助他们调整心理状态消除不良影响，建设积极向上的心态。

在管教学生时，教育主体的态度、方式、观念等会对学生成长产生十分重要的影响。以高校为例。高校应重视帮扶违纪学生的教师队伍建设，尽可能挖掘其教育价值。依据“三全育人”❷ 的要求，教育队伍的人员遴选应保持开放；同时，出于专业化的考虑，建议优先选取具备教育学、心理学和其他相关学科背景的人员。建立健全选拔标准，将专业知识、责任心、沟通能力、爱心等作为重要指标。教师队伍应由学校统一培养和管理。通过培训，教师逐渐具备相关理论知识和实操技能，使之能够在学生管教过程中为学生提供必要的引导和帮扶，而且能准确把握违纪学生的思想动态。教师要将违纪学生的行为表现和思想转变记录在案，为违纪学生解除处分提供佐证。教师积极引导和帮扶违纪学生主要有以下几种实践形式。

一是公益型实践。“研究证实，基于偿还回报的心理，个体得到的社会支持越多，越有可能对他人施以援手，利他行为发生频次也更高。”❸ 违纪学生在社会交往过程中需要获得他人的肯定性评价，获取积极的心理体验，从而

---

❶ 李丹. 心理辅导对违纪大学生心理状况和人格特征的影响［J］. 高教论坛，2018（02）：99-102.

❷ 即全员育人、全程育人、全方位育人。详见：中共中央 国务院印发《关于加强和改进新形势下高校思想政治工作的意见》［EB/OL］.（2017-02-27）［2021-11-10］. http://www.gov.cn/xinwen/2017-02/27/content_5182502.htm.

❸ 刘永存，吴贤华，张和平，等. 社会支持对大学生利他行为的影响：自我效能感的中介作用［J］. 中国特殊教育，2021（03）：78-83.

不断强化利他行为和积极心理体验的反应连接。在教育转化违纪学生的工作中可以尝试引入公益性实践项目，比如组织学生参加公益活动或志愿活动，帮助学生在公益性实践中认识自己的社会价值，营造积极向上、助人为乐的心理状态。

二是专题讲座。举办专题讲座是当前许多学校的做法，具有易组织、辐射广、效率高等特点。随着时代进步，违纪学生的教育补救需要讲座者持续改进讲座的形式、内容，以适应新时代的学生需求。例如，依照学生的意愿确定讲座主题，为提高讲座的互动率引入网络互动等手段增加活动的趣味性，让更多的学生主动参与进来。

三是朋辈带动。青少年学生很在意同辈群体的黏合度，学生亚群体对成员的约束力较强。发挥亚群体核心成员的影响力是题中应有之义。

四是个人谈话。“‘谈心工程’，即师生之间、朋辈之间通过系统的载体、途径和方法开展正式或非正式的沟通、交流，实现对大学生思想政治教育的一种模式。”❶ 在校学生遇到学习障碍、人际冲突、情感纠纷等都可以“谈心谈话”。“谈心谈话”可以引导学生化被动为主动，帮助他们卸下心理防备，在自觉自愿的前提下与教师交流，提升“谈心谈话”的实效性。相关教育主体可通过精心组织构建良好的对话氛围，促进违纪学生的教育转化。

3. *说理型思想教育*

说理型思想教育虽较为单调，但应用广泛。说理型的方式所要求的条件较少，成本低且简单易操作，运用适当同样能收获不错的效果。当然，思想教育并不是纯粹的说服性教育，方式方法上只要“行之有效”即可。违纪学生的教育补救工作也要注意思想教育工作的方法和内容。

4. *劳动教育*

劳动教育是社会主义教育的重要组成部分。“劳动对于人的意义，不仅仅是满足于人的生存需要，而且有利于激发人的主体力量。”❷ 马克思深刻指出：“从工厂制度中萌发出了未来教育的幼芽，未来教育对所有已满一定年龄的儿童来说，就是生产劳动同智育和体育相结合，它不仅是提高社会生产的一种方法，而且是造就全面发展的人的唯一方法。”❸ 劳动教育可在学生的生活世

---

❶ 项炳池.“谈心工程”在增强大学生思想政治教育实效性中的作用研究［J］.思想政治教育研究，2016，32（04）：67-71.

❷ 舒志定.人的存在与教育——马克思教育思想的当代价值［M］.上海：学林出版社，2004：189.

❸ 马克思，恩格斯.马克思恩格斯全集：第44卷［M］.北京：人民出版社，2001：556-557.

界全方位渗透。学生在劳动中锻炼了心性，养成了吃苦耐劳的优秀品质，意识到遵规守纪的重要性。国家有关部门已出台政策文件提高公众对劳动教育的重视程度。2020 年 7 月，教育部印发《大中小学劳动教育指导纲要（试行）》（以下简称《指导纲要》）。《指导纲要》明确指出了劳动教育的内容主要包括日常生活劳动教育、生产劳动教育和服务性劳动教育三个方面[1]，并且要发挥劳动教育评价的育人导向和反馈改进功能[2]。这为教育补救工作中的劳动锻炼提供了重要渠道。

此外，教育系统也可尝试构建多元主体、范围更广的联合会议模式。其中，县级教育部门应当会同公安、交通、居委会（村委会）、医疗、消防、工商等相关部门分类制定学校违纪学生管教工作的规范，建立学生违纪的动态监测机制，制定学生违纪行为的风险清单并向外界公开。通过联合会议，县级（及以上）教育行政部门可建议乃至督促其他教育主体履行学生管教的应然职责。例如，监督指导学校建立健全违纪学生的管理制度；加强学校主要负责人的违纪学生转化的业务培训；会同相关部门对学校开展专业化、制度化、常态化的检查，及时发现和处置学生违纪的早期征兆和潜在风险；制定针对突发的学生违纪事件制定应急预案，建立应对突发事件的联动机制；指导学校妥善处理学生违纪行为，等等。

### （四）补救中需注意的问题

鉴于违纪之后教育补救工作的复杂性，为确保教育补救工作顺利开展，相关教育主体应注意以下几个问题。

#### 1. 坚持安全重于成效

安全是红线。近年来，与教育惩戒相关的学生轻生悲剧时有发生。2018 年 12 月 2 日，溧阳中学一名高二男生跳楼自杀，事发前因抄袭被责令在全班同学面前做检讨[3]。2020 年 9 月 17 日，武汉一名初三男生因在校打扑克被赶

---

[1] 劳动教育可大致分为三个模块：一是生活劳动教育，即让违纪学生在学校、家庭或者社区里完成日常生活中所需完成的适当劳动任务。通过生活劳动教育可以让学生体会生活的不易，理解“有付出才有收获”的意义。二是生产劳动教育。说教百次不如实干一次。生产劳动的艰辛可以让学生体会到个体的渺小和集体的伟大，真正地明白遵守学校纪律、努力学习的重要性。三是服务型劳动教育。服务型劳动教育直指社会公益活动，为违纪学生在服务活动中服务他人，融入社会提供了良好的平台。

[2] 教育部. 大中小学劳动教育指导纲要（试行）［EB/OL］.（2020-07-15）［2020-12-08］. http://www.moe.gov.cn/jyb_xwfb/gzdt_gzdt/s5987/202007/t20200715_472806.html.

[3] 佚名. 悲剧！溧阳中学一高二男生跳楼自杀，家长们该注意了！［EB/OL］.（2018-12-18）［2020-12-08］. https://baijiahao.baidu.com/s?id=1620337816254721893&wfr=spider&for=pc.

到学校的母亲当众扇耳光后从五楼跳下❶。大部分青少年学生虽然是未成年人，但是自尊心较强，在特殊场合容易出现过激行为。因此，相关教育主体要把握好违纪处置的方式方法，管控好自己的言语情绪，做到教育与保护的有效结合。学生安全工作是学生管教活动特别是违纪惩戒活动中面临的新问题、新挑战。学生违纪的管教工作已不能“就事论事”，需系统性回溯学生的成长史，调查学生违纪的成因。创新学生安全教育办法，强化学生管教活动中的安全意识，改进教育惩戒的方式方法是教育从业人员面临的新课题。

2. 坚持预防先于处理

“善战者之胜也，无奇胜，无智名，无勇功。”未雨绸缪是教育补救要义。拉长时间线，事后补救、事中处置与事前防范共同构成了违纪干预的闭环。在某种意义上，事前预防与事后补救是同一的。尽管部分学生违纪行为的发生具有突发性和急迫性，但是教育主体可以事前制定相关预案。因此，事前防范和事后处理同等重要。

对于学校而言，构建基于日常学生管教的违纪预防体系是基础性工作。第一，学校要做好相关背景调查，尽可能系统且准确地掌握具有教育价值的信息。这些信息主要包括学情、校情和学校周边情况。具体而言，学情包括家庭、身体、心理、人际交往和生活情况，比如学生的家庭结构、既往病史、特殊体质、性格特点、所处非正式群体的特点等；校情包括学校场地、设施设备、人员配置、常规制度、业务流程等；学校周边情况主要是指学校周边影响学生发展的潜在不良影响因素，比如环境污染、交通混乱、街头混混、不宜未成年人进入的娱乐场所等情况。第二，做好家校衔接，形成纪律教育的合力。一方面，纪律教育的内容要涵盖培养学生规则意识、底线意识的内容，开展禁忌教育、法制教育和安全教育；另一方面，学校要开展针对家长的纪律教育，常规形式有家长会，家访，通过电话、微信、信件、QQ 交流等，还可以有家庭教育系列讲座、家长随堂听课、校园开放日等非常规形式。通过家校衔接明确家长和学校在学生违纪行为中的教育责任。第三，通过课前清查、课间巡查、课后督查等方式跟踪学生的在校表现。第四，做好学生间冲突事件、突发性人身伤害事件、紧急情况或重大事故的应急处置预案。重点做好沟通传达、事件调查、证据搜集与保全、问题查摆等工作。第五，

❶ 新浪新闻. 武汉一初中生被请到校的母亲扇耳光…… [EB/OL]. (2020-09-18) [2020-12-08]. http://k.sina.com.cn/article_1698823241_m6541fc4903300u05q.html.

做好违纪事件的善后工作，主要包括心理疏导、经验总结、事后补救、案例整理、档案建设等。

3. 坚持救治优于惩治

处罚学生不是学校教育的最终目的，更不是学校教育效果的最终体现。教育补救着眼于重塑学生行为倾向，帮助学生摒弃社会失范行为。“坚持救治优于惩治”集中体现了以人为本的教育共同体理念和恢复性惩戒的惩戒理念。强调救治意味着违纪学生是可塑的，意味着每个学生的进步共同构成了集体的进步。教育容错率的高低取决于影响人发展的多种因素。学生行为偏离社会主流规范并不能说明其失去了可塑性。学生犯错不要紧，要紧的是摸清错误行为形成的因果链条，而后才能有针对性地开展教育补救活动。相关教育主体要调查学生出现违纪行为的影响因素和关键节点，根据实际情况不断调整策略。违纪学生的教育转化工作不是一蹴而就的，需要各方教育主体耐心施教。人的成长道路是曲折的，教育补救过程中学生行为有所反复实属正常。这需要各方教育主体与学生密切协作，共同完成教育补救任务。

4. 充分挖掘潜在教育资源

凡是具备教育价值的资源都应成为教育补救工作的重要依凭。在长期的教育实践中，各方教育主体积累了大量经验，为教育补救工作提供了良好的经验支撑。目前，相对成熟的资源开发模式主要有家校合作委员会和校社共育模式。

（1）家校合作委员会

一直以来，家校合作的教育生态不仅是学生健康成长的有力保障，而且得到了教育工作者的普遍关注，在教育实践中取得了良好的效果。调查表明，家校合作的障碍往往是学生行为失范的重要成因，包括但不限于教育理念的差异乃至冲突。因此，家校合作委员会就是围绕家校合作展开建设，可以在家长委员会的基础上建设。2016 年 12 月 12 日，习近平总书记在会见第一届全国文明家庭代表时就指出，家庭是人生的第一个课堂，父母是孩子的第一任老师。孩子们从牙牙学语起就开始接受家教，有什么样的家教，就有什么样的人。家庭教育涉及很多方面，但最重要的是品德教育，是如何做人的教育[1]。因此，打造良性互动的家校共育模式对青少年的成长发展具有重要意

---

[1] 新华网. 习近平：在会见第一届全国文明家庭代表时的讲话［EB/OL］. （2016-12-15）［2021-04-27］. http://www.xinhuanet.com/politics/2016-12/15/c_1120127183.htm.

义。充分发挥家庭教育和学校教育的功能，发掘潜在的教育资源，实现家校教育合力，可以为学生违纪的预防和补救工作打下坚实基础。

（2）校社共育模式

所谓校社共育，是指以促进学生和谐健康发展为目标，学校与社会其他教育组织和个人在自愿合作的基础上达成的协同教育实践。“学校与社区要充分认识到彼此是相互依赖、共生共荣的。要认识到学校与社会本身就是一体的，构建学校与社区教育共同体是现代社会和现代教育的应有之义。”❶ 在社会分工合作的大背景下，学校与其他社会组织和个人的关系愈发多样和紧密，学生的诸多问题不能再仅靠学校、家庭等少数几个教育主体解决，有序引入社会力量参与违纪学生的教育补救是有必要的。

违纪学生的教育补救工作某种意义上就是对未成年人的保护。《未成年人学校保护规定》第五十条指出，教育行政部门应当积极探索与人民检察院、人民法院、公安、司法、民政、应急管理等部门以及从事未成年人保护工作的相关群团组织的协同机制，加强对学校学生保护工作的指导与监督。鼓励、引导教育行政部门探索有社区、场馆等社会组织参与教育的机制，有效发挥社会组织和个人在这一过程中的作用。一些地方已经意识到校社共育模式在转化违纪学生工作上的独特作用。例如，《湖北省学校安全条例》第十条规定：乡镇（街道）、村（社区）、校园周边单位和家庭应当与学校合作，开展校地共建、家校共建，共同维护校园及周边安全。显然，学生的教育已然不是学校一方的责任，而是社会各界共同参与，多方共同承担的教育责任。

在许多方面，校社共育模式可以发挥很好的教育效果。例如，在抵制校园暴力的实践中，社会组织和个人不断净化网络环境，强化舆论宣传，加强正面引导，披露欺凌行为，形成强大的社会舆论压力（要注意保护隐私和防止渲染欺凌暴力）；学校及周边区域特别是隐蔽区域可考虑安装电子监控；学校应和家长、社区、公安等组织和个人共同成立反校园欺凌小组，专门负责预防和处理校园欺凌问题，学生受欺负要有讲理的地方，特别要采取有效措施保护举报人。同时，要特别强化正面宣传，为青少年树立好榜样、好导向。❷

总之，对于选择何种资源开发路径、具体开发哪些教育资源等问题，需要相关教育主体根据自身实际，结合社会环境科学决策，促进学生健康和谐发展。

---

❶ 邵晓枫，刘文怡．中国学校与社区的教育共同体演进与构建［J］．现代远程教育研究，2020，32（04）：86-92．

❷ 新东方．家庭、学校与社会三者合作杜绝校园暴力［N］．随州日报，2020-10-09（03）．

# 参考文献

[1] 马克思，恩格斯. 马克思恩格斯全集：第 44 卷 [M]. 北京：人民出版社，2001.
[2] 马克思恩格斯选集（第一卷）[M]. 北京：人民出版社，1995.
[3] 习近平. 论坚持推动构建人类命运共同体 [M]. 北京：中央文献出版社，2018.
[4] 王道俊，郭文安. 教育学 [M]. 北京：人民教育出版社，2009.
[5] 郑云瑞. 民法总论 [M]. 7 版. 北京：北京大学出版社，2017.
[6] 法理学编写组. 法理学 [M]. 北京：人民出版社，2010.
[7] 张明楷. 刑法学 [M]. 5 版. 北京：法律出版社，2016.
[8] 张明楷. 刑法学教程 [M]. 4 版. 北京：北京大学出版社，2016.
[9] 王利明. 民法总论 [M]. 2 版. 北京：中国人民大学出版社，2015.
[10] 王利明，杨立新，王轶，等. 民法学 [M]. 6 版. 北京：中国人民大学出版社，2020.
[11] 狄世深. 刑法中身份论 [M]. 北京：北京大学出版社，2005.
[12] 尹力. 教育法学 [M]. 2 版. 北京：人民教育出版社，2015.
[13] 童列春. 身份权研究 [M]. 北京：法律出版社，2018.
[14] 杨春洗，康树华，杨殿升. 北京大学法学百科全书·刑法学·犯罪学·监狱法学 [M]. 北京：北京大学出版社，2001.
[15] 任超奇. 新华汉语词典 [M]. 武汉：崇文书局，2006.
[16] 赵秉志. 犯罪主体论 [M]. 北京：中国人民大学出版社，1989.
[17] 房绍坤. 民法 [M]. 5 版. 北京：中国人民大学出版社，2020.
[18] 何孝元. 损害赔偿之研究 [M]. 台北：台湾商务印书馆，1982.
[19] 吕光. 大众传播与法律 [M]. 台北：台湾商务印书馆，1987.
[20] 张新宝. 隐私权的法律保护 [M]. 北京：群众出版社，2004.

[21] 马原. 民事审判实务 [M]. 北京: 中国经济出版社, 1993.
[22] 李强. 当代中国社会分层与流动 [M]. 北京: 中国经济出版社, 1993.
[23] 杨立新. 物权法 [M]. 北京: 法律出版社, 2013.
[24] 冉克平. 物权法总论 [M]. 北京: 法律出版社, 2015.
[25] 陈华彬. 民法物权论 [M]. 北京: 中国法制出版社, 2010.
[26] 张占斌, 蒋建农. 毛泽东选集大辞典 [M]. 太原: 山西人民出版社, 1993.
[27] 冯晓青. 知识产权法 [M]. 2 版. 武汉: 武汉大学出版社, 2014.
[28] 劳凯声. 教育法论 [M]. 南京: 江苏教育出版社, 1993.
[29] 申素平. 教育法学: 原理、规范与应用 [M]. 北京: 教育科学出版社, 2009.
[30] 余雅风, 姜国平, 等. 教育法学研究 [M]. 福州: 福建教育出版社, 2021.
[31] 王柱国. 学习自由与参与平等: 受教育权的理论与实践 [M]. 北京: 中国民主法制出版社, 2009.
[32] 吴高盛. 公共利益的界定与法律规制研究 [M]. 北京: 中国民主法制出版社, 2009.
[33] 岳伟, 黄道主. 彰显教育的公平与公益: 城市免费义务教育问题研究 [M]. 武汉: 华中师范大学出版社, 2014.
[34] 北京大学哲学系. 十八世纪法国哲学 [M]. 北京: 商务印书馆, 1963.
[35] 祝光耀, 张塞. 生态文明建设大辞典: 第 1 册 [M]. 南昌: 江西科学技术出版社, 2016.
[36] 付建中. 普通心理学 [M]. 北京: 清华大学出版社, 2012.
[37] 张春兴. 现代心理学: 现代人研究自身问题的科学 [M]. 上海: 上海人民出版社, 2016.
[38] 罗大华. 犯罪心理学 [M]. 北京: 中国政法大学出版社, 2002.
[39] 孙国华. 中华法学大辞典·法理学卷 [M]. 北京: 中国检察出版社, 1997.
[40] 钱焕琦, 刘云林. 中国教育伦理学 [M]. 徐州: 中国矿业大学出版社, 2002.
[41] 杨立新. 人身权法论 [M]. 北京: 人民法院出版社, 2002.
[42] 刘霜. 刑法中的行为概念研究 [M]. 郑州: 郑州大学出版社, 2016.
[43] 中国大百科全书出版社编辑部. 中国大百科全书·社会学卷 [M]. 北京: 中国大百科全书出版社, 1991.

[44] 魏振瀛，徐学鹿，郭明瑞．北京大学法学百科全书·民法学·商法学［M］．北京：北京大学出版社，2004.
[45] 袁世全，冯涛．中国百科大辞典［M］．北京：华厦出版社，1990.
[46] 乔德福．举报与反腐败：新形势下的群众举报与反腐败研究［M］．北京：中国社会出版社，2007.
[47] 阮智富，郭忠新．现代汉语大词典·上册［M］．上海：上海辞书出版社，2009.
[48] 周登谅．刑事诉讼法［M］．上海：华东理工大学出版社，2014.
[49] 樊崇义．证据法学［M］．6版．北京：法律出版社，2017.
[50] 章剑生．行政听证制度研究［M］．杭州：浙江大学出版社，2010.
[51] 韩兵．高等学校的惩戒权研究［M］．北京：法律出版社，2014.
[52]（西汉）戴圣．礼记［M］．张博，译．沈阳：万卷出版公司，2019.
[53] 姜明安．行政法与行政诉讼法［M］．7版．北京：北京大学出版社，2019.
[54] 刘平．法治与法治思维［M］．上海：上海人民出版社，2013.
[55] 李晓燕．学生权利和义务问题研究［M］．武汉：华中师范大学出版社，2008.
[56] 张文显．法理学［M］．5版．北京：高等教育出版社，2018.
[57] 张文显．法哲学范畴研究［M］．北京：中国政法大学出版社，2001.
[58] 陈焱光．公民权利救济基本理论与制度体系建构研究［M］．武汉：长江出版社，2013.
[59] 姚云．与学校对簿公堂：校园官司启示录［M］．桂林：广西师范大学出版社，2003.
[60] 应松年．行政程序法［M］．北京：法律出版社，2009.
[61] 张光杰．中国法律概论［M］．上海：复旦大学出版社，2005.
[62] 吴礼林．诉讼法学［M］．武汉：中国地质大学出版社，2001.
[63] 蔡劲松，李亚梅．当代大学生法律意识构建：权利、救济、义务、责任［M］．北京：北京航空航天大学出版社，2007.
[64] 陈光中．证据法学［M］．4版．北京：法律出版社，2019.
[65] 李晓燕．教育法学［M］．2版．北京：高等教育出版社，2006.
[66] 邹瑜，顾明．法学大辞典［M］．北京：中国政法大学出版社，1991.
[67] 卞建林，谭世贵．证据法学［M］．4版．北京：中国政法大学出版社，2019.
[68] 高家伟．证据法基本范畴研究［M］．北京：中国人民公安大学出版

社，2018.
[69] 何家弘，张卫平. 简明证据法学［M］. 4版. 北京：中国人民大学出版社，2016.
[70] 叶青. 诉讼证据法学［M］. 2版. 北京：北京大学出版社，2013.
[71] 石国亮. 管理学的智慧［M］. 北京：国防大学出版社，2013.
[72] 邓伟志，徐新. 家庭社会学导论［M］. 上海：上海大学出版社，2006.
[73] 陈琦，刘儒德. 当代教育心理学（修订版）［M］. 北京：北京师范大学出版社，2007.
[74] 周三多，陈传明，鲁明泓. 管理学——原理与方法［M］. 上海：复旦大学出版社，2003.
[75] 梁根林. 刑事政策：立场与范畴［M］. 北京：法律出版社，2005.
[76] 王晓春. 问题学生诊疗手册［M］. 上海：华东师范大学出版社，2006.
[77] 吴宗宪. 社区矫正比较研究（上）［M］. 北京：中国人民大学出版社，2011.
[78] 舒志定. 人的存在与教育——马克思教育思想的当代价值［M］. 上海：学林出版社，2004.
[79] 梁柱. 蔡元培与北京大学［M］. 北京：北京大学出版社，1996.
[80] 马克斯·韦伯. 经济与社会：第二卷［M］. 上海：上海人民出版社，2010.
[81] 康德. 三大批判合集（上）［M］. 邓晓芒，译. 北京：人民出版社，2009.
[82] P. 诺内特，P. 塞尔兹尼克. 转变中的法律与社会：迈向回应型法［M］. 季卫东，张志铭，译. 北京：中国政法大学出版社，2004.
[83] 埃米尔·涂尔干. 社会分工论：第一卷［M］. 渠东，译. 北京：世界知识出版社，2000.
[84] 亚伯拉罕·马斯洛. 动机与人格［M］. 许金声，等，译. 北京：中国人民大学出版社，2012.
[85] 茱莉亚·德莱夫. 后果主义［M］. 余露，译. 北京：华夏出版社，2016.
[86] 戴维·M. 沃克. 牛津法律大辞典［M］. 北京社会与科技发展研究所，译. 北京：光明日报出版社，1989.
[87] 阿尔弗雷德·怀特海. 怀特海文集 教育的目的［M］. 徐汝舟，译. 北京：北京师范大学出版社，2018.
[88] 德沃金. 认真对待权利［M］. 信春鹰，吴玉章，译，北京：中国大百科全书出版社，2002.

[89] 维克托·塔德洛斯. 刑事责任论 [M]. 谭淦, 译. 北京: 中国人民大学出版社, 2009.
[90] 约翰·P.霍斯顿. 动机心理学 [M]. 孟继群, 侯积良, 等, 译. 沈阳: 辽宁人民出版社, 1990.
[91] 邱德峰. 学生作为学习者的身份建构研究 [D]. 西南大学, 2018.
[92] 章璐璐. 论危害公共安全罪中"公共安全"的界定 [D]. 华东政法大学, 2018.
[93] 赵兰兰. 成就目标、环境目标引导、成就动机与学习的关系 [D]. 首都师范大学, 2006.
[94] 罗驹. 教职工侵犯未成年学生人格尊严研究 [D]. 西南大学, 2020.
[95] 高婕. 法治反腐背景下中国举报立法研究 [D]. 齐鲁工业大学, 2019.
[96] 胡金富. 科研不端行为查处程序研究 [D]. 中国科学技术大学, 2018.
[97] 刘艳琴. 法治视野下美国顶尖高校惩戒违纪学生研究——以麻省理工学院为例 [D]. 武汉理工大学, 2019.
[98] 周健. 我国中小学学生申诉制度研究 [D]. 重庆大学, 2012.
[99] 马子雯. 高校特殊群体学生违纪的预防干预机制研究 [D]. 西安科技大学, 2012.
[100] 刘永方. 美国中小学恢复性纪律研究 [D]. 武汉理工大学, 2020.
[101] 湛中乐, 靳澜涛. 我国教育行政争议及其解决的回顾与前瞻——以"推动教育法治进程十大行政争议案件"为例 [J]. 华东师范大学学报(教育科学版), 2020, 38 (02).
[102] 劳凯声. 试论中小学校与未成年学生法律关系 [J]. 教育学报, 2014, 10 (06).
[103] 劳凯声. 教育变迁中学校与学生关系的重构 [J]. 教育研究, 2019, 40 (07).
[104] 申素平, 黄硕, 郝盼盼. 论高校开除学籍处分的法律性质 [J]. 中国高教研究, 2018 (03).
[105] 申素平, 郝盼盼. 高校开除学籍处分规定的合法性与合理性审视——基于8所"985"大学李晓燕, 夏霖. 父母教育权存在的法理分析 [J]. 兰州大学学报(社会科学版), 2014, 42 (02).
[106] 余雅风. 明晰主体职责, 防治中小学生欺凌和暴力 [J]. 中国教育法制评论, 2019 (01).
[107] 褚宏启. 中小学生权利的法律保护 [J]. 中国教育学刊, 2000 (04).

[108] 马焕灵. 高校学生纪律处分与社会惩戒竞合问题辨析 [J]. 教育学术月刊, 2009 (01).
[109] 马焕灵, 曹丽萍. 论教育惩戒的限度 [J]. 湖南师范大学教育科学学报, 2020, 19 (04).
[110] 朱永新. 家校合作激活教育磁场: 新教育实验“家校合作共育”的理论与实践 [J]. 教育研究, 2017, 38 (11).
[111] 弁言. 世界人权宣言 (联合国大会 1948 年 12 月 10 日通过) [J]. 法哲学与法社会学论丛, 2000 (00).
[112] 杨代雄. 重思民事责任能力与民事行为能力的关系: 兼评我国《侵权责任法》第 32 条 [J]. 法学论坛, 2012, 27 (02).
[113] 许锋华, 徐洁, 黄道主. 论校园欺凌的法制化治理 [J]. 教育研究与实验, 2016 (06).
[114] 吴克勤. 行政行为能力初探 [J]. 苏州科技学院学报 (社会科学版), 2003 (04).
[115] 彭文华. 法益与犯罪客体的体系性比较 [J]. 浙江社会科学, 2020 (04).
[116] 姚辉, 叶翔. 荣誉权的前世今生及其未来: 兼评民法典各分编 (草案) 中的相关规定 [J]. 浙江社会科学, 2020 (03).
[117] 齐云.《人格权编》应增设性自主权 [J]. 暨南学报 (哲学社会科学版), 2020, 42 (01).
[118] 王建峰, 戴冰. “追名弃利”: 权力动机与社会存在对亲社会行为的影响 [J]. 心理学报, 2020, (01).
[119] 顾彬彬. 恶意是怎么消失的: “共同关切法” 与 “皮卡斯效应” [J]. 教育发展研究, 2020, 40 (22).
[120] 马和民. 学生失范行为及其教育控制 [J]. 全球教育展望, 2002 (04).
[121] 叶强. 论教师惩戒权与父母惩戒权的法理关系 [J]. 教育发展研究, 2021, 41 (04).
[122] 叶强. 论作为基本权利的家庭教育权 [J]. 财经法学, 2018 (02).
[123] 张蓉, 黄道主. 论教师为何不敢惩戒违纪学生: 基于 “杨不管” 事件新闻报道的法理省思 [J]. 教师教育论坛, 2017, 30 (06).
[124] 徐兴桂. 论中小学教师行使惩戒权的 “三不” 困境: 基于教师视角的考察 [J]. 现代中小学教育, 2020, 36 (05).
[125] 金东海, 蔺海沣. 我国中小学家校合作困境与对策探讨 (中学版) [J]. 教学与管理, 2012 (12).

[126] 齐云.《人格权编》应增设性自主权 [J]. 暨南学报 (哲学社会科学版), 2020, 42 (01).
[127] 张文言, 黄道主. 论在职人员攻读硕士学位入学考试团伙作弊的治理 [J]. 考试研究, 2015 (03).
[128] 肖振猛. 举报制度的法律行为和政治意义简析 [J]. 武汉理工大学学报 (社会科学版), 2012, 25 (05).
[129] 尹美善, 杨颖秀. 韩国中小学校园暴力校内防控机制及启示 [J]. 教育科学研究, 2018 (03).
[130] 张冉, 欧阳添艺. 高校性骚扰投诉的处理机制与程序分析: 以澳大利亚高校为例 [J]. 教育发展研究, 2018, 38 (21).
[131] 黄道主, 刘艳琴. 美国顶尖高校如何处置学生之间的性不端行为: 以麻省理工学院的教育执法经验为例 [J]. 青少年犯罪问题, 2020 (06).
[132] 王如全. "41 号令" 视域下高校学生违纪处分程序构建 [J]. 继续教育研究, 2020 (03).
[133] 张建伟. 指向与功能: 证据关联性及其判断标准 [J]. 法律适用, 2014 (03).
[134] 蒋后强, 刘志强. 中美高校学生违纪处分程序制度比较研究 [J]. 比较教育研究, 2006 (03).
[135] 韩兵. 高校基于学术原因惩戒学生行为的司法审查: 以美国判例为中心的分析 [J]. 环球法律评论, 2007 (03).
[136] 韩兵. 美国公立高校学生纪律处分程序制度及其启示: 以加州大学伯克利分校为例 [J]. 行政法学研究, 2012 (03).
[137] 万金店. 比例原则在高校学生处分中的适用研究 [J]. 教育探索, 2009 (05).
[138] 黄厚明, 徐环. 基于比例原则的高校自主管理权行使研究 [J]. 高教探索, 2020 (05).
[139] 牛凯. 行政程序法基本原则探讨 [J]. 河北法学, 2000 (06).
[140] 吴鹏. 谈高校学生处分行为中比例原则的适用 [J]. 教育与职业, 2007 (20).
[141] 许璐璐. 关于高校学生管理法治化的思考 [J]. 教育探索, 2012 (09).
[142] 肖振猛. 举报制度的法律行为和政治意义简析 [J]. 武汉理工大学学报 (社会科学版), 2012, 25 (05).
[143] 徐玉生. 检举举报: 人民有序监督的路径及其实现 [J]. 河南社会科学,

2019，27（01）.
［144］李洋. 中国宪法语境中的舆论监督含义探讨［J］. 南京社会科学，2013（05）.
［145］邓蓉敬. 网络舆论与问责公正：网络舆论引发的行政问责现象探讨［J］. 中共浙江省委党校学报，2012，28（05）.
［146］樊华强. 大学生权利救济制度及其完善［J］. 现代教育管理，2014（05）.
［147］卓光俊. 美国高校与学生关系法律调整理念的转变及其启示［J］. 重庆大学学报（社会科学版），2009，15（03）.
［148］黄学贤. 特别权力关系理论研究与实践发展：兼谈特别权力关系理论在我国的未来方位［J］. 苏州大学学报（哲学社会科学版），2019，40（05）.
［149］王俊. 高校特别权力关系与受教育权的法律保护［J］. 高教探索，2005（06）.
［150］秦涛，张旭东. 高校教育惩戒权法理依据之反思与修正［J］. 复旦教育论坛，2019，17（04）.
［151］曾文远. 论特别权力关系理论的否定：以德国法学家乌勒二分理论为视角［J］. 广东广播电视大学学报，2012，21（04）.
［152］张慰. “重要性理论”之梳理与批判：基于德国公法学理论的检视［J］. 行政法学研究，2011（02）.
［153］秦涛，张旭东. 高校教育惩戒权法理依据之反思与修正［J］. 复旦教育论坛，2019，17（04）.
［154］周慧蕾. 再论大学自治权与学生权利的司法平衡：从我国司法实践切入［J］. 法治研究，2018（06）.
［155］武术霞. 完善我国民事调解制度之思考［J］. 法学杂志，2006（03）.
［156］李韧夫，李楠. 高校学生权利救济的法律分析［J］. 学习与探索，2011（01）.
［157］段文波，李凌. 证据保全的性质重识与功能再造［J］. 南京社会科学，2017（05）.
［158］谷禹，王玲，秦金亮. 布朗芬布伦纳从襁褓走向成熟的人类发展观［J］. 心理学探新，2012，32（02）.
［159］李娜. 小学生家庭环境与行为习惯养成的相关性研究［J］. 教育理论与实践，2011，31（17）.
［160］何思忠，刘苓. 不同结构家庭及精神环境下儿童个性特征与父母个性的关系［J］. 中国心理卫生杂志，2008（08）.

[161] 黄亮，高威．校风对中国学生学习的影响有多大?：基于 PISA2015 中国四省（市）师生行为数据分析［J］．中小学管理，2017（10）．

[162] 吴愈晓，张帆．“近朱者赤”的健康代价：同辈影响与青少年的学业成绩和心理健康［J］．教育研究，2020，41（07）．

[163] 雷浩，刘衍玲．国外青少年学生暴力态度研究评析［J］．比较教育研究，2013（01）．

[164] 黄道主，陈金玉．论校园暴力之风险识别［J］．三峡大学学报（人文社会科学版），2020，42（02）．

[165] 金鹏，林强，林畅．构建大学生“特殊群体”援助体系的思考［J］．思想政治教育研究，2010，26（02）．

[166] 赵国瑞．有效的教育惩戒：从管理活动到教育艺术［J］．中国教育学刊，2020（02）．

[167] 刘长海．学生管理育人本位的复归：美国学生惩戒研究最新进展及其启示［J］．比较教育研究，2015，37（11）．

[168] 王有升．论教育的内在尺度：对“什么是真正的教育”的追问［J］．南京师大学报（社会科学版），2017（06）．

[169] 徐岱，王军明．刑法谦抑理念下的刑事和解法律规制［J］．吉林大学社会科学学报，2007，47（05）．

[170] 刘雪梅．社区矫正效率与现实功用［J］．重庆社会科学，2016（05）．

[171] 赵树强，沈富康．试论公安机关对未成年人犯罪的治安预防［J］．公安研究，1999（05）．

[172] 王乐，涂艳国．场馆教育引论［J］．教育研究，2015，36（04）．

[173] 王乐．场馆教育中的师生身份及其关系构建——基于第一人称的叙事分析［J］．基础教育，2017，14（04）．

[174] 李舒，宋守山．新闻媒体引导力的内涵、现状与实现层次——一种基于认同理论的分析［J］．现代传播，2021，43（03）．

[175] 李宏亮．四方会议：有效整合家、校教育资源［J］．中国教育学刊，2009（04）．

[176] 苏跃飞，童卫军．高校违纪学生社团矫正研究［J］．社会科学战线，2011（03）．

[177] 李丹．心理辅导对违纪大学生心理状况和人格特征的影响［J］．高教论坛，2018（02）．

[178] 刘永存，吴贤华，张和平，等．社会支持对大学生利他行为的影响：自我

效能感的中介作用［J］．中国特殊教育，2021（03）．
［179］项炳池．“谈心工程”在增强大学生思想政治教育实效性中的作用研究［J］．思想政治教育研究，2016，32（04）．
［180］邵晓枫，刘文怡．中国学校与社区的教育共同体演进与构建［J］．现代远程教育研究，2020，32（04）．
［181］陈馨瑶．学生违规电器怎能一砸了事［N］．中国青年报，2016-01-04（08）．
［182］周舒曼．儿子发型不合格被退学？母亲告学校索赔10万余元［N］．重庆商报，2014-09-25（09）．
［183］新东方．家庭、学校与社会三者合作杜绝校园暴力［N］．随州日报，2020-10-09（03）．
［184］习近平：决胜全面建成小康社会 夺取新时代中国特色社会主义伟大胜利——在中国共产党第十九次全国代表大会上的报告［DB/OL］．（2017-10-27）［2021-03-27］．http://www.xinhuanet.com/politics/2017-10/27/c_1121867529.htm.
［185］习近平主席在学校思想政治理论课教师座谈会提出“培养什么人、怎样培养人、为谁培养人”的问题［DB/OL］．（2019-03-19）［2020-12-27］．http://cpc.people.com.cn/n1/2019/0319/c64094-30982234.html.
［186］习近平：在纪念五四运动100周年大会上的讲话［EB/OL］．（2019-04-30）［2020-12-08］．http://www.12371.cn/2019/04/30/ARTI1556627564195443.shtml.
［187］习近平：在会见第一届全国文明家庭代表时的讲话［EB/OL］．（2016-12-15）［2021-04-27］．http://www.xinhuanet.com/politics/2016-12/15/c_1120127183.htm.
［188］中华人民共和国最高人民法院．司法大数据专题报告之校园暴力［EB/OL］．（2018-09-19）［2020-07-10］．http://www.court.gov.cn/fabu-xiangqing-119881.html.
［189］教育部．关于《中小学教育惩戒规则（试行）》中纪律处分的咨询［EB/OL］．（2021-03-29）［2021-07-25］．http://www.moe.gov.cn/jyb_hygq/hygq_zczx/moe_1346/moe_1347/202103/t20210329_523360.html.
［190］教育部．违反教师职业行为十项准则典型问题［DB/OL］．（2020-12-07）［2020-12-22］．http://www.moe.gov.cn/jyb_xwfb/gzdt_gzdt/s5987/202012/t20201207_503811.html.
［191］钟煜豪．翟天临事件全纪录［DB/OL］．（2019-02-16）［2020-12-22］．

https: //m. thepaper. cn/newsDetail_forward_2996570.

[192] 李欣. 山东通报两起冒名顶替上学问题调查处理结果46人被问责 [DB/OL]. (2020-06-30) [2021-08-04]. http: //hn. people. com. cn/n2/2020/0630/c338398-34121949. html.

[193] 杜尚泽. 习近平在党的新闻舆论工作座谈会上强调: 坚持正确方向创新方法手段提高新闻舆论传播力引导力 [DB/OL]. (2016-02-20) [2021-04-07]. http: //cpc. people. com. cn/n1/2016/0220/c64094-28136289. html.

[194] 聂新鑫. 仝卓事件调查: 一场直播牵出高考舞弊案 [DB/OL]. (2020-06-14) [2020-12-22]. http: //www. xinhuanet. com/legal/2020-06/14/c_1126111708. htm.

[195] 时婷婷. 浙大回应努某某被留校察看将尽快公布说明浙大努某事件始末 [EB/OL]. (2019-08-26) [2020-12-21]. http: //m. mnw. cn/edu/news/2301940. html.

[196] 熊强. 湖南大学确认了! 刘梦洁硕士论文抄袭云南财大教师涉密科研申请书 [EB/OL]. (2019-04-03) [2020-12-23]. http: //m. people. cn/n4/2019/0403/c1420-12534871. html.

[197] 彭国露. 用万分之5. 1的警民比例夯实一方平安 [DB/OL]. (2017-11-28) [2020-12-20]. https: //lsxb. ls666. com/html/2017-11/28/content_3334. htm.

[198] 王悦薇. 学生告状很正常但不能以此培养告密者 [DB/OL]. (2017-11-19) [2021-07-18]. https: //zj. zjol. com. cn/news/806725. html.

[199] 于遵素. 大学生涉论文抄袭被同班同学联名举报 校方调查 [DB/OL]. (2016-11-28) [2020-12-27]. http: //news. sohu. com/20161128/n474288592. shtml.

[200] 陈友敏. 吴亚安: 案说正当防卫丨上海法院"十佳青年" [DB/OL]. (2020-09-11) [2021-10-31]. https: //c. m. 163. com/news/a/FM9DKA4S0514ILI0. html?spss=newsapp.

[201] 王雅琴. 德国公法的比例原则 [DB/OL]. (2014-11-03) [2021-10-31]. http: //theory. people. com. cn/n/2014/1103/c40531-25961591. html.

[202] 唐頔蕊. 清华学姐事件: 以暴制暴是对正义的践踏 [DB/OL]. (2020-11-21) [2020-12-27]. https: //news. sina. com. cn/o/2020-11-21/doc-iiznezxs2913359. shtml.

[203] 叶子悦, 孝金波. 江西抚州一小学生因畏惧罚站蹲马步跳楼自残 [DB/

OL]. (2019-06-13) [2021-08-25]. http://legal.people.com.cn/n1/2019/0613/c42510-31134955.html.

[204] 殷平，袁星红. 课堂上，同桌打架一人死亡 [DB/OL]. (2008-06-14) [2021-08-17]. http://news.sina.com.cn/o/2008-06-14/112314017549s.shtml.

[205] 周宽玮. 云南一中学多名老师连遭学生辱骂和殴打，老师害怕集体休假 [DB/OL]. (2014-12-16) [2020-12-22]. https://www.thepaper.cn/newsDetail_forward_1286304.

[206] 谭元斌. 教师体罚学生致重伤一审被判刑3年 [DB/OL]. (2015-07-24) [2020-12-22]. http://edu.sina.com.cn/zxx/2015-07-24/0908479070.shtml.

[207] 张鹏翔，李铁锤. 河北沙河一幼儿园发生虐童事件涉事教师已被开除 [DB/OL]. (2018-07-16) [2020-12-22]. https://baijiahao.baidu.com/s?id=1606140451913719684&wfr=spider&for=pc.

[208] 崔翼琴，俞陶然. 上海一小学班主任因学生调皮，要求全班互抽耳光 [DB/OL]. (2013-10-31) [2020-12-22]. https://news.qq.com/a/20131031/012053.htm.

[209] 曾亮，王钢，游爱国. 湖南汉寿县检察院向学校发检察建议禁止教师体罚学生 [DB/OL]. (2017-12-08) [2020-12-22]. http://www.jcrb.com/procuratorate/jcpd/201712/t20171208_1823735.html.

[210] 复旦大学研究生院. 关于取消2013年度部分优秀毕业生荣誉的通告 [EB/OL]. (2013-06-28) [2020-12-24]. http://www.gs.fudan.edu.cn/5e/b9/c2873a24249/page.htm.

[211] 中山大学. 对捏造事实诽谤他人的学生赵某晨开除学籍 [EB/OL]. (2021-06-18) [2021-07-25]. http://www.mnw.cn/edu/news/2453258.html.

[212] 中央纪委国家监委. 山东通报聊城市冠县、东昌府区两起冒名顶替上学问题调查处理及相关情况 [EB/OL]. (2020-06-29) [2020-12-27]. http://www.ccdi.gov.cn/yaowen/202006/t20200629_221003.html.

[213] 人民网. 北京每万人中就有民警24名警民比例全国最高 [DB/OL]. (2013-08-20) [2020-12-20]. http://www.people.com.cn/24hour/n/2013/0820/c25408-22633553.html.

[214] 中国教育在线. 广州：小学生背不出乘法表　老师电焊条抽打 [DB/OL]. (2013-10-31) [2020-12-22]. https://www.eol.cn/guangdong/guangdongnews/201310/t20131031_1034274.shtml.

[215] 东方网. 浙江大学深夜发通报：开除犯强奸罪学生学籍 [DB/OL]. (2020-08-01) [2021-07-10]. http://news.eastday.com/eastday/13news/auto/news/society/20200801/u7ai9422547.html.

[216] 环球快报网. 山东顶替上大学事件王丽丽：对方认她做干女儿来私了 [DB/OL]. (2020-07-01) [2020-12-22]. http://www.ahcar.com/jiaoyu/20200701/9296.html.

[217] 福州新闻网. 开除学生未听申辩，福建漳州一高校被判撤销处分 [DB/OL]. (2008-10-06) [2020-12-22]. https://www.chinanews.com/edu/xyztc/news/2008/10-06/1401946.shtml.

[218] 澎湃新闻. 山东理工回应"抱怨没空调被通报"：该生对团委微博恶语相向 [EB/OL]. (2019-07-26) [2021-04-12]. https://baijiahao.baidu.com/s?id=1640129307699200382&wfr=spider&for=pc.

[219] 澎湃新闻. 武大造假毕业生遭省体育局撤销一级运动员称号 [DB/OL]. (2019-01-03) [2020-12-20]. https://baijiahao.baidu.com/s?id=1621622207223874415&wfr=spider&for=pc.

[220] 澎湃号. 恶魔在身边，男童遭亲父烟头烫伤双手面临截肢 [DB/OL]. (2020-11-05) [2020-12-22]. https://www.thepaper.cn/newsDetail_forward_9862884.

[221] 搜狐新闻. 老师打学生致耳朵撕裂，教师下跪道歉并赔偿 [DB/OL]. (2015-10-21) [2020-12-22]. https://www.sohu.com/a/36955617_118703.

[222] 澎湃新闻. 江苏一高二男生跳楼自杀　事发前因抄袭被责令向全班做检讨 [EB/OL]. (2018-12-18) [2020-12-08]. https://baijiahao.baidu.com/s?id=1620200355525660905&wfr=spider&for=pc.

[223] 福建省教育厅《关于进一步加强安全报告制度的通知》[DB/OL]. (2007-03-30) [2021-11-05]. http://jyt.fujian.gov.cn/xxgk/zfxxgkzl/zfxxgkml/zcwj/200703/t20070330_3654476.htm.

[224] 四川省教育厅关于印发《四川省学校安全事故报告规定》的通知 [DB/OL]. (2011-02-16) [2021-11-06]. http://edu.sc.gov.cn/scedu/c100547/2011/2/17/101c2903f3af42aea7007d5581560de2.shtml.

[225] 青川县教育局《关于进一步加强和规范学校突发事件信息报送工作的通知》[DB/OL]. (2018-08-13) [2021-11-05]. http://www.cnqc.gov.cn/NewDetail.aspx?id=20180901142937238.

[226] 北京大学学生违纪处分办法 [EB/OL]. (2019-05-08) [2020-12-23].

http://www.dean.pku.edu.cn/web/rules_info.php?id=57.

[227] 华东师范大学学生违纪处分办法 [EB/OL]. (2020-09-02) [2020-12-23]. http://www.jwc.ecnu.edu.cn/_upload/article/files/72/a5/39c5be0d466da3d221e6615ccebb/aa95806b-09a3-454b-aafd-109f3f68dc50.pdf.

[228] 首都师范大学学生违纪处分规定 [EB/OL]. (2013-01-10) [2021-10-27]. https://www.cnu.edu.cn//xywh/glgd/26225.htm.

[229] 北京航空航天大学学生违纪处分规定（试行）（北航学字〔2020〕2号）[EB/OL]. (2021-10-21) [2021-11-27]. http://www.court.gov.cn/fabu-xiangqing-119881.html.

[230] 北京理工大学学生纪律处分规定（北理工发〔2019〕25号）[EB/OL]. (2020-09-03) [2021-11-27]. https://www.bit.edu.cn/yxw/dxcz/xsglyx/xssc/a189841.htm.

[231] 中国农业大学学生违纪处分条例（中农大学字〔2017〕3号）[EB/OL]. (2020-09-03) [2021-11-27]. http://xgb.cau.edu.cn/art/2019/9/24/art_757_638423.html.

[232] 复旦大学学生纪律处分条例（校通字〔2019〕31号）[EB/OL]. (2019-08-26) [2021-11-27]. http://cce.fudan.edu.cn/84/99/c14097a165017/page.htm.

[233] 北京师范大学学生违纪处分办法（2017年7月6日校长办公会讨论通过，2017年7月18日修订）[EB/OL]. (2017-10-16) [2021-11-27]. https://dwxgb.bnu.edu.cn/gzzd/69328.htm.

[234] 华中科技大学学生违纪处分条例（校学〔2017〕8号）[EB/OL]. (2018-05-02) [2021-11-27]. http://gszz.hust.edu.cn/info/1089/2128.htm.

[235] Spence J T. Gender Identity and its Implications for the Concepts of Masculinity and Femininity [J]. Nebraska Symposium on Motivation, 1984.

[236] Anderson, C. A. Causal Effects of Violent Sports Video Games on Aggression: Is It Competitiveness or Violent Content [J]. Journal of Experimental Social Psychology, 2009, 45.

[237] Chen, J. K., Astor, R. A. School Violence in Taiwan: Examining How Western Risk Factors Predict School Violenceinan Asian Culture [J]. Journal of Interpersonal Violence, 2010, 25.

[238] Thalia Gonzilez. Keeping Kids in Schools: Restorative Justice, Punitive Discipline [J]. Journal of Law & Education, 2012, 41 (02).

[239] Children Msdo, Learning A, Paul S. A Provider's Guide to Transporting Students with Disabilities in Minnesota [J]. 1998, 14 (03).

[240] Hope Witmer, Jonas Johansson. Disciplinary Action for Academic Dishonesty: Does the Student's Gender Matter? [J]. International Journal for Educational Integrity, 2015, 11 (01).

# 后　记

此书是2015年度国家社会科学基金（教育学）国家青年课题“学生违纪惩戒的法治化研究”的最终成果之一。自立项以来，到2021年已是第六个年头。如今书稿完成交付出版，意味着课题本身即将落下帷幕。

回顾过往，喜悦与遗憾夹杂，轻松与焦虑共存。

在此，请允许我对课题完成提供帮助的所有人真诚地道一声：谢谢！

谨以此书献给恩师李晓燕教授，祝您安康长寿！献给恩师岳伟教授，祝您事业兴顺！献给爱妻张文言女士，愿你达观知命！献给女儿黄一妡小朋友，愿你健康幸福！

本书由黄道主设计、统稿、校对，写作人员具体分工如下：导论（黄道主、贾勇宏），第一章（黄道主、陈冬晴），第二章（黄道主、柴明轩），第三章（黄道主、黄云蔚），第四章（黄道主、陈玥玙），第五章（黄道主、胡慧敏）。

时间仓促，水平有限，蹒跚学步，缺陷种种。往者不谏，来者可追。恳请广大读者批评指正！

黄道主

2021年11月于武汉